201 MODERN GREEK VERBS

FULLY CONJUGATED
IN ALL THE TENSES
Alphabetically arranged

By

Vassilios Christides

Ph.D., Princeton University

Formerly Assistant Professor of Byzantine
and Modern Greek
Columbia University

Associate Professor of Byzantine History
University of Thessaloniki, Greece

BARRON'S EDUCATIONAL SERIES, INC.

All inquiries should be addressed to:
Barron's Educational Series, Inc.
250 Wireless Boulevard
Hauppauge, New York 11788

Library of Congress Catalog Card No. 80-13900
International Standard Book No. 0-8120-0475-2

Library of Congress Cataloging in Publication Data

Christides, Vassilios.
    201 Greek verbs fully conjugated in all the tenses.

    Bibliography: p.
    Includes index.
    1. Greek Language, Modern—Verb—Tables, lists, etc.   I. Title.
PA1087.C47   489'.382421   80-13900

ISBN 0-8120-0475-2

PRINTED IN THE UNITED STATES OF AMERICA

22 21 20 19 18 17 16 15 14 13 12 11

To my Mother in memoriam

The author wishes to thank Professor D. Georgacas
and Mr. Vassilios Katsaros for their suggestions
concerning this book and his wife, Evridiki,
who patiently supervised the publication.

CONTENTS

FOREWORD

Modern Greek developed from classical Greek. There is a linear continuity from the time of Homer to the present day. Unlike the Romance languages, which were created independently after the breakup of the Roman Empire, modern Greek is essentially the same as classical Greek. Nevertheless, in addition to natural changes in the Greek language throughout the centuries, an artificial dichotomy appeared in the Hellenistic period and has persisted to the present day.

A great number of conservative Greek authors have stubbornly followed archaic forms in their writings, ignoring the newly developed forms which reflect the changes in the structure of the language. This was not the natural division between a spoken and a literary language, but a more complicated phenomenon rooted in the strong desire of Greek authors to imitate their glorious predecessors.

In modern times this problem acquired greater dimensions. Until 1976, the Greek government recognized the static, puristic (kathareuousa) language as the sole official language. In contrast, most of Greek literature has been written in the vernacular (dēmotikē). Finally, the everyday language of the media (kathomiloumenē) holds a middle ground between the two.

Variations and differences exist between the three languages, both in vocabulary and in structure. Certain confusions occasionally appear because of interaction between the three languages, which is accelerated by the lack of any standard and complete modern Greek dictionary.

The forms of the verbs which are now used in general are those of the Demotic. It is these forms, as defined mainly by Triantaphyllides, that appear in this book. But, as M. Setatos points out [Phōnologia tēs Koinēs Neoellēnikēs (Athens, 1974); p. 3], in the everyday use of modern Greek there are many variations due to the social milieu, professions, etc., which are not included in Triantaphyllides' grammar. Certain relics of the puristic language still appear, though rarely. For example, in certain public announcements, written or oral, the old infinitive in -ειν is still in use (ex. Ἀπαγορεύεται τὸ καπνίζειν—It is prohibited to smoke). Occasionally, we can still see the ending -ῃ, -ωμε instead of -ει, -ουμε in the subjunctive (ex. νὰ παίζῃ instead of νὰ παίζει). On the other hand, in some books and newspapers the breathings and accents have been abolished (ex. αγαπω) or the accents are replaced by a dot (ex. αγαπὠ).

It should also be noted that in the present book I have included verbs with reflexive or reciprocal meaning under the term "passive voice" (ex. ντύνομαι). In general the most commonly used verbs in the passive voice have been included, as well as the passive voice of the deponent verbs which have active or middle meaning (ex. καταριέμαι).

It should be noted that in modern Greek the use of the present imperative in the passive voice is generally omitted; instead the subjunctive is used. Certain reflexive verbs do have an imperative of the passive voice which is occasionally used (for ex. ντύνου, get dressed).

Moreover, certain verbs of the second type have neither a present imperative of the active nor of the passive voice in the spoken language (ex. δυστυχῶ, εὐχαριστῶ, etc.). (For the division of the verbs in two categories see Triantaphyllides, *Modern Greek Grammar*, p. 324.) Some verbs of the first category do not have an imperative of the passive voice in the spoken language (ex. ἐλαττώνομαι, εἰδικεύομαι etc.). Some verbs, as for example, ἐγκαταλείπομαι, have only the second plural of the aorist imperative of the passive.

Vassilios Christides

VERB TENSES

Greek	English

Greek

1. Present
    (a) Indicative (Pres. Ind.)
    (b) Subjunctive (Pres. Sub.)
    (c) Imperative (Pres. Imp.)
    (d) Participle (Pres. Part.)

2. Imperfect (Imp.)

3. Future I: Durative (Fut. I)
         (Imperfective)
   Future II: Punctual (Fut. II)
         (Perfective)

4. Aorist
    (a) Indicative (Aor. Ind.)
    (b) Subjunctive (Aor. Sub.)
    (c) Imperative (Aor. Imp.)
    (d) Infinitive (Aor. Inf.)

5. Perfect**
    (a) Indicative (Perf. Ind.)
    (b) Subjunctive (Perf. Sub.)
    (c) Participle*** (Perf. Part.)

6. Pluperfect (P.P.)

7. Future Perfect (F.P.)

English

1. Present
    (a) Indicative
    (b) ---------*
    (c) Imperative
    (d) Participle

2. Imperfect

3. Future

4. Past Definite or Simple Past
    (a) Indicative
    (b) ----------
    (c) ----------
    (d) ----------

5. Present Perfect
    (a) Indicative
    (b) ----------
    (c) ----------

6. Pluperfect or Past Perfect

7. Future Perfect

* The function of the Subjunctive is not the same in the Greek and English languages.
** The Imperative of the Perfect Tense is not in use in Modern Greek.
*** Perfect Participle is used only in the Passive Voice.

SAMPLE ENGLISH VERB CONJUGATION

INFINITIVE   **to write — γράφω**

The Present Infinitive is not in use in Demotic
Modern Greek. Therefore, the first person singular
of the Present Indicative is used to identify
a verb: I write = γράφω

Present
Indicative   I write, you write, he (she, it) writes;
we write, you write, they write

     or: I do write, you do write, he (she, it) does write;
we do write, you do write, they do write

     or: I am writing, you are writing, he (she, it) is writing;
we are writing, you are writing, they are writing

Present
Imperative   write, let us write, write

Present
Participle   writing

Imperfect   I was writing, you were writing,
he (she, it) was writing;
we were writing, you were writing, they were writing

     or: I wrote, you wrote, he (she, it) wrote;
we wrote, you wrote, they wrote

     or: I used to write, you used to write,
he (she, it) used to write;
we used to write, you used to write, they used to write

Future	I shall write, you will write, he (she, it) will write; we shall write, you will write, they will write
Past Definite or Simple Past	I wrote, you wrote, he (she, it) wrote; we wrote, you wrote, they wrote
or:	I did write, you did write, he (she, it) did write; we did write, you did write, they did write
Present Perfect	I have written, you have written, he (she, it) has written; we have written, you have written, they have written
Pluperfect or Past Perfect	I had written, you had written, he (she, it) had written, we had written, you had written, they had written
Future Perfect	I shall have written, you will have written, he (she, it) will have written; we shall have written, you will have written, they will have written

The English Subjunctive is omitted because it does not coincide with the meaning of the Greek Subjunctive.

Pres. Ind.	ἀγαπιέμαι, ἀγαπιέσαι, ἀγαπιέται· ἀγαπιόμαστε, ἀγαπιέστε, ἀγαπιοῦνται
Pres. Sub.	νὰ ἀγαπιέμαι, νὰ ἀγαπιέσαι, νὰ ἀγαπιέται· νὰ ἀγαπιόμαστε, νὰ ἀγαπιέστε, νὰ ἀγαπιοῦνται
Pres. Imp.	
Imp.	ἀγαπιόμουν, ἀγαπιόσουν, ἀγαπιόταν· ἀγαπιόμαστε, ἀγαπιόσαστε, ἀγαπιόνταν ἢ ἀγαπιοῦνταν
Fut. I	θὰ ἀγαπιέμαι, θὰ ἀγαπιέσαι, θὰ ἀγαπιέται· θὰ ἀγαπιόμαστε, θὰ ἀγαπιέστε, θὰ ἀγαπιοῦνται
Fut. II	θὰ ἀγαπηθῶ, θὰ ἀγαπηθεῖς, θὰ ἀγαπηθεῖ· θὰ ἀγαπηθοῦμε, θὰ ἀγαπηθεῖτε, θὰ ἀγαπηθοῦν
Aor. Ind.	ἀγαπήθηκα, ἀγαπήθηκες, ἀγαπήθηκε· ἀγαπηθήκαμε, ἀγαπηθήκατε, ἀγαπήθηκαν
Aor. Sub.	νὰ ἀγαπηθῶ, νὰ ἀγαπηθεῖς, νὰ ἀγαπηθεῖ· νὰ ἀγαπηθοῦμε, νὰ ἀγαπηθεῖτε, νὰ ἀγαπηθοῦν
Aor. Imp.	ἀγαπήσου· ἀγαπηθεῖτε
Aor. Inf.	ἀγαπηθεῖ
Perf. Ind.	ἔχω ἀγαπηθεῖ, ἔχεις ἀγαπηθεῖ, ἔχει ἀγαπηθεῖ ἤ εἶμαι κτλ. ἀγαπημένος· ἔχουμε, -ομε ἀγαπηθεῖ, ἔχετε ἀγαπηθεῖ, ἔχουν ἀγαπηθεῖ ἤ εἴμαστε κτλ. ἀγαπημένοι
Perf. Sub.	νὰ ἔχω ἀγαπηθεῖ, νὰ ἔχεις ἀγαπηθεῖ, νὰ ἔχει ἀγαπηθεῖ ἤ νὰ εἶμαι κτλ. ἀγαπημένος· νὰ ἔχουμε, -ομε, ἀγαπηθεῖ, νὰ ἔχετε ἀγαπηθεῖ, νὰ ἔχουν ἀγαπηθεῖ ἢ νὰ εἴμαστε κτλ. ἀγαπημένοι
Perf. Part.	ἀγαπημένος
P. P.	εἶχα ἀγαπηθεῖ, εἶχες ἀγαπηθεῖ, εἶχε ἀγαπηθεῖ ἤ ἤμουν κτλ. ἀγαπημένος· εἴχαμε ἀγαπηθεῖ εἴχατε ἀγαπηθεῖ, εἶχαν ἀγαπηθεῖ ἢ ἤμαστε κτλ. ἀγαπημένοι
F. P.	θὰ ἔχω ἀγαπηθεῖ, θὰ ἔχεις ἀγαπηθεῖ, θὰ ἔχει ἀγαπηθεῖ ἢ θὰ εἶμαι κτλ. ἀγαπημένος· θὰ ἔχουμε, -ομε ἀγαπηθεῖ, θὰ ἔχετε ἀγαπηθεῖ, θὰ ἔχουν ἀγαπηθεῖ ἢ θὰ εἴμαστε κτλ. ἀγαπημένοι

Pres. Ind.   ἀγαπῶ, ἀγαπᾶς, ἀγαπᾶ ἤ ἀγαπάει·
     ἀγαποῦμε ἤ ἀγαπᾶμε, ἀγαπᾶτε, ἀγαποῦν ἤ ἀγαπᾶν(ε)

Pres. Sub.   νὰ ἀγαπῶ, νὰ ἀγαπᾶς, νὰ ἀγαπᾶ ἤ ἀγαπάει·
     νὰ ἀγαποῦμε ἤ ἀγαπᾶμε, νὰ ἀγαπᾶτε, νὰ ἀγαποῦν ἤ
     ἀγαπᾶν(ε)

Pres. Imp.   ἀγάπα·
     ἀγαπᾶτε

Pres. Part.   ἀγαπώντας

Imp.   ἀγαποῦσα, ἀγαποῦσες, ἀγαποῦσε·
     ἀγαπούσαμε, ἀγαπούσατε, ἀγαποῦσαν

Fut. I   θὰ ἀγαπῶ, θὰ ἀγαπᾶς, θὰ ἀγαπᾶ ἤ ἀγαπάει·
     θὰ ἀγαποῦμε ἤ ἀγαπᾶμε, θὰ ἀγαπᾶτε θὰ ἀγαποῦν ἤ
     ἀγαπᾶν(ε)

Fut. II   θὰ ἀγαπήσω, θὰ ἀγαπήσεις, θὰ ἀγαπήσει·
     θὰ ἀγαπήσουμε, -ομε, θὰ ἀγαπήσετε, θὰ ἀγαπήσουν

Aor. Ind.   ἀγάπησα, ἀγάπησες, ἀγάπησε·
     ἀγαπήσαμε, ἀγαπήσατε, ἀγάπησαν

Aor. Sub.   νὰ ἀγαπήσω, νὰ ἀγαπήσεις, νὰ ἀγαπήσει·
     νὰ ἀγαπήσουμε, -ομε, νὰ ἀγαπήσετε, νὰ ἀγαπήσουν

Aor. Imp.   ἀγάπησε·
     ἀγαπῆστε

Aor. Inf.   ἀγαπήσει

Perf. Ind.   ἔχω ἀγαπήσει, ἔχεις ἀγαπήσει, ἔχει ἀγαπήσει ἤ ἔχω
      κτλ. ἀγαπημένο·
     ἔχουμε, -ομε ἀγαπήσει, ἔχετε ἀγαπήσει, ἔχουν ἀγαπήσει

Perf. Sub.   νὰ ἔχω ἀγαπήσει, νὰ ἔχεις ἀγαπήσει, νὰ ἔχει ἀγαπήσει
     ἤ νὰ ἔχω κτλ. ἀγαπημένο·
     νὰ ἔχουμε, -ομε ἀγαπήσει, νὰ ἔχετε ἀγαπήσει, νὰ ἔχουν
     ἀγαπήσει

P. P.   εἶχα ἀγαπήσει, εἶχες ἀγαπήσει, εἶχε ἀγαπήσει ἤ εἶχα
     κτλ. ἀγαπημένο·
     εἴχαμε ἀγαπήσει, εἴχατε ἀγαπήσει, εἶχαν ἀγαπήσει

F. P.   θὰ ἔχω ἀγαπήσει, θὰ ἔχεις ἀγαπήσει, θὰ ἔχει ἀγαπήσει
     ἤ θὰ ἔχω κτλ. ἀγαπημένο·
     θὰ ἔχουμε, -ομε ἀγαπήσει, θὰ ἔχετε ἀγαπήσει, θὰ ἔχουν
     ἀγαπήσει

Pres. Ind.	ἀγοράζω, ἀγοράζεις, ἀγοράζει· ἀγοράζουμε, -ομε, ἀγοράζετε, ἀγοράζουν
Pres. Sub.	νὰ ἀγοράζω νὰ ἀγοράζεις, νὰ ἀγοράζει· νὰ ἀγοράζουμε, -ομε, νὰ ἀγοράζετε, νὰ ἀγοράζουν
Pres. Imp.	ἀγόραζε· ἀγοράζετε
Pres. Part.	ἀγοράζοντας
Imp.	ἀγόραζα, ἀγόραζες, ἀγόραζε· ἀγοράζαμε, ἀγοράζατε, ἀγόραζαν
Fut. I	θὰ ἀγοράζω, θὰ ἀγοράζεις, θὰ ἀγοράζει· θὰ ἀγοράζουμε, -ομε, θὰ ἀγοράζετε, θὰ ἀγοράζουν
Fut. II	θὰ ἀγοράσω, θὰ ἀγοράσεις, θὰ ἀγοράσει· θὰ ἀγοράσουμε, -ομε, θὰ ἀγοράσετε, θὰ ἀγοράσουν
Aor. Ind.	ἀγόρασα, ἀγόρασες, ἀγόρασε· ἀγοράσαμε, ἀγοράσατε, ἀγόρασαν
Aor. Sub.	νὰ ἀγοράσω, νὰ ἀγοράσεις, νὰ ἀγοράσει· νὰ ἀγοράσουμε, -ομε, νὰ ἀγοράσετε, νὰ ἀγοράσουν
Aor. Imp.	ἀγόρασε· ἀγοράστε
Aor. Inf.	ἀγοράσει
Perf. Ind.	ἔχω ἀγοράσει, ἔχεις ἀγοράσει, ἔχει ἀγοράσει ἢ ἔχω κτλ. ἀγορασμένο· ἔχουμε, -ομε ἀγοράσει, ἔχετε ἀγοράσει, ἔχουν ἀγορά- σει
Perf. Sub.	νὰ ἔχω ἀγοράσει, νὰ ἔχεις ἀγοράσει, νὰ ἔχει ἀγοράσει· ἢ νὰ ἔχω κτλ. ἀγορασμένο· νὰ ἔχουμε, -ομε ἀγοράσει, νὰ ἔχετε ἀγοράσει, νὰ ἔχουν ἀγοράσει
P. P.	εἶχα ἀγοράσει, εἶχες ἀγοράσει, εἶχε ἀγοράσει ἢ εἶχα κτλ. ἀγορασμένο· εἴχαμε ἀγοράσει, εἴχατε ἀγοράσει, εἶχαν ἀγοράσει
F. P.	θὰ ἔχω ἀγοράσει, θὰ ἔχεις ἀγοράσει, θὰ ἔχει ἀγοράσει ἢ θὰ ἔχω κτλ. ἀγορασμένο· θὰ ἔχουμε, -ομε ἀγοράσει, θὰ ἔχετε ἀγοράσει, θὰ ἔχουν ἀγοράσει

Active Voice **ΑΔΙΑΦΟΡΩ** to neglect, be uninterested

Pres. Ind.	ἀδιαφορῶ, ἀδιαφορεῖς, ἀδιαφορεῖ· ἀδιαφοροῦμε, ἀδιαφορεῖτε, ἀδιαφοροῦν
Pres. Sub.	νὰ ἀδιαφορῶ, νὰ ἀδιαφορεῖς, νὰ ἀδιαφορεῖ· νὰ ἀδιαφοροῦμε, νὰ ἀδιαφορεῖτε, νὰ ἀδιαφοροῦν
Pres. Imp.	———
Pres. Part.	ἀδιαφορώντας
Imp.	ἀδιαφοροῦσα, ἀδιαφοροῦσες, ἀδιαφοροῦσε· ἀδιαφορούσαμε, ἀδ αφορούσατε, ἀδιαφοροῦσαν
Fut. I	θὰ ἀδιαφορῶ, θὰ ἀδιαφορεῖς, θὰ ἀδιαφορεῖ· θὰ ἀδιαφοροῦμε, θὰ ἀδιαφορεῖτε, θὰ ἀδιαφοροῦν
Fut. II	θὰ ἀδιαφορήσω, θὰ ἀδιαφορήσεις, θὰ ἀδιαφορήσει· θὰ ἀδιαφορήσουμε, -ομε, θὰ ἀδιαφορήσετε, θὰ ἀδιαφορήσουν
Aor. Ind.	ἀδιαφόρησα, ἀδιαφόρησες, ἀδιαφόρησε· ἀδιαφορήσαμε, ἀδιαφορήσατε, ἀδιαφόρησαν
Aor. Sub.	νὰ ἀδιαφορήσω, νὰ ἀδιαφορήσεις, νὰ ἀδιαφορήσει· νὰ ἀδιαφορήσουμε, -ομε, νὰ ἀδιαφορήσετε, νὰ ἀδιαφορήσουν
Aor. Imp.	ἀδιαφόρησε ἀδιαφορῆστε
Aor. Inf.	ἀδιαφορήσει
Perf. Ind.	ἔχω ἀδιαφορήσει, ἔχεις ἀδιαφορήσει, ἔχει ἀδιαφορήσει· ἔχουμε, -ομε ἀδιαφορήσει, ἔχετε ἀδιαφορήσει, ἔχουν ἀδιαφορήσει
Perf. Sub.	νὰ ἔχω ἀδιαφορήσει, νὰ ἔχεις ἀδιαφορήσει, νὰ ἔχει ἀδιαφορήσει· νὰ ἔχουμε, -ομε ἀδιαφορήσει, νὰ ἔχετε ἀδιαφορήσει, νὰ ἔχουν ἀδιαφορήσει
P. P.	εἶχα ἀδιαφορήσει, εἶχες ἀδιαφορήσει, εἶχε ἀδιαφορήσει· εἴχαμε ἀδιαφορήσει, εἴχατε ἀδιαφορήσει, εἶχαν ἀδιαφορήσει
F. P.	θὰ ἔχω ἀδιαφορήσει, θὰ ἔχεις ἀδιαφορήσει, θὰ ἔχει ἀδιαφορήσει· θὰ ἔχουμε, -ομε ἀδιαφορήσει, θὰ ἔχετε ἀδιαφορήσει, θὰ ἔχουν ἀδιαφορήσει

Active Voice	ΑΚΟΥΩ	to hear, listen, obey

Pres. Ind. ἀκούω, ἀκοῦς, ἀκούει·
ἀκοῦμε, ἀκοῦτε, ἀκοῦν (ε)

Pres. Sub. νὰ ἀκούω, νὰ ἀκοῦς, νὰ ἀκούει·
νὰ ἀκοῦμε, νὰ ἀκοῦτε, νὰ ἀκοῦν (ε)

Pres. Imp. ἄκου·
ἀκοῦτε

Pres. Part. ἀκούοντας

Imp. ἄκουα, ἄκουες, ἄκουε·
ἀκούαμε, ἀκούατε, ἄκουαν

Fut. I θὰ ἀκούω, θὰ ἀκοῦς, θὰ ἀκούει·
θὰ ἀκοῦμε, θὰ ἀκοῦτε, θὰ ἀκοῦν (ε)

Fut. II θὰ ἀκούσω, θὰ ἀκούσεις, θὰ ἀκούσει·
θὰ ἀκούσουμε, -ομε, θὰ ἀκούσετε, θὰ ἀκούσουν

Aor. Ind. ἄκουσα, ἄκουσες, ἄκουσε·
ἀκούσαμε, ἀκούσατε, ἄκουσαν

Aor. Sub. νὰ ἀκούσω, νὰ ἀκούσεις, νὰ ἀκούσει·
νὰ ἀκούσουμε, -ομε, νὰ ἀκούσετε, νὰ ἀκούσουν

Aor. Imp. ἄκουσε·
ἀκοῦστε

Aor. Inf. ἀκούσει

Perf. Ind. ἔχω ἀκούσει, ἔχεις ἀκούσει, ἔχει ἀκούσει·
ἔχουμε, -ομε ἀκούσει, ἔχετε ἀκούσει, ἔχουν ἀκούσει

Perf. Sub. νὰ ἔχω ἀκούσει, νὰ ἔχεις ἀκούσει, νὰ ἔχει ἀκούσει·
νὰ ἔχουμε, -ομε ἀκούσει, νὰ ἔχετε ἀκούσει, νὰ ἔχουν
ἀκούσει

P. P. εἶχα ἀκούσει, εἶχες ἀκούσει, εἶχε ἀκούσει·
εἴχαμε ἀκούσει, εἴχατε ἀκούσει, εἶχαν ἀκούσει

F. P. θὰ ἔχω ἀκούσει, θὰ ἔχεις ἀκούσει, θὰ ἔχει ἀκούσει·
θὰ ἔχουμε, -ομε ἀκούσει, θὰ ἔχετε ἀκούσει, θὰ ἔχουν
ἀκούσει

5

Pres. Ind.	ἀναβάλλομαι, ἀναβάλλεσαι, ἀναβάλλεται· ἀναβαλλόμαστε, ἀναβάλλεστε, ἀναβάλλονται
Pres. Sub.	νὰ ἀναβάλλομαι, νὰ ἀναβάλλεσαι, νὰ ἀναβάλλεται· νὰ ἀναβαλλόμαστε, νὰ ἀναβάλλεστε, νὰ ἀναβάλλονται
Pres. Imp.	────────
Imp.	ἀναβαλλόμουν, ἀναβαλλόσουν, ἀναβαλλόταν· ἀναβαλλόμαστε, ἀναβαλλόσαστε, ἀναβάλλονταν
Fut. I	θὰ ἀναβάλλομαι, θὰ ἀναβάλλεσαι, θὰ ἀναβάλλεται· θὰ ἀναβαλλόμαστε, θὰ ἀναβάλλεστε, θὰ ἀναβάλλονται
Fut. II	θὰ ἀναβληθῶ, θὰ ἀναβληθεῖς, θὰ ἀναβληθεῖ· θὰ ἀναβληθοῦμε, θὰ ἀναβληθεῖτε, θὰ ἀναβληθοῦν
Aor. Ind.	ἀναβλήθηκα, ἀναβλήθηκες, ἀναβλήθηκε· ἀναβληθήκαμε, ἀναβληθήκατε, ἀναβλήθηκαν
Aor. Sub.	νὰ ἀναβληθῶ, νὰ ἀναβληθεῖς, νὰ ἀναβληθεῖ· νὰ ἀναβληθοῦμε, νὰ ἀναβληθεῖτε, νὰ ἀναβληθοῦν
Aor. Imp.	────────
Aor. Inf.	ἀναβληθεῖ
Perf. Ind.	ἔχω ἀναβληθεῖ, ἔχεις ἀναβληθεῖ, ἔχει ἀναβληθεῖ· ἔχουμε, -ομε ἀναβληθεῖ, ἔχετε ἀναβληθεῖ, ἔχουν ἀναβληθεῖ
Perf. Sub.	νὰ ἔχω ἀναβληθεῖ, νὰ ἔχεις ἀναβληθεῖ, νὰ ἔχει ἀναβληθεῖ· νὰ ἔχουμε, -ομε ἀναβληθεῖ, νὰ ἔχετε ἀναβληθεῖ, νά ἔχουν ἀναβληθεῖ
Perf. Part.	────────
P. P.	εἶχα ἀναβληθεῖ, εἶχες ἀναβληθεῖ, εἶχε ἀναβληθεῖ· εἴχαμε ἀναβληθεῖ, εἴχατε ἀναβληθεῖ, εἶχαν ἀναβληθεῖ
F. P.	θὰ ἔχω ἀναβληθεῖ, θὰ ἔχεις ἀναβληθεῖ, θὰ ἔχει ἀναβληθεῖ· θὰ ἔχουμε, -ομε ἀναβληθεῖ, θὰ ἔχετε ἀναβληθεῖ, θὰ ἔχουν ἀναβληθεῖ

Pres. Ind.	ἀναβάλλω, ἀναβάλλεις, ἀναβάλλει· ἀναβάλλουμε, -ομε, ἀναβάλλετε, ἀναβάλλουν
Pres. Sub.	νὰ ἀναβάλλω, νὰ ἀναβάλλεις, νὰ ἀναβάλλει· νὰ ἀναβάλλουμε, -ομε, νὰ ἀναβάλλετε, νὰ ἀναβάλλουν
Pres. Imp.	ἀνάβαλλε· ἀναβάλλετε
Pres. Part.	ἀναβάλλοντας
Imp.	ἀνάβαλλα, ἀνάβαλλες, ἀνάβαλλε· ἀναβάλλαμε, ἀναβάλλατε, ἀνάβαλλαν
Fut. I	θὰ ἀναβάλλω, θὰ ἀναβάλλεις, θὰ ἀναβάλλει· θὰ ἀναβάλλουμε, -ομε, θὰ ἀναβάλλετε, θὰ ἀναβάλλουν
Fut. II	θὰ ἀναβάλω, θὰ ἀναβάλεις, θὰ ἀναβάλει· θὰ ἀναβάλουμε, -ομε, θὰ ἀναβάλετε, θὰ ἀναβάλουν
Aor. Ind.	ἀνάβαλα, ἀνάβαλες, ἀνάβαλε· ἀναβάλαμε, ἀναβάλατε, ἀνάβαλαν
Aor. Sub.	νὰ ἀναβάλω, νὰ ἀναβάλεις, νὰ ἀναβάλει· νὰ ἀναβάλουμε, -ομε, νὰ ἀναβάλετε, νὰ ἀναβάλουν
Aor. Imp.	ἀνάβαλε· ἀναβάλτε ἢ ἀναβάλετε
Aor. Inf.	ἀναβάλει
Perf. Ind.	ἔχω ἀναβάλει, ἔχεις ἀναβάλει, ἔχει ἀναβάλει· ἔχουμε, -ομε ἀναβάλει, ἔχετε ἀναβάλει, ἔχουν ἀναβάλει
Perf. Sub.	νὰ ἔχω ἀναβάλει, νὰ ἔχεις ἀναβάλει, νὰ ἔχει ἀναβάλει· νὰ ἔχουμε, -ομε ἀναβάλει, νὰ ἔχετε ἀναβάλει, νὰ ἔχουν ἀναβάλει
P. P.	εἶχα ἀναβάλει, εἶχες ἀναβάλει, εἶχε ἀναβάλει· εἴχαμε ἀναβάλει, εἴχατε ἀναβάλει, εἶχαν ἀναβάλει
F. P.	θὰ ἔχω ἀναβάλει, θὰ ἔχεις ἀναβάλει, θὰ ἔχει ἀναβάλει· θὰ ἔχουμε, -ομε ἀναβάλει, θὰ ἔχετε ἀναβάλει, θὰ ἔχουν ἀναβάλει

Pres. Ind.	ἀναγνωρίζομαι, ἀναγνωρίζεσαι, ἀναγνωρίζεται· ἀναγνωριζόμαστε, ἀναγνωρίζεστε, ἀναγνωρίζονται
Pres. Sub.	νὰ ἀναγνωρίζομαι, νὰ ἀναγνωρίζεσαι, νὰ ἀναγνωρίζεται· νὰ ἀναγνωριζόμαστε, νὰ ἀναγνωρίζεστε, νὰ ἀναγνωρίζονται.
Pres. Imp.	————
Imp.	ἀναγνωριζόμουν, ἀναγνωριζόσουν, ἀναγνωριζόταν· ἀναγνωριζόμαστε, ἀναγνωριζόσαστε, ἀναγνωρίζονταν
Fut. I	θὰ ἀναγνωρίζομαι, θὰ ἀναγνωρίζεσαι, θὰ ἀναγνωρίζεται· θὰ ἀναγνωριζόμαστε, θὰ ἀναγνωρίζεστε, θὰ ἀναγνωρίζονται
Fut. II	θὰ ἀναγνωριστῶ, θὰ ἀναγνωριστεῖς, θὰ ἀναγνωριστεῖ· θὰ ἀναγνωριστοῦμε, θὰ ἀναγνωριστεῖτε, θὰ ἀναγνωριστοῦν
Aor. Ind.	ἀναγνωρίστηκα, ἀναγνωρίστηκες, ἀναγνωρίστηκε· ἀναγνωριστήκαμε, ἀναγνωριστήκατε, ἀναγνωρίστηκαν
Aor. Sub.	νὰ ἀναγνωριστῶ, νὰ ἀναγνωριστεῖς, νὰ ἀναγνωριστεῖ· νὰ ἀναγνωριστοῦμε, νὰ ἀναγνωριστεῖτε νὰ ἀναγνωριστοῦν
Aor. Imp.	ἀναγνωρίσου· ἀναγνωριστεῖτε
Aor. Inf.	ἀναγνωριστεῖ
Perf. Ind.	ἔχω ἀναγνωριστεῖ, ἔχεις ἀναγνωριστεῖ, ἔχει ἀναγνωριστεῖ ἢ εἶμαι κτλ. ἀναγνωρισμένος· ἔχουμε, -ομε ἀναγνωριστεῖ, ἔχετε ἀναγνωριστεῖ, ἔχουν ἀναγνωριστεῖ ἢ εἴμαστε κτλ. ἀναγνωρισμένοι
Perf. Sub.	νὰ ἔχω ἀναγνωριστεῖ, νὰ ἔχεις ἀναγνωριστεῖ, νὰ ἔχει ἀναγνωριστεῖ ἢ νὰ εἶμαι κτλ. ἀναγνωρισμένος· νὰ ἔχουμε, -ομε ἀναγνωριστεῖ, νὰ ἔχετε ἀναγνωριστεῖ, νὰ ἔχουν ἀναγνωριστεῖ ἢ νὰ εἴμαστε κτλ. ἀναγνωρισμένοι
Perf. Part.	ἀναγνωρισμένος
P. P.	εἶχα ἀναγνωριστεῖ, εἶχες ἀναγνωριστεῖ, εἶχε ἀναγνωριστεῖ ἢ ἤμουν κτλ. ἀναγνωρισμένος· εἴχαμε ἀναγνωριστεῖ, εἴχατε ἀναγνωριστεῖ, εἶχαν ἀναγνωριστεῖ ἢ ἤμαστε κτλ. ἀναγνωρισμένοι
F. P.	θὰ ἔχω ἀναγνωριστεῖ, θὰ ἔχεις ἀναγνωριστεῖ, θὰ ἔχει ἀναγνωριστεῖ ἢ θὰ εἶμαι κτλ. ἀναγνωρισμένος θὰ ἔχουμε, -ομε ἀναγνωριστεῖ, θὰ ἔχετε ἀναγνωριστεῖ, θὰ ἔχουν ἀναγνωριστεῖ ἢ θὰ εἴμαστε κτλ. ἀναγνωρισμένοι

Pres. Ind.	ἀναγνωρίζω, ἀναγνωρίζεις, ἀναγνωρίζει· ἀναγνωρίζουμε, -ομε, ἀναγνωρίζετε, ἀναγνωρίζουν
Pres. Sub.	νὰ ἀναγνωρίζω, νὰ ἀναγνωρίζεις, νὰ ἀναγνωρίζει· νὰ ἀναγνωρίζουμε, -ομε, νὰ ἀναγνωρίζετε, νὰ ἀναγνωρίζουν
Pres. Imp.	ἀναγνώριζε· ἀναγνωρίζετε
Pres. Part.	ἀναγνωρίζοντας
Imp.	ἀναγνώριζα, ἀναγνώριζες, ἀναγνώριζε· ἀναγνωρίζαμε, ἀναγνωρίζατε, ἀναγνώριζαν
Fut. I	θὰ ἀναγνωρίζω, θὰ ἀναγνωρίζεις, θὰ ἀναγνωρίζει· θὰ ἀναγνωρίζουμε, -ομε, θὰ ἀναγνωρίζετε, θὰ ἀναγνωρίζουν
Fut. II	θὰ ἀναγνωρίσω, θὰ ἀναγνωρίσεις, θὰ ἀναγνωρίσει· θὰ ἀναγνωρίσουμε, -ομε, θὰ ἀναγνωρίσετε, θὰ ἀναγνωρίσουν
Aor. Ind.	ἀναγνώρισα, ἀναγνώρισες, ἀναγνώρισε· ἀναγνωρίσαμε, ἀναγνωρίσατε, ἀναγνώρισαν
Aor. Sub.	νὰ ἀναγνωρίσω, νὰ ἀναγνωρίσεις, νὰ ἀναγνωρίσει νὰ ἀναγνωρίσουμε, -ομε, νὰ ἀναγνωρίσετε, νὰ ἀναγνωρίσουν
Aor. Imp.	ἀναγνώρισε· ἀναγνωρίστε
Aor. Inf.	ἀναγνωρίσει
Aor. Ind.	ἔχω ἀναγνωρίσει, ἔχεις ἀναγνωρίσει, ἔχει ἀναγνωρίσει ἢ ἔχω κτλ. ἀναγνωρισμένο· ἔχουμε, -ομε ἀναγνωρίσει, ἔχετε ἀναγνωρίσει, ἔχουν ἀναγνωρίσει.
Perf. Sub.	νὰ ἔχω ἀναγνωρίσει, νὰ ἔχεις ἀναγνωρίσει, νὰ ἔχει ἀναγνωρίσει ἢ νὰ ἔχω κτλ. ἀναγνωρισμένο· νὰ ἔχουμε, -ομε ἀναγνωρίσει, νὰ ἔχετε ἀναγνωρίσει, νὰ ἔχουν ἀναγνωρίσει
P. P.	εἶχα ἀναγνωρίσει, εἶχες ἀναγνωρίσει, εἶχε ἀναγνωρίσει· ἢ εἶχα κτλ. ἀναγνωρισμένο εἴχαμε ἀναγνωρίσει, εἴχατε ἀναγνωρίσει, εἶχαν ἀναγνωρίσει
F. P.	θὰ ἔχω ἀναγνωρίσει, θὰ ἔχεις ἀναγνωρίσει, θὰ ἔχει ἀναγνωρίσει ἢ θὰ ἔχω κτλ. ἀναγνωρισμένο· θὰ ἔχουμε, ομε ἀναγνωρίσει, θὰ ἔχετε ἀναγνωρίσει, θὰ ἔχουν ἀναγνωρίσει

Pres. Ind. ἀνεβαίνω, ἀνεβαίνεις, ἀνεβαίνει·
ἀνεβαίνουμε, -ομε, ἀνεβαίνεται, ἀνεβαίνουν

Pres. Sub. νὰ ἀνεβαίνω, νὰ ἀνεβαίνεις, νὰ ἀνεβαίνει·
νὰ ἀνεβαίνουμε, –ομε. νὰ ἀνεβαίνετε, νὰ ἀνεβαίνουν

Pres. Imp. ἀνέβαινε·
ἀνεβαίνετε

Pres. Part. ἀνεβαίνοντας

Imp. ἀνέβαινα, ἀνέβαινες, ἀνέβαινε·
ἀνεβαίναμε, ἀνεβαίνατε, ἀνέβαιναν

Fut. I θὰ ἀνεβαίνω, θὰ ἀνεβαίνεις, θὰ ἀνεβαίνει·
θὰ ἀνεβαίνουμε, -ομε, θὰ ἀνεβαίνετε, θὰ ἀνεβαίνουν

Fut. II θὰ ἀνέβω ἢ ἀνεβῶ, θὰ ἀνέβεις ἢ ἀνεβεῖς, θὰ ἀνέβει ἢ
ἀνεβεῖ·
θὰ ἀνέβουμε ἢ ἀνεβοῦμε, θὰ ἀνέβετε ἢ ἀνεβεῖτε, θὰ ἀ-
νέβουν ἢ ἀνεβοῦν

Aor. Ind. ἀνέβηκα, ἀνέβηκες, ἀνέβηκε·
ἀνεβήκαμε, ἀνεβήκατε, ἀνέβηκαν

Aor. Sub νὰ ἀνέβω ἢ ἀνεβῶ, νὰ ἀνέβεις ἢ ἀνεβεῖς, νὰ ἀνέβει ἢ
ἀνεβεῖ·
νὰ ἀνέβουμε ἢ ἀνεβοῦμε, νὰ ἀνέβετε ἢ ἀνεβεῖτε, νὰ ἀ-
νέβουν ἢ ἀνεβοῦν

Aor. Imp. ἀνέβα·
ἀνεβεῖτε

Aor. Inf. ἀνέβει ἢ ἀνεβεῖ

Perf. Ind. ἔχω ἀνέβει ἢ ἀνεβεῖ, ἔχεις ἀνέβει ἢ ἀνεβεῖ, ἔχει ἀνέ
βει ἢ ἀνεβεῖ ἢ ἔχω κτλ. ἀνεβασμένο·
ἔχουμε, -ομε ἀνέβει ἢ ἀνεβεῖ, ἔχετε ἀνέβει ἢ ἀνεβεῖ ἔ-
χουν ἀνέβει ἢ ἀνεβεῖ

Perf. Sub. νὰ ἔχω ἀνέβει ἢ ἀνεβεῖ, νὰ ἔχεις ἀνέβει ἢ ἀνεβεῖ, νὰ
ἔχει ἀνέβει ἢ ἀνεβεῖ ἢ νὰ ἔχω κτλ. ἀνεβασμένο·
νὰ ἔχουμε, -ομε ἀνέβει ἢ ἀνεβεῖ, νὰ ἔχετε ἀνέβει ἢ ἀ-
νεβεῖ, νὰ ἔχουν ἀνέβει ἢ ἀνεβεῖ

P. P. εἶχα ἀνέβει ἢ ἀνεβεῖ, εἶχες ἀνέβει ἢ ἀνεβεῖ, εἶχε ἀνέ
βει ἢ ἀνεβεῖ ἢ εἶχα κτλ. ἀνεβασμένο·
εἴχαμε ἀνέβει ἢ ἀνεβεῖ, εἴχατε ἀνέβει ἢ ἀνεβεῖ, εἶχαν
ἀνέβει ἢ ἀνεβεῖ

F. P. θὰ ἔχω ἀνέβει ἢ ἀνεβεῖ, θὰ ἔχεις ἀνέβει ἢ ἀνεβεῖ, θὰ
ἔχει ἀνέβει ἢ ἀνεβεῖ ἢ θὰ ἔχω κτλ. ἀνεβασμένο·
θὰ ἔχουμε, -ομε ἀνέβει ἢ ἀνεβεῖ, θὰ ἔχετε ἀνέβει ἢ ἀ-
νεβεῖ, θὰ ἔχουν ἀνέβει ἢ ἀνεβεῖ

Pres. Ind.	ἀνοίγω, ἀνοίγεις, ἀνοίγει· ἀνοίγουμε, -ομε, ἀνοίγετε, ἀνοίγουν
Pres. Sub.	νὰ ἀνοίγω, νὰ ἀνοίγεις, νὰ ἀνοίγει· νὰ ἀνοίγουμε, -ομε, νὰ ἀνοίγετε, νὰ ἀνοίγουν
Pres. Imp.	ἄνοιγε· ἀνοίγετε
Pres. Part.	ἀνοίγοντας·
Imp.	ἄνοιγα, ἄνοιγες, ἄνοιγε· ἀνοίγαμε, ἀνοίγατε, ἄνοιγαν
Fut. I	θὰ ἀνοίγω, θὰ ἀνοίγεις, θὰ ἀνοίγει· θὰ ἀνοίγουμε, -ομε, θὰ ἀνοίγετε, θὰ ἀνοίγουν
Fut. II	θὰ ἀνοίξω, θὰ ἀνοίξεις, θὰ ἀνοίξει· θὰ ἀνοίξουμε, -ομε, θὰ ἀνοίξετε, θὰ ἀνοίξουν
Aor. Ind.	ἄνοιξα, ἄνοιξες, ἄνοιξε· ἀνοίξαμε, ἀνοίξατε, ἄνοιξαν
Aor. Sub.	νὰ ἀνοίξω, νὰ ἀνοίξεις, νὰ ἀνοίξει· νὰ ἀνοίξουμε, -ομε, νὰ ἀνοίξετε, νὰ ἀνοίξουν
Aor. Imp.	ἄνοιξε· ἀνοίξτε
Aor. Inf.	ἀνοίξει
Perf. Ind.	ἔχω ἀνοίξει, ἔχεις ἀνοίξει, ἔχει ἀνοίξει ἢ ἔχω κτλ. ἀνοιγμένο· ἔχουμε, -ομε ἀνοίξει, ἔχετε ἀνοίξει, ἔχουν ἀνοίξει
Perf. Sub.	νὰ ἔχω ἀνοίξει, νὰ ἔχεις ἀνοίξει, νὰ ἔχει ἀνοίξει ἢ νὰ ἔχω κτλ. ἀνοιγμένο· νὰ ἔχουμε, -ομε ἀνοίξει, νὰ ἔχετε ἀνοίξει, νὰ ἔχουν ἀνοίξει·
P. P.	εἶχα ἀνοίξει, εἶχες ἀνοίξει, εἶχε ἀνοίξει ἢ εἶχα κτλ. ἀνοιγμένο· εἴχαμε ἀνοίξει, εἴχατε ἀνοίξει, εἶχαν ἀνοίξει
F. P.	θὰ ἔχω ἀνοίξει, θὰ ἔχεις ἀνοίξει, θὰ ἔχει ἀνοίξει ἢ θὰ ἔχω κτλ. ἀνοιγμένο· θὰ ἔχουμε, -ομε ἀνοίξει, θὰ ἔχετε ἀνοίξει, θὰ ἔχουν ἀνοίξει·

11

Pres. Ind.   ἀπαντῶ, ἀπαντᾶς, ἀπαντᾶ ἢ ἀπαντάει·
ἀπαντοῦμε, ἢ ἀπαντᾶμε, ἀπαντᾶτε, ἀπαντοῦν ἤ ἀπαν-
τᾶν(ε)

Pres. Sub.   νὰ ἀπαντῶ, νὰ ἀπαντᾶς, νὰ ἀπαντᾶ ἢ ἀπαντάει·
νὰ ἀπαντοῦμε ἢ ἀπαντᾶμε, νὰ ἀπαντᾶτε, νὰ ἀπαντοῦν
ἢ ἀπαντᾶν(ε)

Pres. Imp.   ἀπάντα·
ἀπαντᾶτε

Pres. Part.   ἀπαντώντας

Imp.   ἀπαντοῦσα, ἀπαντοῦσες, ἀπαντοῦσε·
ἀπαντούσαμε, ἀπαντούσατε, ἀπαντοῦσαν

Fut. I   θὰ ἀπαντῶ, θὰ ἀπαντᾶς, θὰ ἀπαντᾶ ἢ ἀπαντάει·
θὰ ἀπαντοῦμε ἢ ἀπαντᾶμε, θὰ ἀπαντᾶτε, θὰ ἀπαντοῦν
ἢ ἀπαντᾶν(ε)

Fut. II   θὰ ἀπαντήσω, θὰ ἀπαντήσεις, θὰ ἀπαντήσει·
θὰ ἀπαντήσουμε, -ομε, θὰ ἀπαντήσετε, θὰ ἀπαντήσουν

Aor. Ind.   ἀπάντησα, ἀπάντησες, ἀπάντησε·
ἀπαντήσαμε, ἀπαντήσατε, ἀπάντησαν

Aor. Sub.   νὰ ἀπαντήσω, νὰ ἀπαντήσεις, νὰ ἀπαντήσει·
νὰ ἀπαντήσουμε, -ομε, νὰ ἀπαντήσετε, νὰ ἀπαντήσουν

Aor. Imp.   ἀπάντησε·
ἀπαντῆστε

Aor. Inf.   ἀπαντήσει

Perf. Ind.   ἔχω ἀπαντήσει, ἔχεις ἀπαντήσει, ἔχει ἀπαντήσει·
ἔχουμε, -ομε ἀπαντήσει, ἔχετε ἀπαντήσει, ἔχουν ἀπαν-
τήσει

Perf. Sub.   νὰ ἔχω ἀπαντήσει, νὰ ἔχεις ἀπαντήσει, νὰ ἔχει ἀπαν-
τήσει·
νὰ ἔχουμε, -ομε ἀπαντήσει, νὰ ἔχετε ἀπαντήσει, νὰ ἔ-
χουν ἀπαντήσει

P. P.   εἶχα ἀπαντήσει, εἶχες ἀπαντήσει, εἶχε ἀπαντήσει·
εἴχαμε ἀπαντήσει, εἴχατε ἀπαντήσει, εἶχαν ἀπαντήσει

F. P.   θὰ ἔχω ἀπαντήσει, θὰ ἔχεις ἀπαντήσει, θὰ ἔχει ἀπαν-
τήσει·
θὰ ἔχουμε, -ομε ἀπαντήσει, θὰ ἔχετε ἀπαντήσει, θὰ ἔ-
χουν ἀπαντήσει

Pres. Ind.	βάφομαι, βάφεσαι, βάφεται· βαφόμαστε, βάφεστε, βάφονται
Pres. Sub.	νὰ βάφομαι, νὰ βάφεσαι, νὰ βάφεται· νὰ βαφόμαστε, νὰ βάφεστε, νὰ βάφονται
Pres. Imp.	———
Imp.	βαφόμουν, βαφόσουν, βαφόταν· βαφόμαστε, βαφόσαστε, βάφονταν
Fut. I	θὰ βάφομαι, θὰ βάφεσαι, θὰ βάφεται· θὰ βαφόμαστε, θὰ βάφεστε, θὰ βάφονται
Fut. II	θὰ βαφτῶ, θὰ βαφτεῖς, θὰ βαφτεῖ· θὰ βαφτοῦμε, θὰ βαφτεῖτε, θὰ βαφτοῦν
Aor. Ind.	βάφτηκα, βάφτηκες, βάφτηκε· βαφτήκαμε, βαφτήκατε, βάφτηκαν
Aor. Sub.	νὰ βαφτῶ, νὰ βαφτεῖς, νὰ βαφτεῖ· νὰ βαφτοῦμε, νὰ βαφτεῖτε, νὰ βαφτοῦν
Aor. Imp.	βάψου· βαφτεῖτε
Aor. Inf.	βαφτεῖ
Perf. Ind.	ἔχω βαφτεῖ, ἔχεις βαφτεῖ, ἔχει βαφτεῖ ἢ εἶμαι κτλ. βαμμένος· ἔχουμε, -ομε βαφτεῖ, ἔχετε βαφτεῖ, ἔχουν βαφτεῖ ἢ εἴμαστε κτλ. βαμμένοι
Perf. Sub.	νὰ ἔχω βαφτεῖ, νὰ ἔχεις βαφτεῖ, νὰ ἔχει βαφτεῖ ἢ νὰ εἶμαι κτλ. βαμμένος· νὰ ἔχουμε, -ομε βαφτεῖ, νὰ ἔχετε βαφτεῖ, νὰ ἔχουν βαφτεῖ ἢ νὰ εἴμαστε κτλ. βαμμένοι
Perf. Part.	βαμμένος
P. P.	εἶχα βαφτεῖ, εἶχες βαφτεῖ, εἶχε βαφτεῖ ἢ ἤμουν κτλ. βαμμένος· εἴχαμε βαφτεῖ, εἴχατε βαφτεῖ, εἶχαν βαφτεῖ ἢ ἤμαστε κτλ. βαμμένοι
F. P.	θὰ ἔχω βαφτεῖ, θὰ ἔχεις βαφτεῖ, θὰ ἔχει βαφτεῖ ἢ θὰ εἶμαι κτλ. βαμμένος· θὰ ἔχουμε, -ομε βαφτεῖ, θὰ ἔχετε βαφτεῖ, θὰ ἔχουν βαφτεῖ ἢ θὰ εἴμαστε κτλ. βαμμένοι

Pres. Ind.	βάφω, βάφεις, βάφει· βάφουμε, -ομε, βάφετε, βάφουν
Pres. Sub.	νὰ βάφω, νὰ βάφεις, νὰ βάφει· νὰ βάφουμε, -ομε, νὰ βάφετε, νὰ βάφουν
Pres. Imp.	βάφε· βάφετε
Pres. Part.	βάφοντας
Imp.	ἔβαφα, ἔβαφες, ἔβαφε· βάφαμε, βάφατε, ἔβαφαν
Fut. I	θὰ βάφω, θὰ βάφεις, θὰ βάφει· θὰ βάφουμε, -ομε, θὰ βάφετε, θὰ βάφουν
Fut. II	θὰ βάψω, θὰ βάψεις, θὰ βάψει· θὰ βάψουμε, -ομε, θὰ βάψετε, θὰ βάψουν
Aor. Ind.	ἔβαψα, ἔβαψες, ἔβαψε· βάψαμε, βάψατε, ἔβαψαν
Aor. Sub.	νὰ βάψω, νὰ βάψεις, νὰ βάψει· νὰ βάψουμε, -ομε, νὰ βάψετε, νὰ βάψουν
Aor. Imp.	βάψε· βάψτε
Aor. Inf.	βάψει
Perf. Ind.	ἔχω βάψει, ἔχεις βάψει, ἔχει βάψει ἢ ἔχω κτλ. βαμμένο· ἔχουμε, -ομε βάψει, ἔχετε βάψει, ἔχουν βάψει
Perf. Sub.	νὰ ἔχω βάψει, νὰ ἔχεις βάψει, νὰ ἔχει βάψει· νὰ ἔχουμε, -ομε βάψει, νὰ ἔχετε βάψει, νὰ ἔχουν βάψει
P. P.	εἶχα βάψει, εἶχες βάψει, εἶχε βάψει ἢ εἶχα κτλ. βαμμέ- νο· εἴχαμε βάψει, εἴχατε βάψει, εἶχαν βάψει
F. P.	θὰ ἔχω βάψει, θὰ ἔχεις βάψει, θὰ ἔχει βάψει ἢ θὰ ἔχω κτλ. βαμμένο· θὰ ἔχουμε, -ομε βάψει, θὰ ἔχετε βάψει, θὰ ἔχουν βάψει

Pres. Ind.   βάζω, βάζεις, βάζει·
               βάζουμε, -ομε, βάζετε, βάζουν

Pres. Sub.   νὰ βάζω, νὰ βάζεις, νὰ βάζει·
               νὰ βάζουμε, -ομε, νὰ βάζετε, νὰ βάζουν

Pres. Imp.   βάζε·
               βάζετε

Pres. Part.   βάζοντας

Imp.   ἔβαζα, ἔβαζες, ἔβαζε·
               βάζαμε, βάζατε, ἔβαζαν

Fut. I   θὰ βάζω, θὰ βάζεις, θὰ βάζει·
               θὰ βάζουμε, -ομε, θὰ βάζετε, θὰ βάζουν

Fut. II   θὰ βάλω, θὰ βάλεις, θὰ βάλει·
               θὰ βάλουμε, -ομε, θὰ βάλετε, θὰ βάλουν

Aor. Ind.   ἔβαλα, ἔβαλες, ἔβαλε·
               βάλαμε, βάλατε, ἔβαλαν

Aor. Sub.   νὰ βάλω, νὰ βάλεις, νὰ βάλει·
               νὰ βάλουμε, -ομε, νὰ βάλετε, νὰ βάλουν

Aor. Imp.   βάλε·
               βάλ(ε)τε

Aor. Inf.   βάλει

Perf. Ind.   ἔχω βάλει, ἔχεις βάλει, ἔχει βάλει ἢ ἔχω κτλ. βαλμένο·
               ἔχουμε, -ομε βάλει, ἔχετε βάλει, ἔχουν βάλει

Perf. Sub.   νὰ ἔχω βάλει, νὰ ἔχεις βάλει, νὰ ἔχει βάλει ἢ νὰ ἔχω
               κτλ. βαλμένο·
               νὰ ἔχουμε, -ομε βάλει, νὰ ἔχετε βάλει νὰ ἔχουν βάλει

P. P.   εἶχα βάλει, εἶχες βάλει, εἶχε βάλει ἢ εἶχα κτλ. βαλμένο
               εἴχαμε βάλει, εἴχατε βάλει, εἶχαν βάλει

F. P.   θὰ ἔχω βάλει, θὰ ἔχεις βάλει, θὰ ἔχει βάλει ἢ θὰ ἔχω
               κτλ. βαλμένο·
               θὰ ἔχουμε, -ομε βάλει, θὰ ἔχετε βάλει, θὰ ἔχουν βάλει

Pres. Ind.	βγαίνω, βγαίνεις, βγαίνει· βγαίνουμε, -ομε, βγαίνετε, βγαίνουν
Pres. Sub.	νὰ βγαίνω, νὰ βγαίνεις, νὰ βγαίνει· νὰ βγαίνουμε, -ομε, νὰ βγαίνετε, νὰ βγαίνουν
Pres. Imp.	βγαῖνε· βγαίνετε
Pres. Part.	βγαίνοντας
Imp.	ἔβγαινα, ἔβγαινες, ἔβγαινε· βγαίναμε, βγαίνατε, ἔβγαιναν
Fut. I	θὰ βγαίνω, θὰ βγαίνεις, θὰ βγαίνει θὰ βγαίνουμε, -ομε, θὰ βγαίνετε, θὰ βγαίνουν
Fut. II	θὰ βγῶ, θὰ βγεῖς, θὰ βγεῖ· θὰ βγοῦμε, θὰ βγεῖτε, θὰ βγοῦν
Aor. Ind.	βγῆκα, βγῆκες, βγῆκε· βγήκαμε, βγήκατε, βγῆκαν
Aor. Sub.	νὰ βγῶ, νὰ βγεῖς, νὰ βγεῖ· νὰ βγοῦμε, νὰ βγεῖτε, νὰ βγοῦν
Aor. Imp.	βγές ἢ ἔβγα· βγεῖτε
Aor. Inf.	βγεῖ
Perf. Ind.	ἔχω βγεῖ, ἔχεις βγεῖ, ἔχει βγεῖ· ἔχουμε, -ομε βγεῖ, ἔχετε βγεῖ, ἔχουν βγεῖ
Perf. Sub.	νὰ ἔχω βγεῖ, νὰ ἔχεις βγεῖ, νὰ ἔχει βγεῖ· νὰ ἔχουμε, -ομε βγεῖ, νὰ ἔχετε βγεῖ, νά ἔχουν βγεῖ
P. P.	εἶχα βγεῖ, εἶχες βγεῖ, εἶχε βγεῖ· εἴχαμε βγεῖ, εἴχατε βγεῖ, εἶχαν βγεῖ
F. P.	θὰ ἔχω βγεῖ, θὰ ἔχεις βγεῖ, θὰ ἔχει βγεῖ· θὰ ἔχουμε, -ομε βγεῖ, θὰ ἔχετε βγεῖ, θὰ ἔχουν βγεῖ

Pres. Ind.	βλάπτομαι, βλάπτεσαι, βλάπτεται· βλαπτόμαστε, βλάπτεστε, βλάπτονται
Pres. Sub.	νὰ βλάπτομαι, νὰ βλάπτεσαι, νὰ βλάπτεται· νὰ βλαπτόμαστε, νὰ βλάπτεστε, νὰ βλάπτονται
Pres. Imp.	————
Imp.	βλαπτόμουν, βλαπτόσουν, βλαπτόταν· βλαπτόμαστε, βλαπτόσαστε, βλάπτονταν
Fut. I	θὰ βλάπτομαι, θὰ βλάπτεσαι, θὰ βλάπτεται· θὰ βλαπτόμαστε, θὰ βλάπτεστε, θὰ βλάπτονται
Fut. II	θὰ βλαφτῶ, θὰ βλαφτεῖς, θὰ βλαφτεῖ· θὰ βλαφτοῦμε, θὰ βλαφτεῖτε, θὰ βλαφτοῦν
Aor. Ind.	βλάφτηκα, βλάφτηκες, βλάφτηκε· βλαφτήκαμε, βλαφτήκατε, βλάφτηκαν
Aor. Sub.	νὰ βλαφτῶ, νὰ βλαφτεῖς, νὰ βλαφτεῖ· νὰ βλαφτοῦμε, νὰ βλαφτεῖτε, νὰ βλαφτοῦν
Aor. Imp.	βλάψου βλαφτεῖτε
Aor. Inf.	βλαφτεῖ
Perf. Ind.	ἔχω βλαφτεῖ, ἔχεις βλαφτεῖ, ἔχει βλαφτεῖ ἢ εἶμαι κτλ. βλαμμένος· ἔχουμε, -ομε βλαφτεῖ, ἔχετε βλαφτεῖ, ἔχουν βλαφτεῖ ἢ εἴμαστε κτλ. βλαμμένοι
Perf. Sub.	νὰ ἔχω βλαφτεῖ, νὰ ἔχεις βλαφτεῖ, νὰ ἔχει βλαφτεῖ· ἢ νὰ εἶμαι κτλ. βλαμμένος· νὰ ἔχουμε, -ομε βλαφτεῖ, νὰ ἔχετε βλαφτεῖ, νὰ ἔχουν βλαφτεῖ ἢ νὰ εἴμαστε κτλ. βλαμμένοι
Perf. Part.	βλαμμένος
P. P.	εἶχα βλαφτεῖ, εἶχες βλαφτεῖ, εἶχε βλαφτεῖ ἢ ἤμουν κτλ. βλαμμένος· εἴχαμε βλαφτεῖ, εἴχατε βλαφτεῖ, εἶχαν βλαφτεῖ ἢ ἤμαστε κτλ. βλαμμένοι
F. P.	θὰ ἔχω βλαφτεῖ, θὰ ἔχεις βλαφτεῖ, θὰ ἔχει βλαφτεῖ ἢ θὰ εἶμαι κτλ. βλαμμένος· θὰ ἔχουμε, -ομε βλαφτεῖ, θὰ ἔχετε βλαφτεῖ, θὰ ἔχουν βλαφτεῖ ἢ θὰ εἴμαστε κτλ. βλαμμένοι

Pres. Ind.	βλάπτω, βλάπτεις, βλάπτει· βλάπτουμε, -ομε, βλάπτετε, βλάπτουν
Pres. Sub.	νὰ βλάπτω, νὰ βλάπτεις, νὰ βλάπτει· νὰ βλάπτουμε, -ομε, νὰ βλάπτετε, νὰ βλάπτουν
Pres. Imp.	βλάπτε· βλάπτετε
Pres. Part.	βλάπτοντας
Imp.	ἔβλαπτα, ἔβλαπτες, ἔβλαπτε· βλάπταμε, βλάπτατε, ἔβλαπταν
Fut. I	θὰ βλάπτω, θὰ βλάπτεις, θὰ βλάπτει· θὰ βλάπτουμε, -ομε, θὰ βλάπτετε, θὰ βλάπτουν
Fut. II	θὰ βλάψω, θὰ βλάψεις, θὰ βλάψει· θά βλάψουμε, -ομε, θὰ βλάψετε, θὰ βλάψουν
Aor. Ind.	ἔβλαψα, ἔβλαψες, ἔβλαψε· βλάψαμε, βλάψατε, ἔβλαψαν
Aor. Sub.	νὰ βλάψω, νὰ βλάψεις, νὰ βλάψει· νὰ βλάψουμε, -ομε, νὰ βλάψετε, νὰ βλάψουν
Aor. Imp.	βλάψε· βλάψτε
Aor. Inf.	βλάψει
Perf. Ind.	ἔχω βλάψει, ἔχεις βλάψει, ἔχει βλάψει· ἔχουμε, -ομε βλάψει, ἔχετε βλάψει, ἔχουν βλάψει
Perf. Sub.	νὰ ἔχω βλάψει, νὰ ἔχεις βλάψει, νὰ ἔχει βλάψει ἢ νὰ ἔχω κτλ. βλαμμένο· νὰ ἔχουμε, -ομε βλάψει, νὰ ἔχετε βλάψει, νὰ ἔχουν βλάψει
P. P.	εἶχα βλάψει, εἶχες βλάψει, εἶχε βλάψει ἢ εἶχα κτλ βλαμμένο· εἴχαμε βλάψει, εἴχατε βλάψει, εἶχαν βλάψει
F. P.	θὰ ἔχω βλάψει, θὰ ἔχεις βλάψει θὰ ἔχει βλάψει ἢ θὰ ἔχω κτλ. βλαμμένο· θὰ ἔχουμε, -ομε βλάψει, θὰ ἔχετε βλάψει, θὰ ἔχουν βλάψει

Pres. Ind.	———
Pres. Sub.	———
Pres. Imp.	———
Imp.	———
Fut. I	———
Fut. II	θὰ ἰδωθῶ, θὰ ἰδωθεῖς, θὰ ἰδωθεῖ θὰ ἰδωθοῦμε, θὰ ἰδωθεῖτε, θὰ ἰδωθοῦν
Aor. Ind.	εἰδώθηκα, εἰδώθηκες, εἰδώθηκε· εἰδωθήκαμε, εἰδωθήκατε, εἰδώθηκαν
Aor. Sub.	νὰ ἰδωθῶ, νὰ ἰδωθεῖς, νὰ ἰδωθεῖ· νὰ ἰδωθοῦμε, νὰ ἰδωθεῖτε, νὰ ἰδωθοῦν
Aor. Imp.	——— ἰδωθεῖτε
Aor. Inf.	ἰδωθεῖ
Perf. Ind.	ἔχω ἰδωθεῖ, ἔχεις ἰδωθεῖ, ἔχει ἰδωθεῖ ἔχουμε, -ομε ἰδωθεῖ, ἔχετε ἰδωθεῖ, ἔχουν ἰδωθεῖ
Perf. Sub.	νὰ ἔχω ἰδωθεῖ, νὰ ἔχεις ἰδωθεῖ, νὰ ἔχει ἰδωθεῖ νὰ ἔχουμε, -ομε ἰδωθεῖ, νὰ ἔχετε ἰδωθεῖ, νὰ ἔχουν ἰδωθεῖ
Perf. Part.	———
P. P.	εἶχα ἰδωθεῖ, εἶχες ἰδωθεῖ, εἶχε ἰδωθεῖ εἴχαμε ἰδωθεῖ, εἴχατε ἰδωθεῖ, εἶχαν ἰδωθεῖ
F. P.	θὰ ἔχω ἰδωθεῖ, θὰ ἔχεις ἰδωθεῖ, θὰ ἔχει ἰδωθεῖ θὰ ἔχουμε, -ομε ἰδωθεῖ, θὰ ἔχετε ἰδωθεῖ, θὰ ἔχουν ἰδωθεῖ

Pres. Ind.	βλέπω, βλέπεις, βλέπει· βλέπουμε, -ομε, βλέπετε, βλέπουν
Pres. Sub.	νὰ βλέπω, νὰ βλέπεις, νὰ βλέπει· νὰ βλέπουμε, -ομε, νὰ βλέπετε, νὰ βλέπουν
Pres. Imp.	βλέπε· βλέπετε
Pres. Part.	βλέποντας
Imp.	ἔβλεπα, ἔβλεπες, ἔβλεπε· βλέπαμε, βλέπατε, ἔβλεπαν
Fut. I	θὰ βλέπω, θὰ βλέπεις, θὰ βλέπει· θὰ βλέπουμε, -ομε, θὰ βλέπετε, θὰ βλέπουν
Fut. II	θὰ (ἰ)δῶ, θὰ (ἰ)δεῖς, θὰ (ἰ)δεῖ· θὰ (ἰ)δοῦμε, θὰ (ἰ)δεῖτε, θὰ (ἰ)δοῦν
Aor. Ind.	εἶδα, εἶδες, εἶδε· εἴδαμε, εἴδατε, εἶδαν
Aor. Sub.	νὰ (ἰ)δῶ, νὰ (ἰ)δεῖς, νὰ (ἰ)δεῖ· νὰ (ἰ)δοῦμε, νὰ (ἰ)δεῖτε, νὰ (ἰ)δοῦν
Aor. Imp.	(ἰ)δές· δεῖτε
Aor. Inf.	(ἰ)δεῖ
Perf. Ind.	ἔχω (ἰ)δεῖ, ἔχεις (ἰ)δεῖ, ἔχει (ἰ)δεῖ· ἔχουμε, -ομε (ἰ)δεῖ, ἔχετε (ἰ)δεῖ, ἔχουν (ἰ)δεῖ
Perf. Sub.	νὰ ἔχω (ἰ)δεῖ, νὰ ἔχεις (ἰ)δεῖ, νὰ ἔχει (ἰ)δεῖ νὰ ἔχουμε, -ομε (ἰ)δεῖ, νὰ ἔχετε (ἰ)δεῖ, νὰ ἔχουν (ἰ)-δεῖ
P. P.	εἶχα (ἰ)δεῖ, εἶχες (ἰ)δεῖ, εἶχε (ἰ)δεῖ εἴχαμε (ἰ)δεῖ, εἴχατε (ἰ)δεῖ, εἶχαν (ἰ)δεῖ
F. P.	θὰ ἔχω (ἰ)δεῖ, θὰ ἔχεις (ἰ)δεῖ, θὰ ἔχει (ἰ)δεῖ θὰ ἔχουμε, -ομε (ἰ)δεῖ, θὰ ἔχετε (ἰ)δεῖ, θὰ ἔχουν (ἰ)-δεῖ

Pres. Imp.	βοηθιέμαι, βοηθιέσαι, βοηθιέται· βοηθιόμαστε, βοηθιέστε, βοηθιοῦνται
Pres. Sub.	νὰ βοηθιέμαι, νὰ βοηθιέσαι, νὰ βοηθιέται· νὰ βοηθιόμαστε, νὰ βοηθιέστε, νὰ βοηθιοῦνται
Pres. Imp.	
Imp.	βοηθιόμουν, βοηθιόσουν, βοηθιόταν· βοηθιόμαστε, βοηθιόσαστε, βοηθιόνταν ἢ βοηθιοῦνταν
Fut. I	θὰ βοηθιέμαι, θὰ βοηθιέσαι, θὰ βοηθιέται· θὰ βοηθιόμαστε, θὰ βοηθιέστε, θὰ βοηθιοῦνται
Fut. II	θὰ βοηθηθῶ, θὰ βοηθηθεῖς, θὰ βοηθηθεῖ· θὰ βοηθηθοῦμε, θὰ βοηθηθεῖτε, θὰ βοηθηθοῦν
Aor. Ind.	βοηθήθηκα, βοηθήθηκες, βοηθήθηκε· βοηθηθήκαμε, βοηθηθήκατε, βοηθήθηκαν
Aor. Sub.	νὰ βοηθηθῶ, νὰ βοηθηθεῖς, νὰ βοηθηθεῖ· νὰ βοηθηθοῦμε, νὰ βοηθηθεῖτε, νὰ βοηθηθοῦν
Aor. Imp.	βοηθήσου· βοηθηθεῖτε
Aor. Inf.	βοηθηθεῖ
Perf. Ind.	ἔχω βοηθηθεῖ, ἔχεις βοηθηθεῖ, ἔχει βοηθηθεῖ ἢ εἶμαι κτλ. βοηθημένος· ἔχουμε, -ομε βοηθηθεῖ, ἔχετε βοηθηθεῖ, ἔχουν βοηθηθεῖ ἢ εἴμαστε κτλ. βοηθημένοι
Perf. Sub.	νὰ ἔχω βοηθηθεῖ, νὰ ἔχεις βοηθηθεῖ, νὰ ἔχει βοηθηθεῖ ἢ νὰ εἶμαι κτλ. βοηθημένος· νὰ ἔχουμε, -ομε βοηθηθεῖ, νὰ ἔχετε βοηθηθεῖ, νὰ ἔχουν βοηθηθεῖ ἢ νὰ εἴμαστε κτλ. βοηθημένοι
Perf. Part.	βοηθημένος
P. P.	εἶχα βοηθηθεῖ, εἶχες βοηθηθεῖ, εἶχε βοηθηθεῖ ἢ ἤμουν κτλ. βοηθημένος. εἴχαμε βοηθηθεῖ, εἴχατε βοηθηθεῖ, εἶχαν βοηθηθεῖ ἢ ἤ μαστε κτλ. βοηθημένοι
F. P.	θὰ ἔχω βοηθηθεῖ, θὰ ἔχεις βοηθηθεῖ, θὰ ἔχει βοηθηθεῖ ἢ θὰ εἶμαι κτλ. βοηθημένος· θὰ ἔχουμε βοηθηθεῖ, θὰ ἔχετε βοηθηθεῖ, θὰ ἔχουν βοη- θηθεῖ ἢ θὰ εἴμαστε κτλ. βοηθημένοι

Pres. Ind.   βοηθῶ, βοηθεῖς ἢ βοηθᾶς, βοηθεῖ ἢ βοηθᾶ ἢ βοηθάει·
βοηθοῦμε ἢ βοηθᾶμε, βοηθεῖτε ἢ βοηθᾶτε, βοηθοῦν ἢ
βοηθᾶν(ε)

Pres. Sub.   νὰ βοηθῶ, νὰ βοηθεῖς ἤ βοηθᾶς, νὰ βοηθεῖ ἢ βοηθᾶ ἢ
βοηθάει·
νὰ βοηθοῦμε ἢ βοηθᾶμε, νὰ βοηθεῖτε ἢ βοηθᾶτε, νὰ βοη
θοῦν ἢ βοηθᾶν(ε)

Pres. Imp.   βοήθα·
              βοηθᾶτε
Pres. Part.   βοηθώντας

Imp.   βοηθοῦσα, βοηθοῦσες, βοηθοῦσε·
βοηθούσαμε, βοηθούσατε, βοηθοῦσαν

Fut. I   θὰ βοηθῶ, θὰ βοηθεῖς, ἢ βοηθᾶς, θὰ βοηθεῖ ἢ βοηθᾶ ἢ
βοηθάει·
θὰ βοηθοῦμε ἢ βοηθᾶμε, θὰ βοηθεῖτε ἢ βοηθᾶτε, θὰ βοη·
θοῦν ἢ βοηθᾶν(ε)

Fut. II   θὰ βοηθήσω, θὰ βοηθήσεις, θὰ βοηθήσει·
θὰ βοηθήσουμε, -ομε, θὰ βοηθήσετε, θὰ βοηθήσουν

Aor. Ind.   βοήθησα, βοήθησες, βοήθησε·
βοηθήσαμε, βοηθήσατε, βοήθησαν

Aor. Sub.   νὰ βοηθήσω, νὰ βοηθήσεις, νὰ βοηθήσει·
νὰ βοηθήσουμε, νὰ βοηθήσετε, νὰ βοηθήσουν

Aor. Imp.   βοήθησε·
              βοηθῆστε
Aor. Inf.   βοηθήσει

Perf. Ind.   ἔχω βοηθήσει, ἔχεις βοηθήσει, ἔχει βοηθήσει ἢ ἔχω κτλ.
βοηθημένο·
ἔχουμε, ομε βοηθήσει, ἔχετε βοηθήσει, ἔχουν βοηθήσει.

Perf. Sub.   νὰ ἔχω βοηθήσει, νὰ ἔχεις βοηθήσει, νὰ ἔχει βοηθήσει
ἢ νὰ ἔχω κτλ. βοηθημένο·
νὰ ἔχουμε, -ομε βοηθήσει, νὰ ἔχετε βοηθήσει, νὰ ἔχουν
βοηθήσει

P. P.   εἶχα βοηθήσει, εἶχες βοηθήσει, εἶχε βοηθήσει ἢ εἶχα
κτλ. βοηθημένο·
εἴχαμε βοηθήσει, εἴχατε βοηθήσει, εἶχαν βοηθήσει.

F. P.   θὰ ἔχω βοηθήσει, θὰ ἔχεις βοηθήσει, θὰ ἔχει βοηθήσει
ἢ θά ἔχω κτλ. βοηθημένο·
θὰ ἔχουμε, -ομε βοηθήσει, θὰ ἔχετε βοηθήσει, θὰ ἔχουν
βοηθήσει

Pres. Ind.	βρίσκω, βρίσκεις, βρίσκει· βρίσκουμε, -ομε, βρίσκετε, βρίσκουν
Pres. Sub.	νὰ βρίσκω, νὰ βρίσκεις, νὰ βρίσκει· νὰ βρίσκουμε, -ομε, νὰ βρίσκετε, νὰ βρίσκουν
Pres. Imp.	βρίσκε· βρίσκετε
Pres. Part.	βρίσκοντας
Imp.	ἔβρισκα, ἔβρισκες, ἔβρισκε· βρίσκαμε, βρίσκατε, ἔβρισκαν
Fut. I	θὰ βρίσκω, θὰ βρίσκεις, θὰ βρίσκει· θὰ βρίσκουμε, -ομε, θὰ βρίσκετε, θὰ βρίσκουν
Fut. II	θὰ βρῶ, θὰ βρεῖς, θὰ βρεῖ· θὰ βροῦμε, θὰ βρεῖτε, θὰ βροῦν
Aor. Ind.	βρῆκα, βρῆκες, βρῆκε· βρήκαμε, βρήκατε, βρῆκαν
Aor. Sub.	νὰ βρῶ, νὰ βρεῖς, νά βρεῖ· νὰ βροῦμε, νὰ βρεῖτε, νὰ βροῦν
Aor. Imp.	βρές· βρεῖτε
Aor. Inf.	βρεῖ
Perf. Ind.	ἔχω βρεῖ, ἔχεις βρεῖ, ἔχει βρεῖ· ἔχουμε, -ομε βρεῖ, ἔχετε βρεῖ, ἔχουν βρεῖ
Perf. Sub.	νὰ ἔχω βρεῖ, νὰ ἔχεις βρεῖ, νὰ ἔχει βρεῖ· νὰ ἔχουμε, -ομε βρεῖ, νὰ ἔχετε βρεῖ, νὰ ἔχουν βρεῖ
P. P.	εἶχα βρεῖ, εἶχες βρεῖ, εἶχε βρεῖ· εἴχαμε βρεῖ, εἴχατε βρεῖ, εἶχαν βρεῖ
F. P.	θὰ ἔχω βρεῖ, θὰ ἔχεις βρεῖ, θὰ ἔχει βρεῖ· θὰ ἔχουμε, -ομε βρεῖ, θὰ ἔχετε βρεῖ, θὰ ἔχουν βρεῖ

Pres. Ind.   γελιέμαι, γελιέσαι, γελιέται·
              γελιόμαστε, γελιέστε, γελιοῦνται

Pres. Sub.   νὰ γελιέμαι, νὰ γελιέσαι, νὰ γελιέται·
              νὰ γελιόμαστε, νὰ γελιέστε, νὰ γελιοῦνται

Pres. Imp.   —————

Imp.   γελιόμουν, γελιόσουν γελιόταν·
              γελιόμαστε, γελιόσαστε, γελιόνταν ἢ γελιοῦνταν

Fut. I   θὰ γελιέμαι, θὰ γελιέσαι, θὰ γελιέται·
              θὰ γελιόμαστε, θὰ γελιέστε, θὰ γελιοῦνται

Fut. II   θὰ γελαστῶ, θὰ γελαστεῖς, θὰ γελαστεῖ·
              θὰ γελαστοῦμε, θὰ γελαστεῖτε, θὰ γελαστοῦν

Aor. Ind.   γελάστηκα, γελάστηκες, γελάστηκε·
              γελαστήκαμε, γελαστήκατε, γελάστηκαν

Aor. Sub.   νὰ γελαστῶ, νὰ γελαστεῖς, νὰ γελαστεῖ·
              νὰ γελαστοῦμε νὰ γελαστεῖτε, νὰ γελαστοῦν

Aor. Imp.   γελάσου ·
              γελαστεῖτε

Aor. Inf.   γελαστεῖ

Perf. Ind.   ἔχω γελαστεῖ, ἔχεις γελαστεῖ, ἔχει γελαστεῖ ἢ εἶμαι
              κτλ. γελασμένος·
              ἔχουμε,—ομε γελαστεῖ, ἔχετε γελαστεῖ, ἔχουν γελαστεῖ
              ἢ εἴμαστε κτλ. γελασμένοι

Perf. Sub.   νὰ ἔχω γελαστεῖ, νὰ ἔχεις γελαστεῖ, νὰ ἔχει γελαστεῖ ἢ
              νὰ εἶμαι κτλ. γελασμένος·
              νὰ ἔχουμε, -ομε γελαστεῖ, νὰ ἔχετε γελαστεῖ, νὰ ἔχουν
              γελαστεῖ ἢ νὰ εἴμαστε κτλ. γελασμένοι

Perf. Part.   γελασμένος

P. P.   εἶχα γελαστεῖ, εἶχες γελαστεῖ, εἶχε γελαστεῖ ἢ ἤμουν
              κτλ. γελασμένος·
              εἴχαμε γελαστεῖ, εἴχατε γελαστεῖ, εἶχαν γελαστεῖ ἢ ἤ-
              μαστε κτλ. γελασμένοι

F. P.   θὰ ἔχω γελαστεῖ, θὰ ἔχεις γελαστεῖ, θὰ ἔχει γελαστεῖ
              ἢ θὰ εἶμαι κτλ. γελασμένος·
              θὰ ἔχουμε, -ομε γελαστεῖ, θὰ ἔχετε γελαστεῖ, θὰ ἔχουν
              γε λαστεῖ ἢ θὰ εἴμαστε κτλ. γελασμένοι

Pres. Ind.	γελῶ, γελᾷς, γελᾷ ἢ γελάει·
	γελοῦμε ἢ γελᾶμε, γελᾶτε, γελοῦν ἢ γελᾶν(ε)
Pres. Sub.	νὰ γελῶ, νὰ γελᾷς, νὰ γελᾷ ἢ γελάει·
	νὰ γελοῦμε ἢ γελᾶμε, νὰ γελᾶτε, νὰ γελοῦν ἢ γελᾶν(ε)
Pres. Imp.	γέλα· γελᾶτε
Pres. Part.	γελώντας
Imp.	γελοῦσα, γελοῦσες, γελοῦσε·
	γελούσαμε, γελούσατε, γελοῦσαν
Fut. I	θὰ γελῶ, θὰ γελᾷς, θὰ γελᾷ ἢ γελάει·
	θὰ γελοῦμε ἢ γελᾶμε, θὰ γελᾶτε, θὰ γελοῦν ἢ γελᾶν(ε)
Fut. II	θὰ γελάσω, θὰ γελάσεις, θὰ γελάσει·
	θὰ γελάσουμε,-ομε, θὰ γελάσετε, θὰ γελάσουν
Aor. Ind.	γέλασα, γέλασες, γέλασε·
	γελάσαμε, γελάσατε, γέλασαν
Aor. Sub.	νὰ γελάσω, νὰ γελάσεις, νὰ γελάσει·
	νὰ γελάσουμε, -ομε, νὰ γελάσετε, νὰ γελάσουν
Aor. Imp.	γέλασε·
	γελάστε
Aor. Inf.	γελάσει
Perf. Ind.	ἔχω γελάσει, ἔχεις γελάσει, ἔχει γελάσει ἢ ἔχω κτλ.
	γελασμένο·
	ἔχουμε, -ομε γελάσει, ἔχετε γελάσει, ἔχουν γελάσει
Perf. Sub.	νὰ ἔχω γελάσει, νὰ ἔχεις γελάσει, νὰ ἔχει γελάσει ἢ
	νὰ ἔχω κτλ. γελασμένο·
	νὰ ἔχουμε, -ομε γελάσει, νὰ ἔχετε γελάσει, νὰ ἔχουν γελάσει
P. P.	εἶχα γελάσει, εἶχες γελάσει, εἶχε γελάσει ἢ εἶχα κτλ.
	γελασμένο·
	εἴχαμε γελάσει, εἴχατε γελάσει, εἶχαν γελάσει
F. P.	θὰ ἔχω γελάσει, θὰ ἔχεις γελάσει, θὰ ἔχει γελάσει ἢ
	θὰ ἔχω κτλ. γελασμένο·
	θὰ ἔχουμε, -ομε γελάσει, θὰ ἔχετε γελάσει, θὰ ἔχουν γελάσει

Pres. Ind.	γιορτάζομαι, γιορτάζεσαι, γιορτάζεται· γιορταζόμαστε, γιορτάζεστε, γιορτάζονται
Pres. Sub.	νὰ γιορτάζομαι, νὰ γιορτάζεσαι, νὰ γιορτάζεται· νὰ γιορταζόμαστε, νὰ γιορτάζεστε, νὰ γιορτάζονται
Pres. Imp.	————
Imp.	γιορταζόμουν, γιορταζόσουν, γιορταζόταν· γιορταζόμαστε, γιορτάζεστε, γιορτάζονταν
Fut. I	θὰ γιορτάζομαι, θὰ γιορτάζεσαι, θὰ γιορτάζεται· θὰ γιορταζόμαστε, θὰ γιορτάζεστε, θὰ γιορτάζονται
Fut. II	θὰ γιορταστῶ, θὰ γιορταστεῖς, θὰ γιορταστεῖ· θὰ γιορταστοῦμε, θὰ γιορταστεῖτε, θὰ γιορταστοῦν
Aor. Ind.	γιορτάστηκα, γιορτάστηκες, γιορτάστηκε· γιορταστήκαμε, γιορταστήκατε, γιορτάστηκαν
Perf. Sub.	νὰ γιορταστῶ, νὰ γιορταστεῖς, νὰ γιορταστεῖ· νὰ γιορταστοῦμε, νὰ γιορταστεῖτε, νὰ γιορταστοῦν
Aor. Imp.	γιορτάσου· γιορταστεῖτε
Aor. Inf.	γιορταστεῖ
Perf. Ind.	ἔχω γιορταστεῖ, ἔχεις γιορταστεῖ, ἔχει γιορταστεῖ ἢ εἶμαι κτλ. γιορτασμένος· ἔχουμε, -ομε γιορταστεῖ, ἔχετε γιορταστεῖ, ἔχουν γιορταστεῖ ἢ εἴμαστε κτλ. γιορτασμένοι
Perf. Sub.	νὰ ἔχω γιορταστεῖ, νὰ ἔχεις γιορταστεῖ, νὰ ἔχει γιορταστεῖ ἢ νὰ εἶμαι κτλ. γιορτασμένος· νὰ ἔχουμε, -ομε γιορταστεῖ, νὰ ἔχετε γιορταστεῖ, νὰ ἔχουν γιορταστεῖ ἢ νὰ εἴμαστε κτλ. γιορτασμένοι
Perf. Part.	γιορτασμένος
P. P.	εἶχα γιορταστεῖ, εἶχες γιορταστεῖ, εἶχε γιορταστεῖ ἢ ἤμουν κτλ. γιορτασμένος· εἴχαμε γιορταστεῖ, εἴχατε γιορταστεῖ, εἶχαν γιορταστεῖ ἢ ἤμαστε κτλ. γιορτασμένοι
F. P.	θὰ ἔχω γιορταστεῖ, θὰ ἔχεις γιορταστεῖ, θὰ ἔχει γιορταστεῖ ἢ θὰ εἶμαι κτλ. γιορτασμένος· θὰ ἔχουμε, -ομε γιορταστεῖ, θὰ ἔχετε γιορταστεῖ θὰ ἔχουν γιορταστεῖ ἢ θὰ εἴμαστε κτλ. γιορτασμένοι

Pres. Ind.	γιορτάζω, γιορτάζεις, γιορτάζει· γιορτάζουμε, -ομε, γιορτάζετε, γιορτάζουν
Pres. Sub.	νὰ γιορτάζω, νὰ γιορτάζεις, νὰ γιορτάζει· νὰ γιορτάζουμε, -ομε, νὰ γιορτάζετε, νὰ γιορτάζουν
Pres. Imp.	γιόρταζε· γιορτάζετε
Pres. Part.	γιορτάζοντας
Imp.	γιόρταζα, γιόρταζες, γιόρταζε· γιορτάζαμε, γιορτάζατε, γιόρταζαν
Fut. I	θὰ γιορτάζω, θὰ γιορτάζεις, θὰ γιορτάζει· θὰ γιορτάζουμε, -ομε, θὰ γιορτάζετε, θὰ γιορτάζουν
Fut. II	θὰ γιορτάσω, θὰ γιορτάσεις, θὰ γιορτάσει· θὰ γιορτάσουμε, -ομε, θὰ γιορτάσετε, θὰ γιορτάσουν
Aor. Ind.	γιόρτασα, γιόρτασες, γιόρτασε· γιορτάσαμε, γιορτάσατε, γιόρτασαν
Aor. Sub.	νὰ γιορτάσω, νὰ γιορτάσεις, νὰ γιορτάσει· νὰ γιορτάσουμε, -ομε, νὰ γιορτάσετε, νὰ γιορτάσουν
Aor. Imp.	γιόρτασε· γιορτάστε
Aor. Inf.	γιορτάσει
Perf. Ind.	ἔχω γιορτάσει, ἔχεις γιορτάσει, ἔχει γιορτάσει· ἔχουμε, -ομε γιορτάσει, ἔχετε γιορτάσει, ἔχουν γιορτάσει
Perf. Sub.	νὰ ἔχω γιορτάσει, νὰ ἔχεις γιορτάσει, νὰ ἔχει γιορτάσει· νὰ ἔχουμε, -ομε γιορτάσει, νὰ ἔχετε γιορτάσει, νὰ ἔχουν γιορτάσει
P. P.	εἶχα γιορτάσει, εἶχες γιορτάσει, εἶχε γιορτάσει· εἴχαμε γιορτάσει, εἴχατε γιορτάσει, εἶχαν γιορτάσει
F. P.	θὰ ἔχω γιορτάσει, θὰ ἔχεις γιορτάσει, θὰ ἔχει γιορτάσει· θὰ ἔχουμε, -ομε γιορτάσει, θὰ ἔχετε γιορτάσει, θὰ ἔχουν γιορτάσει

Pres. Ind.   γλεντῶ, γλεντᾶς, γλεντᾶ ἤ γλεντάει·
γλεντοῦμε ἤ γλεντᾶμε, γλεντᾶτε, γλεντοῦν ἤ γλεντᾶν·(ε)

Pres. Sub.   νὰ γλεντῶ νὰ γλεντᾶς, νὰ γλεντᾶ ἤ γλεντάει·
νὰ γλεντοῦμε ἤ γλεντᾶμε, νὰ γλεντᾶτε, νὰ γλεντοῦν ἤ
γλεντᾶν(ε)

Pres. Imp.   γλέντα·
γλεντᾶτε

Pres. Part.   γλεντώντας

Imp.   γλεντοῦσα, γλεντοῦσες, γλεντοῦσε·
γλεντούσαμε, γλεντούσατε, γλεντοῦσαν

Fut. I   θὰ γλεντῶ, θὰ γλεντᾶς, θὰ γλεντᾶ ἤ γλεντάει·
θὰ γλεντοῦμε ἤ γλεντᾶμε, θὰ γλεντᾶτε, θὰ γλεντοῦν ἤ
γλεντᾶν(ε)

Fut. II   θὰ γλεντήσω, θὰ γλεντήσεις, θὰ γλεντήσει·
θὰ γλεντήσουμε, -ομε, θὰ γλεντήσετε, θὰ γλεντήσουν

Aor. Ind.   γλέντησα, γλέντησες, γλέντησε·
γλεντήσαμε, γλεντήσατε, γλέντησαν

Aor. Sub.   νὰ γλεντήσω, νὰ γλεντήσεις, νὰ γλεντήσει·
νὰ γλεντήσουμε, -ομε, νὰ γλεντήσετε, νὰ γλεντήσουν

Aor. Imp.   γλέντησε·
γλεντῆστε

Aor. Inf.   γλεντήσει

Perf. Ind.   ἔχω γλεντήσει, ἔχεις γλεντήσει, ἔχει γλεντήσει·
ἔχουμε, -ομε γλεντήσει, ἔχετε γλεντήσει, ἔχουν γλεν-
τήσει

Perf. Sub.   νὰ ἔχω γλεντήσει, νὰ ἔχεις γλεντήσει, νὰ ἔχει γλεν-
τήσει·
νὰ ἔχουμε, -ομε γλεντήσει, νὰ ἔχετε γλεντήσει, νὰ
ἔχουν γλεντήσει

P. P.   εἶχα γλεντήσει, εἶχες γλεντήσει, εἶχε γλεντήσει·
εἴχαμε γλεντήσει, εἴχατε γλεντήσει, εἶχαν γλεντήσει

F. P.   θὰ ἔχω γλεντήσει, θὰ ἔχεις γλεντήσει, θὰ ἔχει γλεν-
τήσει·
θὰ ἔχουμε, -ομε γλεντήσει, θὰ ἔχετε γλεντήσει, θὰ
ἔχουν γλεντήσει

Pres. Ind.	γλυτώνω, γλυτώνεις, γλυτώνει· γλυτώνουμε, -ομε, γλυτώνετε, γλυτώνουν
Pres. Sub.	νὰ γλυτώνω, νὰ γλυτώνεις, νὰ γλυτώνει· νὰ γλυτώνουμε, -ομε, νὰ γλυτώνετε, νὰ γλυτώνουν
Pres. Imp.	γλύτωνε· γλυτώνετε
Pres. Part.	γλυτώνοντας
Imp.	γλύτωνα, γλύτωνες, γλύτωνε· γλυτώναμε, γλυτώνατε, γλύτωναν
Fut. I	θὰ γλυτώνω, θὰ γλυτώνεις, θὰ γλυτώνει· θὰ γλυτώνουμε, -ομε, θὰ γλυτώνετε, θὰ γλυτώνουν
Fut. II	θὰ γλυτώσω, θὰ γλυτώσεις, θὰ γλυτώσει· θὰ γλυτώσουμε, -ομε, θὰ γλυτώσετε, θὰ γλυτώσουν
Aor. Ind.	γλύτωσα, γλύτωσες, γλύτωσε· γλυτώσαμε, γλυτώσατε, γλύτωσαν
Aor. Sub.	νὰ γλυτώσω, νὰ γλυτώσεις, νὰ γλυτώσει· νὰ γλυτώσουμε, -ομε, νὰ γλυτώσετε, νὰ γλυτώσουν
Aor. Imp.	γλύτωσε· γλυτώσετε
Aor. Inf.	γλυτώσει
Perf. Ind.	ἔχω γλυτώσει, ἔχεις γλυτώσει, ἔχει γλυτώσει· ἔχουμε, -ομε γλυτώσει, ἔχετε γλυτώσει, ἔχουν γλυτώσει
Perf. Sub.	νὰ ἔχω γλυτώσει, νὰ ἔχεις γλυτώσει, νὰ ἔχει γλυτώσει· νὰ ἔχουμε, -ομε γλυτώσει, νὰ ἔχετε γλυτώσει, νά ἔχουν γλυτώσει
P. P.	εἶχα γλυτώσει, εἶχες γλυτώσει, εἶχε γλυτώσει· εἴχαμε γλυτώσει, εἴχατε γλυτώσει, εἶχαν γλυτώσει
F. P.	θὰ ἔχω γλυτώσει, θὰ ἔχεις γλυτώσει, θὰ ἔχει γλυτώσει· θὰ ἔχουμε, -ομε γλυτώσει, θὰ ἔχετε γλυτώσει, θὰ ἔχουν γλυτώσει

Pres. Ind.	γράφομαι, γράφεσαι, γράφεται· γραφόμαστε, γράφεστε, γράφονται
Pres. Sub.	νὰ γράφομαι, νὰ γράφεσαι, νὰ γράφεται· νὰ γραφόμαστε, νὰ γράφεστε, νὰ γράφονται
Pres. Imp.	————
Imp.	γραφόμουν, γραφόσουν, γραφόταν· γραφόμαστε, γραφόσαστε, γράφονταν
Fut. I	θὰ γράφομαι, θὰ γράφεσαι θὰ γράφεται· θὰ γραφόμαστε, θὰ γράφεστε, θὰ γράφονται
Fut. II	θὰ γραφτῶ, θὰ γραφτεῖς, θὰ γραφτεῖ ἢ θὰ γραφῶ κτλ · θὰ γραφτοῦμε, θὰ γραφτεῖτε, θὰ γραφτοῦν
Aor. Ind.	γράφτηκα, γράφτηκες, γράφτηκε ἤ γράφηκα κτλ.· γραφτήκαμε, γραφτήκατε, γράφτηκαν
Aor. Sub.	νά γραφτῶ, νὰ γραφτεῖς, νὰ γραφτεῖ ἢ νὰ γραφῶ κτλ.· νὰ γραφτοῦμε, νὰ γραφτεῖτε, νὰ γραφτοῦν
Aor. Imp.	γράψου· γραφτεῖτε ἤ γραφεῖτε
Aor. Inf.	γραφτεῖ ἤ γραφεῖ
Perf. Ind.	ἔχω γραφ(τ)εῖ, ἔχεις γραφ(τ)εῖ, ἔχει γραφ(τ)εῖ ἢ εἶμαι κτλ. γραμμένος· ἔχουμε, -ομε γραφ(τ)εῖ, ἔχετε γραφ(τ)εῖ, ἔχουν γραφ(τ)εῖ ἢ εἴμαστε κτλ. γραμμένοι
Perf. Sub.	νὰ ἔχω γραφ(τ)εῖ, νὰ ἔχεις γραφ(τ)εῖ, νὰ ἔχει γραφ(τ)εῖ ἢ νὰ εἶμαι κτλ. γραμμένος· νὰ ἔχουμε, -ομε γραφ(τ)εῖ, νὰ ἔχετε γραφ(τ)εῖ, νὰ ἔχουν γραφ(τ)εῖ ἢ νὰ εἴμαστε κτλ. γραμμένοι
Perf. Part.	γραμμένος
P. P.	εἶχα γραφ(τ)εῖ, εἶχες γραφ(τ)εῖ, εἶχε γραφ(τ)εῖ ἢ ἤμουν κτλ. γραμμένος· εἴχαμε γραφ(τ)εῖ, εἴχατε γραφ(τ)εῖ, εἶχαν γραφ(τ)εῖ· ἢ ἤμαστε κτλ. γραμμένοι
F. P.	θὰ ἔχω γραφ(τ)εῖ, θὰ ἔχεις γραφ(τ)εῖ, θὰ ἔχει γραφ(τ)εῖ ἢ θὰ εἶμαι κτλ. γραμμένος· θὰ ἔχουμε, -ομε γραφ(τ)εῖ, θὰ ἔχετε γραφ(τ)εῖ, θὰ ἔχουν γραφ(τ)εῖ ἢ θὰ εἴμαστε κτλ. γραμμένοι

Pres. Ind.	γράφω, γράφεις, γράφει· γράφουμε, -ομε, γράφετε, γράφουν
Pres. Sub.	νὰ γράφω, νὰ γράφεις, νὰ γράφει· νὰ γράφουμε, -ομε, νὰ γράφετε, νὰ γράφουν
Pres. Imp.	γράφε· γράφετε
Pres. Part.	γράφοντας
Imp.	ἔγραφα, ἔγραφες, ἔγραφε· γράφαμε, γράφατε, ἔγραφαν
Fut. I	θὰ γράφω, θὰ γράφεις, θὰ γράφει· θὰ γράφουμε, -ομε, θὰ γράφετε, θὰ γράφουν
Fut. II	θὰ γράψω, θὰ γράψεις, θὰ γράψει· θὰ γράψουμε, -ομε, θὰ γράψετε, θὰ γράψουν.
Aor. Ind.	ἔγραψα, ἔγραψες, ἔγραψε· γράψαμε, γράψατε, ἔγραψαν
Aor. Sub.	νὰ γράψω, νὰ γράψεις, νὰ γράψει· νὰ γράψουμε, -ομε, νὰ γράψετε, νὰ γράψουν
Aor. Imp.	γράψε· γράψτε
Aor. Inf.	γράψει
Perf. Ind.	ἔχω γράψει, ἔχεις γράψει, ἔχει γράψει ἢ ἔχω κτλ. γραμμένο· ἔχουμε, -ομε γράψει, ἔχετε γράψει, ἔχουν γράψει
Perf. Sub.	νὰ ἔχω γράψει, νὰ ἔχεις γράψει, νὰ ἔχει γράψει ἢ νὰ ἔχω κτλ. γραμμένο· νὰ ἔχουμε, -ομε γράψει, νὰ ἔχετε γράψει, νὰ ἔχουν γράψει
P. P.	εἶχα γράψει, εἶχες γράψει, εἶχε γράψει ἢ εἶχα κτλ. γραμμένο· εἴχαμε γράψει, εἴχατε γράψει, εἶχαν γράψει
F. P.	θὰ ἔχω γράψει, θὰ ἔχεις γράψει θὰ ἔχει γράψει ἢ θὰ ἔχω κτλ. γραμμένο· θὰ ἔχουμε, -ομε γράψει, θὰ ἔχετε γράψει, θὰ ἔχουν γράψει

Pres. Ind.	γυρίζω, γυρίζεις, γυρίζει· γυρίζουμε, -ομε, γυρίζετε, γυρίζουν
Pres. Sub.	νὰ γυρίζω, νὰ γυρίζεις, νὰ γυρίζει· νὰ γυρίζουμε, -ομε, νὰ γυρίζετε, νὰ γυρίζουν
Pres. Imp.	γύριζε· γυρίζετε
Pres. Part.	γυρίζοντας·
Imp.	γύριζα, γύριζες, γύριζε· γυρίζαμε, γυρίζατε, γύριζαν
Fut. I	θὰ γυρίζω, θὰ γυρίζεις, θὰ γυρίζει· θὰ γυρίζουμε, -ομε, θὰ γυρίζετε, θὰ γυρίζουν
Fut. II	θὰ γυρίσω, θὰ γυρίσεις, θὰ γυρίσει· θὰ γυρίσουμε, -ομε, θὰ γυρίσετε, θὰ γυρίσουν
Aor. Ind.	γύρισα, γύρισες, γύρισε· γυρίσαμε, γυρίσατε, γύρισαν
Aor. Sub.	νὰ γυρίσω, νὰ γυρίσεις, νὰ γυρίσει· νὰ γυρίσουμε, -ομε, νὰ γυρίσετε, νὰ γυρίσουν
Aor. Imp.	γύρισε· γυρίστε
Aor. Inf.	γυρίσει
Perf. Ind.	ἔχω γυρίσει, ἔχεις γυρίσει, ἔχει γυρίσει· ἔχουμε, -ομε γυρίσει, ἔχετε γυρίσει, ἔχουν γυρίσει
Perf. Sub.	νὰ ἔχω γυρίσει, νὰ ἔχεις γυρίσει, νὰ ἔχει γυρίσει· νὰ ἔχουμε, -ομε γυρίσει, νὰ ἔχετε γυρίσει, νὰ ἔχουν γυρίσει
P. P.	εἶχα γυρίσει, εἶχες γυρίσει, εἶχε γυρίσει· εἴχαμε γυρίσει, εἴχατε γυρίσει, εἶχαν γυρίσει
F. P.	θὰ ἔχω γυρίσει, θὰ ἔχεις γυρίσει, θὰ ἔχει γυρίσει· θὰ ἔχουμε, -ομε γυρίσει, θὰ ἔχετε γυρίσει θὰ ἔχουν γυρίσει.

Pres. Ind.	δαγκάνομαι, δαγκάνεσαι, δαγκάνεται· δαγκανόμαστε, δαγκάνεστε, δαγκάνονται
Pres. Sub.	νὰ δαγκάνομαι, νὰ δαγκάνεσαι, νὰ δαγκάνεται· νὰ δαγκανόμαστε, νὰ δαγκάνεστε, νὰ δαγκάνονται
Pres. Imp.	————
Imp.	δαγκανόμουν, δαγκανόσουν, δαγκανόταν· δαγκανόμαστε, δαγκανόσαστε, δαγκάνονταν
Fut. I	θὰ δαγκάνομαι, θὰ δαγκάνεσαι, θὰ δαγκάνεται· θὰ δαγκανόμαστε, θὰ δαγκάνεστε, θὰ δαγκάνονται
Fut. II	θὰ δαγκαθῶ, θὰ δαγκαθεῖς, θὰ δαγκαθεῖ· θὰ δαγκαθοῦμε, θὰ δαγκαθεῖτε, θὰ δαγκαθοῦν
Aor. Ind.	δαγκάθηκα, δαγκάθηκες, δαγκάθηκε· δαγκαθήκαμε, δαγκαθήκατε, δαγκάθηκαν
Aor. Sub.	νὰ δαγκαθῶ, νὰ δαγκαθεῖς, νὰ δαγκαθεῖ· νὰ δαγκαθοῦμε, νὰ δαγκαθεῖτε, νὰ δαγκαθοῦν
Aor. Imp.	δαγκάσου· δαγκαθεῖτε
Aor. Inf.	δαγκαθεῖ
Perf. Ind.	ἔχω δαγκαθεῖ, ἔχεις δαγκαθεῖ, ἔχει δαγκαθεῖ ἢ εἶμαι κτλ. δαγκαμένος· ἔχουμε, ομε δαγκαθεῖ, ἔχετε δαγκαθεῖ, ἔχουν δαγκαθεῖ ἢ εἴμαστε κτλ. δαγκαμένοι
Perf. Sub.	νὰ ἔχω δαγκαθεῖ, νὰ ἔχεις δαγκαθεῖ, νὰ ἔχει δαγκαθεῖ ἢ νὰ εἶμαι κτλ. δαγκαμένος· νὰ ἔχουμε, -ομε δαγκαθεῖ, νὰ ἔχετε δαγκαθεῖ, νὰ ἔχουν δαγκαθεῖ ἢ νὰ εἴμαστε κτλ. δαγκαμένοι
Perf. Part.	δαγκαμένος
P. P.	εἶχα δαγκαθεῖ, εἶχες δαγκαθεῖ, εἶχε δαγκαθεῖ ἢ ἤμουν κτλ. δαγκαμένος· εἴχαμε δαγκαθεῖ, εἴχατε δαγκαθεῖ, εἶχαν δαγκαθεῖ ἢ ἤμαστε κτλ. δαγκαμένοι
F. P.	θὰ ἔχω δαγκαθεῖ, θὰ ἔχεις δαγκαθεῖ, θὰ ἔχει δαγκαθεῖ ἢ θὰ εἶμαι κτλ. δαγκαμένος θὰ ἔχουμε, -ομε δαγκαθεῖ, θὰ ἔχετε δαγκαθεῖ, θὰ ἔχουν δαγκαθεῖ ἢ θὰ εἴμαστε κτλ. δαγκαμένοι

Pres. Ind.	δαγκάνω, δαγκάνεις, δαγκάνει· δαγκάνουμε, -ομε, δαγκάνετε, δαγκάνουν
Pres. Sub.	νὰ δαγκάνω, νὰ δαγκάνεις, νὰ δαγκάνει· νὰ δαγκάνουμε, -ομε, νὰ δαγκάνετε, νὰ δαγκάνουν
Pres. Imp.	δάγκανε· δαγκάνετε
Pres. Part.	δαγκάνοντας
Imp.	δάγκανα, δάγκανες, δάγκανε· δαγκάναμε, δαγκάνατε, δάγκαναν
Fut. I	θὰ δαγκάνω, θὰ δαγκάνεις, θὰ δαγκάνει· θὰ δαγκάνουμε, -ομε, θὰ δαγκάνετε, θὰ δαγκάνουν
Fut. II	θὰ δαγκάσω, θὰ δαγκάσεις, θὰ δαγκάσει· θὰ δαγκάσουμε, -ομε, θὰ δαγκάσετε, θὰ δαγκάσουν
Aor. Ind.	δάγκασα, δάγκασες, δάγκασε· δαγκάσαμε, δαγκάσατε, δάγκασαν
Aor. Sub.	νὰ δαγκάσω, νὰ δαγκάσεις, νὰ δαγκάσει· νὰ δαγκάσουμε, -ομε, νὰ δαγκάσετε, νὰ δαγκάσουν
Aor. Imp.	δάγκασε· δαγκάστε ἢ δαγκάσετε
Aor. Inf.	δαγκάσει
Perf. Ind.	ἔχω δαγκάσει, ἔχεις δαγκάσει, ἔχει δαγκάσει ἢ ἔχω κτλ. δαγκαμένο· ἔχουμε, -ομε δαγκάσει, ἔχετε δαγκάσει, ἔχουν δαγκάσει
Perf. Sub.	νὰ ἔχω δαγκάσει, νὰ ἔχεις δαγκάσει, νὰ ἔχει δαγκάσει ἢ νὰ ἔχω κτλ. δαγκαμένο· νὰ ἔχουμε, -ομε δαγκάσει, νὰ ἔχετε δαγκάσει, νὰ ἔχουν δαγκάσει
P. P.	εἶχα δαγκάσει, εἶχες δάγκάσει, εἶχε δαγκάσει ἢ εἶχα κτλ. δαγκαμένο· εἴχαμε δαγκάσει, εἴχατε δαγκάσει, εἶχαν δαγκάσει
F. P.	θὰ ἔχω δαγκάσει, θὰ ἔχεις δαγκάσει, θὰ ἔχει δαγκάσει ἢ θὰ ἔχω κτλ. δαγκαμένο· θὰ ἔχουμε, ομε δαγκάσει, θὰ ἔχετε δαγκάσει, θὰ ἔχουν δαγκάσει

Pres. Ind.	δακρύζω, δακρύζεις, δακρύζει· δακρύζουμε, -ομε, δακρύζετε δακρύζουν
Pres. Sub.	νὰ δακρύζω, νὰ δακρύζεις, νὰ δακρύζει· νὰ δακρύζουμε, -ομε, νὰ δακρύζετε, νὰ δακρύζουν
Pres. Imp.	δάκρυζε· δακρύζετε
Pres. Part.	δακρύζοντας
Imp.	δάκρυζα, δάκρυζες, δάκρυζε· δακρύζαμε, δακρύζατε, δάκρυζαν
Fut. I	θὰ δακρύζω, θὰ δακρύζεις, θὰ δακρύζει· θὰ δακρύζουμε, -ομε, θὰ δακρύζετε, θὰ δακρύζουν
Fut. II	θὰ δακρύσω, θὰ δακρύσεις, θὰ δακρύσει· θὰ δακρύσουμε, -ομε, θὰ δακρύσετε, θὰ δακρύσουν
Aor. Ind.	δάκρυσα, δάκρυσες, δάκρυσε· δακρύσαμε, δακρύσατε, δάκρυσαν
Aor. Sub.	νὰ δακρύσω, νὰ δακρύσεις, νὰ δακρύσει· νὰ δακρύσουμε, -ομε, νὰ δακρύσετε, νὰ δακρύσουν
Aor. Imp.	δάκρυσε· δακρύστε
Aor. Inf.	δακρύσει
Perf. Ind.	ἔχω δακρύσει, ἔχεις δακρύσει, ἔχει δακρύσει· ἔχουμε, -ομε δακρύσει, ἔχετε δακρύσει, ἔχουν δακρύσει
Perf. Sub.	νὰ ἔχω δακρύσει, νὰ ἔχεις δακρύσει, νὰ ἔχει δακρύσει· νὰ ἔχουμε, -ομε δακρύσει, νὰ ἔχετε δακρύσει, νὰ ἔχουν δακρύσει
P. P.	εἶχα δακρύσει, εἶχες δακρύσει, εἶχε δακρύσει· εἴχαμε δακρύσει, εἴχατε δακρύσει εἶχαν δακρύσει
F. P.	θὰ ἔχω δακρύσει, θὰ ἔχεις δακρύσει, θὰ ἔχει δακρύσει· θὰ ἔχουμε, -ομε δακρύσει, θὰ ἔχετε δακρύσει, θὰ ἔχουν δακρύσει.

35

Pres. Ind.	δαμαζομαι, δαμάζεσαι, δαμάζεται· δαμαζόμαστε, δαμάζεστε, δαμάζονται
Pres. Sub.	νὰ δαμάζομαι, νὰ δαμάζεσαι, νὰ δαμάζεται· νὰ δαμαζόμαστε, νὰ δαμάζεστε, νὰ δαμάζονται
Pres. Imp.	
Imp.	δαμαζόμουν, δαμαζόσουν, δαμαζόταν· δαμαζόμαστε, δαμαζόσαστε, δαμάζονταν
Fut. I	θὰ δαμάζομαι, θὰ δαμάζεσαι, θὰ δαμάζεται· θὰ δαμαζόμαστε, θὰ δαμάζεστε, θὰ δαμάζονται
Fut. II	θὰ δαμαστῶ, θὰ δαμαστεῖς, θὰ δαμαστεῖ· θὰ δαμαστοῦμε, θὰ δαμαστεῖτε, θὰ δαμαστοῦν
Aor. Ind.	δαμάστηκα, δαμάστηκες, δαμάστηκε· δαμαστήκαμε, δαμαστήκατε, δαμάστηκαν
Aor. Sub.	νὰ δαμαστῶ, νὰ δαμαστεῖς, νὰ δαμαστεῖ· νὰ δαμαστοῦμε, νὰ δαμαστεῖτε, νὰ δαμαστοῦν
Aor. Imp.	δαμάσου· δαμαστεῖτε
Aor. Inf.	δαμαστεῖ
Perf. Ind.	ἔχω δαμαστεῖ, ἔχεις δαμαστεῖ, ἔχει δαμαστεῖ ἢ εἶμαι κτλ. δαμασμένος· ἔχουμε, -ομε δαμαστεῖ, ἔχετε δαμαστεῖ, ἔχουν δαμαστεῖ ἢ εἴμαστε κτλ. δαμασμένοι
Perf. Sub.	νὰ ἔχω δαμαστεῖ, νὰ ἔχεις δαμαστεῖ νὰ ἔχει δαμαστεῖ ἢ νὰ εἶμαι κτλ. δαμασμένος· νὰ ἔχουμε, -ομε δαμαστεῖ, νὰ ἔχετε δαμαστεῖ, νὰ ἔχουν δαμαστεῖ ἤ νὰ εἴμαστε κτλ. δαμασμένοι
Perf. Part.	δαμασμένος
P. P.	εἶχα δαμαστεῖ, εἶχες δαμαστεῖ, εἶχε δαμαστεῖ ἤ ἤμουν κτλ. δαμασμένος· εἴχαμε δαμαστεῖ, εἴχατε δαμαστεῖ, εἶχαν δαμαστεῖ ἤ ἤμαστε κτλ. δαμασμένοι
F. P.	θὰ ἔχω δαμαστεῖ θὰ ἔχεις δαμαστεῖ, θὰ ἔχει δαμαστεῖ ἢ θὰ εἶμαι κτλ. δαμασμένος· θὰ ἔχουμε, -ομε δαμαστεῖ, θὰ ἔχετε δαμαστεῖ, θὰ ἔχουν δαμαστεῖ ἢ θὰ εἴμαστε κτλ. δαμασμένοι

Pres. Ind.	δαμάζω, δαμάζεις, δαμάζει· δαμάζουμε, -ομε, δαμάζετε, δαμάζουν
Pres. Sub.	νὰ δαμάζω, νὰ δαμάζεις, νὰ δαμάζει· νὰ δαμάζουμε, -ομε, νὰ δαμάζετε, νὰ δαμάζουν
Pres. Imp.	δάμαζε· δαμάζετε
Pres. Part.	δαμάζοντας
Imp.	δάμαζα, δάμαζες, δάμαζε· δαμάζαμε, δαμάζατε, δάμαζαν
Fut. I	θὰ δαμάζω, θὰ δαμάζεις, θὰ δαμάζει· θὰ δαμάζουμε, -ομε, θὰ δαμάζετε, θὰ δαμάζουν
Fut. II	θὰ δαμάσω, θὰ δαμάσεις, θὰ δαμάσει· θὰ δαμάσουμε, -ομε, θὰ δαμάσετε, θὰ δαμάσουν
Aor. Ind.	δάμασα, δάμασες, δάμασε· δαμάσαμε, δαμάσατε, δάμασαν
Aor. Sub.	νὰ δαμάσω, νὰ δαμάσεις, νὰ δαμάσει· νὰ δαμάσουμε, -ομε, νὰ δαμάσετε, νὰ δαμάσουν
Aor. Imp.	δάμασε· δαμάστε
Aor. Inf.	δαμάσει
Perf. Ind.	ἔχω δαμάσει, ἔχεις δαμάσει, ἔχει δαμάσει ἢ ἔχω κτλ. δαμασμένο· ἔχουμε, -ομε δαμάσει, ἔχετε δαμάσει, ἔχουν δαμάσει
Perf. Sub.	νὰ ἔχω δαμάσει, νὰ ἔχεις δαμάσει, νὰ ἔχει δαμάσει ἢ νὰ ἔχω κτλ. δαμασμένο· νὰ ἔχουμε, -ομε δαμάσει, νὰ ἔχετε δαμάσει, νὰ ἔχουν δαμάσει
P. P.	εἶχα δαμάσει, εἶχες δαμάσει, εἶχε δαμάσει ἢ εἶχα κτλ. δαμασμένο· εἴχαμε δαμάσει, εἴχατε δαμάσει, εἶχαν δαμάσει
F. P.	θὰ ἔχω δαμάσει, θὰ ἔχεις δαμάσει, θὰ ἔχει δαμάσει ἢ θὰ ἔχω κτλ. δαμασμένο· θὰ ἔχουμε, -ομε δαμάσει, θὰ ἔχετε δαμάσει, θὰ ἔχουν δαμάσει

Pres. Ind.	δανείζομαι, δανείζεσαι, δανείζεται· δανειζόμαστε, δανείζεστε, δανείζονται
Pres. Sub.	νὰ δανείζομαι, νὰ δανείζεσαι, νὰ δανείζεται· νὰ δανειζόμαστε, νὰ δανείζεστε, νὰ δανείζονται
Pres. Imp.	————
Imp.	δανειζόμουν, δανειζόσουν, δανειζόταν· δανειζόμαστε, δανειζόσαστε, δανείζονταν
Fut. I	θὰ δανείζομαι, θὰ δανείζεσαι, θὰ δανείζεται· θὰ δανειζόμαστε, θὰ δανείζεστε, θὰ δανείζονται
Fut. II	θὰ δανειστῶ, θὰ δανειστεῖς, θὰ δανειστεῖ· θὰ δανειστοῦμε, θὰ δανειστεῖτε, θὰ δανειστοῦν
Aor. Ind.	δανείστηκα, δανείστηκες, δανείστηκε· δανειστήκαμε, δανειστήκατε, δανείστηκαν
Aor. Sub.	νὰ δανειστῶ, νὰ δανειστεῖς, νὰ δανειστεῖ· νὰ δανειστοῦμε, νὰ δανειστεῖτε, νὰ δανειστοῦν
Aor. Imp.	δανείσου· δανειστεῖτε
Aor. Inf.	δανειστεῖ
Perf. Ind.	ἔχω δανειστεῖ, ἔχεις δανειστεῖ, ἔχει δανειστεῖ, ἢ εἶμαι κτλ. δανεισμένος· ἔχουμε, -ομε δανειστεῖ, ἔχετε δανειστεῖ, ἔχουν δανει- στεῖ ἢ εἴμαστε κτλ. δανεισμένοι
Perf. Sub.	νὰ ἔχω δανειστεῖ, νὰ ἔχεις δανειστεῖ νὰ ἔχει δανειστεῖ ἢ νὰ εἶμαι κτλ. δανεισμένος· νὰ ἔχουμε, -ομε δανειστεῖ, νὰ ἔχετε δανειστεῖ, νὰ ἔχουν δανειστεῖ ἤ νὰ εἴμαστε κτλ. δανεισμένοι
Perf. Part.	δανεισμένος
P. P.	εἶχα δανειστεῖ, εἶχες δανειστεῖ, εἶχε δανειστεῖ ἤ ἤμουν κτλ. δανεισμένος· εἴχαμε δανειστεῖ, εἴχατε δανειστεῖ, εἶχαν δανειστεῖ ἢ ἤμαστε κτλ. δανεισμένοι
F. P.	θὰ ἔχω δανειστεῖ, θὰ ἔχεις δανειστεῖ, θὰ ἔχει δανειστεῖ ἢ θὰ εἶμαι κτλ. δανεισμένος· θὰ ἔχουμε, -ομε δανειστεῖ, θὰ ἔχετε δανειστεῖ, θὰ ἔχουν δανειστεῖ ἢ θὰ εἴμαστε κτλ. δανεισμένοι

Pres. Ind.	δανείζω, δανείζεις, δανείζει· δανείζουμε, -ομε, δανείζετε, δανείζουν
Pres. Sub.	νὰ δανείζω, νὰ δανείζεις, νὰ δανείζει· νὰ δανείζουμε, –ομε νὰ δανείζετε, νὰ δανείζουν
Pres. Imp.	δάνειζε· δανείζετε
Pres. Part.	δανείζοντας
Imp.	δάνειζα, δάνειζες, δάνειζε· δανείζαμε, δανείζατε, δάνειζαν
Fut. I	θὰ δανείζω, θὰ δανείζεις, θὰ δανείζει· θὰ δανείζουμε, -ομε, θὰ δανείζετε, θὰ δανείζουν
Fut. II	θὰ δανείσω, θὰ δανείσεις, θὰ δανείσει· θὰ δανείσουμε, -ομε, θὰ δανείσετε, θὰ δανείσουν
Aor. Ind.	δάνεισα, δάνεισες, δάνεισε· δανείσαμε, δανείσατε, δάνεισαν
Aor. Sub.	νὰ δανείσω, νὰ δανείσεις, νὰ δανείσει· νὰ δανείσουμε, -ομε, νὰ δανείσετε, νὰ δανείσουν
Aor. Imp.	δάνεισε· δανείστε
Aor. Inf.	δανείσει
Perf. Ind.	ἔχω δανείσει, ἔχεις δανείσει, ἔχει δανείσει ἤ ἔχω κτλ. δανεισμένο· ἔχουμε, -ομε δανείσει, ἔχετε δανείσει, ἔχουν δανείσει
Perf. Sub.	νὰ ἔχω δανείσει, νὰ ἔχεις δανείσει, νὰ ἔχει δανείσει ἤ νὰ ἔχω κτλ. δανεισμένο· νὰ ἔχουμε, -ομε δανείσει, νὰ ἔχετε δανείσει, νὰ ἔχουν δανείσει
P. P.	εἶχα δανείσει, εἶχες δανείσει, εἶχε δανείσει ἤ εἶχα κτλ. δανεισμένο· εἴχαμε δανείσει, εἴχατε δανείσει, εἶχαν δανείσει
F. P.	θὰ ἔχω δανείσει, θὰ ἔχεις δανείσει, θὰ ἔχει δανείσει ἤ θὰ ἔχω κτλ. δανεισμένο θὰ ἔχουμε, -ομε δανείσει, θὰ ἔχετε δανείσει, θὰ ἔχουν δανείσει

Pres. Ind.   δαπανιέμαι, δαπανιέσαι, δαπανιέται·
δαπανιόμαστε, δαπανιέστε, δαπανιοῦνται

Pres. Sub.   νὰ δαπανιέμαι, νὰ δαπανιέσαι, νὰ δαπανιέται·
νὰ δαπανιόμαστε, νὰ δαπανιέστε, νὰ δαπανιοῦνται

Pres. Imp.   ─────────

Imp.   δαπανιόμουν, δαπανιόσουν, δαπανιόταν·
δαπανιόμαστε, δαπανιόσαστε, δαπανιόνταν ἤ δαπανιοῦν-
ταν

Fut. I   θὰ δαπανιέμαι, θὰ δαπανιέσαι, θὰ δαπανιέται·
θὰ δαπανιόμαστε, θὰ δαπανιέστε, θὰ δαπανιοῦνται

Fut. II   θὰ δαπανηθῶ, θὰ δαπανηθεῖς, θὰ δαπανηθεῖ·
θὰ δαπανηθοῦμε, θὰ δαπανηθεῖτε, θὰ δαπανηθοῦν

Aor. Ind.   δαπανήθηκα, δαπανήθηκες, δαπανήθηκε·
δαπανηθήκαμε, δαπανηθήκατε, δαπανήθηκαν

Aor. Sub.   νὰ δαπανηθῶ, νὰ δαπανηθεῖς, νὰ δαπανηθεῖ·
νὰ δαπανηθοῦμε, νὰ δαπανηθεῖτε, νὰ δαπανηθοῦν

Aor. Imp.   δαπανήσου·
δαπανηθεῖτε

Aor. Inf.   δαπανηθεῖ

Perf. Ind.   ἔχω δαπανηθεῖ, ἔχεις δαπανηθεῖ, ἔχει δαπανηθεῖ ἤ εἶ-
μαι κτλ. δαπανημένος·
ἔχουμε, -ομε δαπανηθεῖ, ἔχετε δαπανηθεῖ, ἔχουν δαπα
νηθεῖ ἤ εἴμαστε κτλ. δαπανημένοι

Perf. Sub.   νὰ ἔχω δαπανηθεῖ, νὰ ἔχεις δαπανηθεῖ, νὰ ἔχει δαπα-
νηθεῖ ἤ νὰ εἶμαι κτλ. δαπανημένος·
νὰ ἔχουμε, -ομε δαπανηθεῖ, νὰ ἔχετε δαπανηθεῖ, νὰ ἔ-
χουν δαπανηθεῖ ἤ νὰ εἴμαστε κτλ. δαπανημένοι

Perf. Part.   δαπανημένος

P. P.   εἶχα δαπανηθεῖ, εἶχες δαπανηθεῖ, εἶχε δαπανηθεῖ ἤ ἤ
μουν κτλ. δαπανημένος·
εἴχαμε δαπανηθεῖ, εἴχατε δαπανηθεῖ, εἶχαν δαπανηθεῖ
ἤ ἤμαστε κτλ. δαπανημένοι

F. P.   θὰ ἔχω δαπανηθεῖ, θὰ ἔχεις δαπανηθεῖ, θὰ ἔχει δαπανη-
θεῖ ἤ θὰ εἶμαι κτλ. δαπανημένος·
θὰ ἔχουμε, -ομε δαπανηθεῖ, θὰ ἔχετε δαπανηθεῖ θὰ ἔ-
χουν δαπανηθεῖ ἤ θὰ εἴμαστε κτλ. δαπανημένοι

Pres. Ind.	δαπανῶ, δαπανᾶς, δαπανᾶ ἢ δαπανάει· δαπανοῦμε ἢ δαπανᾶμε, δαπανᾶτε, δαπανοῦν ἢ δαπα- νᾶν(ε)
Pres. Sub.	νὰ δαπανῶ νὰ δαπανᾶς, νὰ δαπανᾶ ἢ δαπανάει· νὰ δαπανοῦμε ἢ δαπανᾶμε, νὰ δαπανᾶτε, νὰ δαπανοῦν ἢ δαπανᾶν(ε)
Pres. Imp.	δαπάνα· δαπανᾶτε
Pres. Part.	δαπανώντας
Imp.	δαπανοῦσα, δαπανοῦσες, δαπανοῦσε· δαπανούσαμε, δαπανούσατε, δαπανοῦσαν
Fut. I	θὰ δαπανῶ, θὰ δαπανᾶς, θὰ δαπανᾶ ἢ δαπανάει· θὰ δαπανοῦμε ἢ δαπανᾶμε, θὰ δαπανᾶτε, θὰ δαπανοῦν ἢ δαπανᾶν(ε)
Fut. II	θὰ δαπανήσω, θὰ δαπανήσεις, θὰ δαπανήσει· θὰ δαπανήσουμε, -ομε, θὰ δαπανήσετε, θὰ δαπανήσουν
Aor. Ind.	δαπάνησα, δαπάνησες, δαπάνησε· δαπανήσαμε, δαπανήσατε, δαπάνησαν
Aor. Sub.	νὰ δαπανήσω, νὰ δαπανήσεις, νὰ δαπανήσει· νὰ δαπανήσουμε, -ομε, νὰ δαπανήσετε, νὰ δαπανήσουν
Aor. Imp.	δαπάνησε· δαπανῆστε
Aor. Inf.	δαπανήσει
Perf. Ind.	ἔχω δαπανήσει, ἔχεις δαπανήσει, ἔχει δαπανήσει ἢ ἔ- χω κτλ. δαπανημένο· ἔχουμε, -ομε δαπανήσει, ἔχετε δαπανήσει, ἔχουν δαπα- νήσει
Perf. Sub.	νὰ ἔχω δαπανήσει, νὰ ἔχεις δαπανήσει, νὰ ἔχει δαπα- νήσει ἢ νὰ ἔχω κτλ. δαπανημένο· νὰ ἔχουμε, -ομε, δαπανήσει, νὰ ἔχετε δαπανήσει, νὰ ἔχουν δαπανήσει
P. P.	εἶχα δαπανήσει, εἶχες δαπανήσει, εἶχε δαπανήσει ἢ εἶ- χα κτλ. δαπανημένο· εἴχαμε δαπανήσει, εἴχατε δαπανήσει, εἶχαν δαπανήσει
F. P.	θὰ ἔχω δαπανήσει, θὰ ἔχεις δαπανήσει, θὰ ἔχει δαπανή- σει ἢ θὰ ἔχω κτλ. δαπανημένο· θὰ ἔχουμε -ομε δαπανήσει, θὰ ἔχετε δαπανήσει, θὰ ἔ- χουν δαπανήσει

Pres. Ind. δείχνομαι, δείχνεσαι, δείχνεται·
δειχνόμαστε, δείχνεστε, δείχνονται

Pres. Sub. νὰ δείχνομαι, νὰ δείχνεσαι, νὰ δείχνεται·
νὰ δειχνόμαστε, νὰ δείχνεστε, νὰ δείχνονται

Pres. Imp ——————

Imp. δειχνόμουν, δειχνόσουν, δειχνόταν·
δειχνόμαστε, δειχνόσαστε, δείχνονταν

Fut. I θὰ δείχνομαι, θὰ δείχνεσαι, θὰ δείχνεται·
θὰ δειχνόμαστε, θὰ δείχνεστε, θὰ δείχνονται

Fut. II θὰ δειχτῶ, θὰ δειχτεῖς, θὰ δειχτεῖ
θὰ δειχτοῦμε, θὰ δειχτεῖτε, θὰ δειχτοῦν

Aor. Ind. δείχτηκα, δείχτηκες, δείχτηκε·
δειχτήκαμε, δειχτήκατε, δείχτηκαν

Aor. Sub. νὰ δειχτῶ, νὰ δειχτεῖς νὰ δειχτεῖ·
νὰ δειχτοῦμε, νὰ δειχτεῖτε, νὰ δειχτοῦν

Aor. Imp. δείξου·
δειχτεῖτε

Aor. Inf. δειχτεῖ

Perf. Ind. ἔχω δειχτεῖ, ἔχεις δειχτεῖ, ἔχει δειχτεῖ ἤ εἶμαι κτλ.
δειγμένος·
ἔχουμε, -ομε δειχτεῖ, ἔχετε δειχτεῖ, ἔχουν δειχτεῖ ἤ εἴ-
μαστε κτλ. δειγμένοι

Perf. Sub. νὰ ἔχω δειχτεῖ, νὰ ἔχεις δειχτεῖ, νὰ ἔχει δειχτεῖ ἤ νά
εἶμαι κτλ. δειγμένος·
νὰ ἔχουμε,-ομε δειχτεῖ, νὰ ἔχετε δειχτεῖ, νὰ ἔχουν δει-
χτεῖ ἤ νὰ εἴμαστε κτλ. δειγμένοι

Perf. Part. δειγμένος

P. P. εἶχα δειχτεῖ, εἶχες δειχτεῖ, εἶχε δειχτεῖ ἤ ἤμουν κτλ.
δειγμένος·
εἴχαμε δειχτεῖ, εἴχατε δειχτεῖ, εἶχαν δειχτεῖ ἤ ἤμαστε
κτλ. δειγμένοι

F. P. θὰ ἔχω δειχτεῖ, θὰ ἔχεις δειχτεῖ, θὰ ἔχει δειχτεῖ ἤ θὰ
εἶμαι κτλ. δειγμένος·
θὰ ἔχουμε, -ομε δειχτεῖ, θὰ ἔχετε δειχτεῖ, θὰ ἔχουν δει-
χτεῖ ἤ θὰ εἴμαστε κτλ. δειγμένοι

Pres. Ind.	δείχνω, δείχνεις, δείχνει· δείχνουμε, -ομε, δείχνετε, δείχνουν
Pres. Sub.	νὰ δείχνω, νὰ δείχνεις, νὰ δείχνει· νὰ δείχνουμε, -ομε, νὰ δείχνετε νὰ δείχνουν
Pres. Imp.	δεῖχνε· δείχνετε
Pres. Part.	δείχνοντας
Imp.	ἔδειχνα, ἔδειχνες, ἔδειχνε· δείχναμε, δείχνατε, ἔδειχναν
Fut. I	θὰ δείχνω, θὰ δείχνεις, θὰ δείχνει· θὰ δείχνουμε, -ομε, θὰ δείχνετε, θὰ δείχνουν
Fut. II	θὰ δείξω, θὰ δείξεις, θὰ δείξει· θὰ δείξουμε, -ομε, θὰ δείξετε, θὰ δείξουν
Aor. Ind.	ἔδειξα, ἔδειξες, ἔδειξε· δείξαμε, δείξατε, ἔδειξαν
Aor. Sub.	νὰ δείξω, νὰ δείξεις, νὰ δείξει· νὰ δείξουμε, -ομε, νὰ δείξετε, νὰ δείξουν
Aor. Imp.	δεῖξε· δεῖξτε
Aor. Inf.	δείξει
Perf. Ind.	ἔχω δείξει, ἔχεις δείξει, ἔχει δείξει ἢ ἔχω κτλ. δειγμένο· ἔχουμε, -ομε δείξει, ἔχετε δείξει, ἔχουν δείξει
Perf. Sub.	νὰ ἔχω δείξει, νὰ ἔχεις δείξει, νὰ ἔχει δείξει ἢ νὰ ἔχω κτλ. δειγμένο· νὰ ἔχουμε, -ομε δείξει, νὰ ἔχετε δείξει, νὰ ἔχουν δείξει
P. P.	εἶχα δείξει, εἶχες δείξει, εἶχε δείξει ἢ εἶχα κτλ. δειγμένο· εἴχαμε δείξει, εἴχατε δείξει, εἶχαν δείξει
F. P.	θὰ ἔχω δείξει, θὰ ἔχεις δείξει, θὰ ἔχει δείξει· θὰ ἔχουμε, -ομε δείξει, θὰ ἔχετε δείξει, θὰ ἔχουν δείξει

Pres. Ind.	δένομαι, δένεσαι, δένεται· δενόμαστε, δένεστε, δένονται
Pres. Sub.	νὰ δένομαι, νὰ δένεσαι, νὰ δένεται· νὰ δενόμαστε, νὰ δένεστε, νὰ δένονται
Pres. Imp.	———
Imp.	δενόμουν, δενόσουν, δενόταν· δενόμαστε, δενόσαστε, δένονταν
Fut. I	θὰ δένομαι, θὰ δένεσαι, θὰ δένεται· θὰ δενόμαστε, θὰ δένεστε, θὰ δένονται
Fut. II	θὰ δεθῶ, θὰ δεθεῖς, θὰ δεθεῖ· θὰ δεθοῦμε, θὰ δεθεῖτε, θὰ δεθοῦν
Aor. Ind.	δέθηκα, δέθηκες, δέθηκε· δεθήκαμε, δεθήκατε, δέθηκαν
Aor. Sub.	νὰ δεθῶ, νὰ δεθεῖς, νὰ δεθεῖ· νὰ δεθοῦμε, νὰ δεθεῖτε, νὰ δεθοῦν
Aor. Imp.	δέσου· δεθεῖτε
Aor. Inf.	δεθεῖ
Perf. Ind.	ἔχω δεθεῖ, ἔχεις δεθεῖ, ἔχει δεθεῖ ἢ εἶμαι κτλ. δεμένος· ἔχουμε, -ομε δεθεῖ, ἔχετε δεθεῖ, ἔχουν δεθεῖ ἤ εἴμαστε κτλ. δεμένοι
Perf. Sub.	νὰ ἔχω δεθεῖ, νὰ ἔχεις δεθεῖ, νὰ ἔχει δεθεῖ ἢ νὰ εἶμαι κτλ. δεμένος· νὰ ἔχουμε, -ομε δεθεῖ, νὰ ἔχετε δεθεῖ, νὰ ἔχουν δεθεῖ ἢ νὰ εἴμαστε κτλ. δεμένοι
Perf. Part.	δεμένος
P. P.	εἶχα δεθεῖ, εἶχες δεθεῖ, εἶχε δεθεῖ ἢ ἤμουν κτλ. δεμένος· εἴχαμε δεθεῖ, εἴχατε δεθεῖ, εἶχαν δεθεῖ ἤ ἤμαστε κτλ. δεμένοι
F. P.	θὰ ἔχω δεθεῖ, θὰ ἔχεις δεθεῖ, θὰ ἔχει δεθεῖ ἢ θὰ εἶμαι κτλ. δεμένος· θὰ ἔχουμε, -ομε δεθεῖ, θὰ ἔχετε δεθεῖ, θὰ ἔχουν δεθεῖ ἢ θὰ εἴμαστε κτλ. δεμένοι

Pres. Ind.	δένω, δένεις, δένει· δένουμε, -ομε, δένετε, δένουν
Pres. Sub.	νὰ δένω, νὰ δένεις, νὰ δένει· νὰ δένουμε, -ομε, νὰ δένετε, νὰ δένουν
Pres. Imp.	δένε· δένετε
Pres. Part.	δένοντας
Imp.	ἔδενα, ἔδενες, ἔδενε· δέναμε, δένατε, ἔδεναν
Fut. I	θὰ δένω, θὰ δένεις, θὰ δένει· θὰ δένουμε, -ομε, θὰ δένετε, θὰ δένουν
Fut. II	θὰ δέσω, θὰ δέσεις, θὰ δέσει· θὰ δέσουμε, -ομε, θὰ δέσετε, θὰ δέσουν
Aor. Ind.	ἔδεσα, ἔδεσες, ἔδεσε· δέσαμε, δέσατε, ἔδεσαν
Aor. Sub.	νὰ δέσω, νὰ δέσεις, νὰ δέσει· νὰ δέσουμε, ομε, νὰ δέσετε, νὰ δέσουν
Aor. Imp.	δέσε· δέσετε
Aor. Inf.	δέσει
Perf. Ind.	ἔχω δέσει, ἔχεις δέσει, ἔχει δέσει ἤ ἔχω κτλ. δεμένο· ἔχουμε, -ομε δέσει, ἔχετε δέσει, ἔχουν δέσει
Perf. Sub.	νὰ ἔχω δέσει, νὰ ἔχεις δέσει, νὰ ἔχει δέσει ἤ νὰ ἔχω κτλ. δεμένο· νὰ ἔχουμε, -ομε δέσει, νὰ ἔχετε δέσει, νὰ ἔχουν δέσει
P. P.	εἶχα δέσει, εἶχες δέσει, εἶχε δέσει ἤ εἶχα κτλ. δεμένο· εἴχαμε δέσει, εἴχατε δέσει, εἶχαν δέσει
F. P.	θὰ ἔχω δέσει, θὰ ἔχεις δέσει, θὰ ἔχει δέσει ἤ θὰ ἔχω κτλ. δεμένο· θὰ ἔχουμε, -ομε δέσει, θὰ ἔχετε δέσει. θὰ ἔχουν δέσει

Pres. Ind.	δέρνομαι, δέρνεσαι, δέρνεται· δερνόμαστε, δέρνεστε, δέρνονται
Pres. Sub.	νὰ δέρνομαι, νὰ δέρονεσαι, νὰ δέρονεται· νὰ δερνόμαστε, νὰ δέρνεστε, νὰ δέρνονται
Pres. Imp.	————
Imp.	δερνόμουν, δερνόσουν, δερνόταν· δερνόμαστε, δερνόσαστε, δέρνονταν
Fut. I	θὰ δέρνομαι, θὰ δέρνεσαι, θὰ δέρνεται· θὰ δερνόμαστε, θὰ δέρνεστε, θὰ δέρνονται
Fut. II	θὰ δαρθῶ, θὰ δαρθεῖς, θὰ δαρθεῖ· θὰ δαρθοῦμε, θὰ δαρθεῖτε, θὰ δαρθοῦν
Aor. Ind.	δάρθηκα, δάρθηκες, δάρθηκε· δαρθήκαμε, δαρθήκατε, δάρθηκαν
Aor. Sub.	νὰ δαρθῶ, νὰ δαρθεῖς, νὰ δαρθεῖ· νὰ δαρθοῦμε, νὰ δαρθεῖτε, νὰ δαρθοῦν
Aor. Imp.	δάρσου· δαρθεῖτε
Aor. Inf.	δαρθεῖ
Perf. Ind.	ἔχω δαρθεῖ, ἔχεις δαρθεῖ, ἔχει δαρθεῖ ἢ εἶμαι κτλ. δαρμένος· ἔχουμε, -ομε δαρθεῖ, ἔχετε δαρθεῖ, ἔχουν δαρθεῖ ἤ εἴμαστε κτλ. δαρμένοι
Perf. Sub.	νὰ ἔχω δαρθεῖ, νὰ ἔχεις δαρθεῖ, νὰ ἔχει δαρθεῖ ἢ νά εἶμαι κτλ. δαρμένος· νὰ ἔχουμε, -ομε δαρθεῖ, νὰ ἔχετε δαρθεῖ, νὰ ἔχουν δαρθεῖ ἢ νὰ εἴμαστε κτλ. δαρμένοι
Perf. Part.	δαρμένος
P. P.	εἶχα δαρθεῖ, εἶχες δαρθεῖ, εἶχε δαρθεῖ ἢ ἤμουν κτλ. δαρμένος· εἴχαμε δαρθεῖ, εἴχατε δαρθεῖ, εἶχαν δαρθεῖ ἢ ἤμαστε κτλ. δαρμένοι
F. P.	θὰ ἔχω δαρθεῖ, θὰ ἔχεις δαρθεῖ, θὰ ἔχει δαρθεῖ ἢ θὰ εἶμαι κτλ. δαρμένος· θὰ ἔχουμε, -ομε δαρθεῖ, θὰ ἔχετε δαρθεῖ, θὰ ἔχουν δαρθεῖ ἢ θὰ εἴμαστε κτλ. δαρμένοι

Pres. Ind.	δέρνω, δέρνεις, δέρνει· δέρνουμε, -ομε, δέρνετε, δέρνουν
Pres. Sub.	νὰ δέρνω, νὰ δέρνεις, νὰ δέρνει· νὰ δέρνουμε, -ομε, νὰ δέρνετε, νὰ δέρνουν
Pres. Imp.	δέρνε· δέρνετε
Pres. Part.	δέρνοντας
Imp.	ἔδερνα, ἔδερνες, ἔδερνε· δέρναμε, δέρνατε, ἔδερναν
Fut. I	θὰ δέρνω, θὰ δέρνεις, θὰ δέρνει· θὰ δέρνουμε, θὰ δέρνετε, θὰ δέρνουν
Fut. II	θὰ δείρω, θὰ δείρεις, θὰ δείρει· θὰ δείρουμε, -ομε, θὰ δείρετε, θὰ δείρουν
Aor. Ind.	ἔδειρα, ἔδειρες, ἔδειρε· δείραμε, δείρατε, ἔδειραν
Aor. Sub.	νὰ δείρω, νὰ δείρεις, νὰ δείρει· νὰ δείρουμε, ομε, νὰ δείρετε, νὰ δείρουν
Pres. Imp.	δεῖρε· δείρετε
Aor. Inf.	δείρει
Perf. Ind.	ἔχω δείρει, ἔχεις δείρει, ἔχει δείρει ἢ ἔχω κτλ. δαρ- μένο· ἔχουμε, -ομε δείρει, ἔχετε δείρει, ἔχουν δείρει
Perf. Sub.	νὰ ἔχω δείρει, νὰ ἔχεις δείρει, νὰ ἔχει δείρει ἢ νὰ ἔ- χω κτλ. δαρμένο· νὰ ἔχουμε, -ομε δείρει, νὰ ἔχετε δείρει, νὰ ἔχουν δείρει
P. P.	εἶχα δείρει, εἶχες δείρει, εἶχε δείρει ἢ εἶχα κτλ. δαρ- μένο· εἴχαμε δείρει, εἴχατε δείρει, εἶχαν δείρει
F. P.	θὰ ἔχω δείρει θὰ ἔχεις δείρει, θὰ ἔχει δείρει ἢ θὰ ἔχω κτλ. δαρμένο· θὰ ἔχουμε, ομε δείρει, θὰ ἔχετε δείρει, θὰ ἔχουν δείρει

Pres. Ind.	δέχομαι, δέχεσαι, δέχεται· δεχόμαστε, δέχεστε, δέχονται
Pres. Sub.	νὰ δέχομαι, νὰ δέχεσαι, νὰ δέχεται· νὰ δεχόμαστε, νὰ δέχεστε, νὰ δέχονται
Pres. Imp.	——————
Imp.	δεχόμουν, δεχόσουν, δεχόταν· δεχόμαστε, δεχόσαστε, δέχονταν
Fut. I	θὰ δέχομαι, θὰ δέχεσαι, θὰ δέχεται· θὰ δεχόμαστε, θὰ δέχεστε, θὰ δέχονται
Fut. II	θὰ δεχτῶ, θὰ δεχτεῖς, θὰ δεχτεῖ· θὰ δεχτοῦμε, θὰ δεχτεῖτε, θὰ δεχτοῦν
Aor. Ind.	δέχτηκα, δέχτηκες, δέχτηκε· δεχτήκαμε, δεχτήκατε, δέχτηκαν
Aor. Sub.	νὰ δεχτῶ, νὰ δεχτεῖς, νὰ δεχτεῖ· νὰ δεχτοῦμε, νὰ δεχτεῖτε, νὰ δεχτοῦν
Aor. Imp.	δέξου· δεχτεῖτε
Aor. Inf.	δεχτεῖ
Perf. Ind.	ἔχω δεχτεῖ, ἔχεις δεχτεῖ, ἔχει δεχτεῖ· ἔχουμε, -ομε δεχτεῖ, ἔχετε δεχτεῖ, ἔχουν δεχτεῖ
Perf. Sub.	νὰ ἔχω δεχτεῖ, νὰ ἔχεις δεχτεῖ, νὰ ἔχει δεχτεῖ· νὰ ἔχουμε, -ομε δεχτεῖ, νὰ ἔχετε δεχτεῖ, νὰ ἔχουν δεχτεῖ
Perf. Part.	——————
P. P.	εἶχα δεχτεῖ, εἶχες δεχτεῖ, εἶχε δεχτεῖ· εἴχαμε δεχτεῖ, εἴχατε δεχτεῖ, εἶχαν δεχτεῖ
F. P.	θὰ ἔχω δεχτεῖ, θὰ ἔχεις δεχτεῖ, θὰ ἔχει δεχτεῖ θὰ ἔχουμε, -ομε δεχτεῖ, θὰ ἔχετε δεχτεῖ, θὰ ἔχουν δεχτεῖ

Pres. Ind.	δηλητηριάζω, δηλητηριάζεις, δηλητηριάζει· δηλητηριάζουμε, -ομε, δηλητηριάζετε, δηλητηριάζουν
Pres. Sub.	νὰ δηλητηριάζω, νὰ δηλητηριάζεις, νὰ δηλητηριάζει· νὰ δηλητηριάζουμε, -ομε, νὰ δηλητηριάζετε, νὰ δηλητηριάζουν
Pres. Imp.	δηλητηρίαζε· δηλητηριάζετε
Pres. Part.	δηλητηριάζοντας
Imp.	δηλητηρίαζα, δηλητηρίαζες, δηλητηρίαζε· δηλητηριάζαμε, δηλητηριάζατε, δηλητηρίαζαν
Fut. I	θὰ δηλητηριάζω, θὰ δηλητηριάζεις, θὰ δηλητηριάζει· θὰ δηλητηριάζουμε, -ομε, θὰ δηλητηριάζετε, θὰ δηλητηριάζουν
Fut. II	θὰ δηλητηριάσω, θὰ δηλητηριάσεις, θὰ δηλητηριάσει· θὰ δηλητηριάσουμε, -ομε, θὰ δηλητηριάσετε, θὰ δηλητηριάσουν
Aor. Ind.	δηλητηρίασα, δηλητηρίασες, δηλητηρίασε· δηλητηριάσαμε, δηλητηριάσατε, δηλητηρίασαν
Aor. Sub.	νὰ δηλητηριάσω, νὰ δηλητηριάσεις, νὰ δηλητηριάσει· νὰ δηλητηριάσουμε, -ομε, νὰ δηλητηριάσετε, νὰ δηλητηριάσουν
Aor. Imp.	δηλητηρίασε· δηλητηριάστε
Aor. Inf.	δηλητηριάσει
Perf. Ind.	ἔχω δηλητηριάσει, ἔχεις δηλητηριάσει, ἔχει δηλητηριάσει ἢ ἔχω κτλ. δηλητηριασμένο· ἔχουμε, -ομε, δηλητηριάσει, ἔχετε δηλητηριάσει, ἔχουν δηλητηριάσει
Perf. Sub.	νὰ ἔχω δηλητηριάσει, νὰ ἔχεις δηλητηριάσει, νὰ ἔχει δηλητηριάσει ἢ νὰ ἔχω κτλ. δηλητηριασμένο· νὰ ἔχουμε, -ομε δηλητηριάσει, νὰ ἔχετε δηλητηριάσει, νὰ ἔχουν δηλητηριάσει
P. P.	εἶχα δηλητηριάσει, εἶχες δηλητηριάσει, εἶχε δηλητηριάσει ἢ εἶχα κτλ. δηλητηριασμένο· εἴχαμε δηλητηριάσει, εἴχατε δηλητηριάσει, εἶχαν δηλητηριάσει
F. P.	θὰ ἔχω δηλητηριάσει, θὰ ἔχεις δηλητηριάσει, θὰ ἔχει δηλητηριάσει ἢ θὰ ἔχω κτλ. δηλητηριασμένο· θὰ ἔχουμε, -ομε δηλητηριάσει, θὰ ἔχετε δηλητηριάσει, θὰ ἔχουν δηλητηριάσει

Pres. Ind.	δηλητηριάζομαι, δηλητηριάζεσαι, δηλητηριάζεται· δηλητηριαζόμαστε, δηλητηριάζεστε, δηλητηριάζονται
Pres. Sub.	νὰ δηλητηριάζομαι, νὰ δηλητηριάζεσαι, νὰ δηλητηριάζεται· νὰ δηλητηριαζόμαστε, νὰ δηλητηριάζεστε, νὰ δηλητη ριάζονται
Pres. Imp.	
Imp.	δηλητηριαζόμουν, δηλητηριαζόσουν, δηλητηριαζόταν· δηλητηριαζόμαστε, δηλητηριαζόσαστε, δηλητηριάζονταν
Fut. I	θὰ δηλητηριάζομαι, θὰ δηλητηριάζεσαι, θὰ δηλητηριάζε ται· θὰ δηλητηριαζόμαστε, θὰ δηλητηριάζεστε, θὰ δηλητηριάζονται
Fut. II	θὰ δηλητηριαστῶ, θὰ δηλητηριαστεῖς, θὰ δηλητηριαστεῖ· θὰ δηλητηριαστοῦμε, θὰ δηλητηριαστεῖτε, θὰ δηλητηριαστοῦν
Aor. Ind.	δηλητηριάστηκα, δηλητηριάστηκες, δηλητηριάστηκε· δηλητηριαστήκαμε, δηλητηριαστήκατε, δηλητηριάστηκαν.
Aor. Sub.	νὰ δηλητηριαστῶ, νὰ δηλητηριαστεῖς, νὰ δηλητηρια στεῖ· νὰ δηλητηριαστοῦμε, νὰ δηλητηριαστεῖτε, νὰ δηλητηριαστοῦν
Aor. Imp.	δηλητηριάσου· δηλητηριαστεῖτε
Aor. Inf.	δηλητηριαστεῖ
Perf. Ind.	ἔχω δηλητηριαστεῖ, ἔχεις δηλητηριαστεῖ, ἔχει δηλητηριαστεῖ ἢ εἶμαι κτλ. δηλητηριασμένος· ἔχουμε, -ομε δηλητηριαστεῖ, ἔχετε δηλητηριαστεῖ, ἔχουν δηλητηριαστεῖ ἢ εἴμαστε κτλ. δηλητηριασμένοι

Perf. Sub.   νὰ ἔχω δηλητηριαστεῖ, νὰ ἔχεις δηλητηριαστεῖ, νὰ ἔχει
                 δηλητηριαστεῖ ἢ νὰ εἶμαι κτλ. δηλητηριασμένος·
                 νὰ ἔχουμε, -ομε δηλητηριαστεῖ, νὰ ἔχετε δηλητηριαστεῖ,
                 νὰ ἔχουν δηλητηριαστεῖ ἢ νὰ εἴμαστε κτλ. δηλητηρια-
                 σμένοι

Perf. Part.   δηλητηριασμένος

P. P.   εἶχα δηλητηριαστεῖ, εἶχες δηλητηριαστεῖ, εἶχε δηλητη-
                 ριαστεῖ ἢ ἤμουν κτλ. δηλητηριασμένος·
                 εἴχαμε δηλητηριαστεῖ, εἴχατε δηλητηριαστεῖ, εἶχαν δη-
                 λητηριαστεῖ ἢ ἤμαστε κτλ. δηλητηριασμένοι

F. P.   θὰ ἔχω δηλητηριαστεῖ, θὰ ἔχεις δηλητηριαστεῖ, θὰ ἔχει
                 δηλητηριαστεῖ ἢ θὰ εἶμαι κτλ. δηλητηριασμένος·
                 θὰ ἔχουμε, -ομε δηλητηριαστεῖ, θὰ ἔχετε δηλητηριαστεῖ,
                 θὰ ἔχουν δηλητηριαστεῖ ἢ θὰ εἴμαστε κτλ. δηλητη-
                 ριασμένοι

Pres. Ind.	διαβάζομαι, διαβάζεσαι, διαβάζεται· διαβαζόμαστε, διαβάζεστε, διαβάζονται
Pres. Sub.	νὰ διαβάζομαι, νὰ διαβάζεσαι, νὰ διαβάζεται· νὰ διαβαζόμαστε, νὰ διαβάζεστε, νὰ διαβάζονται
Pres. Imp.	————
Imp.	διαβαζόμουν, διαβαζόσουν, διαβαζόταν· διαβαζόμαστε, διαβαζόσαστε, διαβάζονταν
Fut. I	θὰ διαβάζομαι, θὰ διαβάζεσαι, θὰ διαβάζεται· θὰ διαβαζόμαστε, θὰ διαβάζεστε, θὰ διαβάζονται
Fut. II	θὰ διαβαστῶ, θὰ διαβαστεῖς, θὰ διαβαστεῖ· θὰ διαβαστοῦμε, θὰ διαβαστεῖτε, θὰ διαβαστοῦν
Aor. Ind.	διαβάστηκα, διαβάστηκες, διαβάστηκε· διαβαστήκαμε, διαβαστήκατε, διαβάστηκαν
Aor. Sub.	νὰ διαβαστῶ, νὰ διαβαστεῖς, νὰ διαβαστεῖ· νὰ διαβαστοῦμε, νὰ διαβαστεῖτε, νὰ διαβαστοῦν
Aor. Imp.	διαβάσου διαβαστεῖτε
Aor. Inf.	διαβαστεῖ
Perf. Ind.	ἔχω διαβαστεῖ, ἔχεις διαβαστεῖ, ἔχει διαβαστεῖ ἢ εἶμαι κτλ. διαβασμένος· ἔχουμε, -ομε διαβαστεῖ, ἔχετε διαβαστεῖ, ἔχουν διαβα- στεῖ ἢ εἴμαστε κτλ. διαβασμένοι
Perf. Sub.	νὰ ἔχω διαβαστεῖ, νὰ ἔχεις διαβαστεῖ, νὰ ἔχει διαβαστεῖ ἢ νὰ εἶμαι κτλ. διαβασμένος· νὰ ἔχουμε, -ομε διαβαστεῖ, νὰ ἔχετε διαβαστεῖ, νὰ ἔχουν διαβαστεῖ ἢ νὰ εἴμαστε κτλ. διαβασμένοι
Perf. Part.	διαβασμένος
P. P.	εἶχα διαβαστεῖ, εἶχες διαβαστεῖ, εἶχε διαβαστεῖ ἢ ἤμουν κτλ. διαβασμένος· εἴχαμε διαβαστεῖ, εἴχατε διαβαστεῖ, εἶχαν διαβαστεῖ ἢ ἤμαστε κτλ. διαβασμένοι·
F. P.	θὰ ἔχω διαβαστεῖ, θὰ ἔχεις διαβαστεῖ, θὰ ἔχει διαβαστεῖ ἢ θά εἶμαι κτλ. διαβασμένος· θὰ ἔχουμε, -ομε διαβαστεῖ, θὰ ἔχετε διαβαστεῖ, θὰ ἔχουν διαβαστεῖ ἢ θὰ εἴμαστε κτλ. διαβασμένοι

Pres. Ind. διαβάζω, διαβάζεις, διαβάζει·
διαβάζουμε, -ομε, διαβάζετε, διαβάζουν

Perf. Sub. νὰ διαβάζω, νὰ διαβάζεις, νὰ διαβάζει·
νὰ διαβάζουμε, -ομε, νὰ διαβάζετε, νὰ διαβάζουν

Pres. Imp. διάβαζε·
διαβάζετε

Pres. Part. διαβάζοντας

Imp. διάβαζα, διάβαζες, διάβαζε·
διαβάζαμε, διαβάζατε, διάβαζαν

Fut. I θὰ διαβάζω, θὰ διαβάζεις, θὰ διαβάζει·
θὰ διαβάζουμε, -ομε, θὰ διαβάζετε, θὰ διαβάζουν

Fut. II θὰ διαβάσω, θὰ διαβάσεις, θὰ διαβάσει·
θὰ διαβάσουμε, -ομε, θὰ διαβάσετε, θὰ διαβάσουν

Aor. Ind. διάβασα, διάβασες, διάβασε·
διαβάσαμε, διαβάσατε, διάβασαν

Aor. Sub. νὰ διαβάσω, νὰ διαβάσεις, νὰ διαβάσει·
νὰ διαβάσουμε, -ομε, νὰ διαβάσετε, νὰ διαβάσουν

Aor. Imp. διάβασε·
διαβάστε

Aor. Inf. διαβάσει

Perf. Ind. ἔχω διαβάσει, ἔχεις διαβάσει, ἔχει διαβάσει ἢ ἔχω κτλ.
διαβασμένο·
ἔχουμε, -ομε διαβάσει, ἔχετε διαβάσει, ἔχουν διαβάσει

Perf. Sub. νὰ ἔχω διαβάσει, νὰ ἔχεις διαβάσει, νὰ ἔχει διαβάσει ἢ
νὰ ἔχω κτλ. διαβασμένο·
νὰ ἔχουμε, -ομε διαβάσει, νὰ ἔχετε διαβάσει, νὰ ἔχουν
διαβάσει

P. P. εἶχα διαβάσει, εἶχες διαβάσει, εἶχε διαβάσει ἢ εἶχα κτλ.
διαβασμένο·
εἴχαμε διαβάσει, εἴχατε διαβάσει, εἶχαν διαβάσει

F. P. θὰ ἔχω διαβάσει, θὰ ἔχεις διαβάσει, θὰ ἔχει διαβάσει ἢ
θὰ ἔχω κτλ. διαβασμένο·
θὰ ἔχουμε, -ομε διαβάσει, θὰ ἔχετε διαβάσει, θὰ ἔχουν
διαβάσει

Pres. Ind.	δίνω, δίνεις δίνει· δίνουμε, -ομε, δίνετε, δίνουν
Pres. Sub.	νὰ δίνω, νὰ δίνεις, νὰ δίνει· νὰ δίνουμε, -ομε, νὰ δίνετε, νὰ δίνουν
Pres. Imp.	δίνε· δίνετε
Pres. Part.	δίνοντας
Imp.	ἔδινα, ἔδινες, ἔδινε· δίναμε, δίνατε, ἔδιναν
Fut. I	θὰ δίνω, θὰ δίνεις, θὰ δίνει· θὰ δίνουμε, -ομε, θὰ δίνετε, θὰ δίνουν
Fut. II	θὰ δώσω, θὰ δώσεις, θὰ δώσει· θὰ δώσουμε, -ομε, θὰ δώσετε, θὰ δώσουν
Aor. Ind.	ἔδωσα, ἔδωσες, ἔδωσε ἢ ἔδωκα κτλ. δώσαμε, δώσατε, ἔδωσαν
Aor. Sub.	νὰ δώσω, νὰ δώσεις, νὰ δώσει· νὰ δώσουμε, -ομε, νὰ δώσετε, νὰ δώσουν
Aor. Imp.	δῶσε· δῶστε
Aor. Inf.	δώσει
Perf. Ind.	ἔχω δώσει, ἔχεις δώσει, ἔχει δώσει· ἔχουμε, -ομε δώσει, ἔχετε δώσει, ἔχουν δώσει
Perf. Sub.	νὰ ἔχω δώσει, νὰ ἔχεις δώσει, νὰ ἔχει δώσει· νὰ ἔχουμε, -ομε δώσει, νὰ ἔχετε δώσει, νὰ ἔχουν δώσει
P. P.	εἶχα δώσει, εἶχες δώσει, εἶχε δώσει· εἴχαμε δώσει, εἴχατε δώσει, εἶχαν δώσει
F. P.	θὰ ἔχω δώσει, θὰ ἔχεις δώσει, θὰ ἔχει δώσει· θὰ ἔχουμε, ομε δώσει, θὰ ἔχετε δώσει, θὰ ἔχουν δώσει

Pres. Ind.	δουλεύω, δουλεύεις, δουλεύει·
	δουλεύουμε, -ομε, δουλεύετε, δουλεύουν
Pres. Sub.	νὰ δουλεύω, νὰ δουλεύεις, νὰ δουλεύει·
	νὰ δουλεύουμε, -ομε, νὰ δουλεύετε, νὰ δουλεύουν
Pres. Imp.	δούλευε·
	δουλεύετε
Pres. Part.	δουλεύοντας
Imp.	δούλευα, δούλευες, δούλευε·
	δουλεύαμε, δουλεύατε, δούλευαν
Fut. I	θὰ δουλεύω, θὰ δουλεύεις, θὰ δουλεύει·
	θὰ δουλεύουμε, -ομε, θὰ δουλεύετε, θὰ δουλεύουν
Fut. II	θὰ δουλέψω, θὰ δουλέψεις, θὰ δουλέψει·
	θὰ δουλέψουμε, -ομε, θὰ δουλέψετε, θὰ δουλέψουν
Aor. Ind.	δούλεψα, δούλεψες, δούλεψε·
	δουλέψαμε, δουλέψατε, δούλεψαν
Aor. Sub.	νὰ δουλέψω, νὰ δουλέψεις, νὰ δουλέψει·
	νὰ δουλέψουμε, -ομε, νὰ δουλέψετε, νὰ δουλέψουν
Aor. Imp.	δούλεψε·
	δουλέψτε
Aor. Inf.	δουλέψει
Perf. Ind.	ἔχω δουλέψει, ἔχεις δουλέψει, ἔχει δουλέψει·
	ἔχουμε, -ομε δουλέψει, ἔχετε δουλέψει, ἔχουν δουλέψει
Perf. Sub.	νὰ ἔχω δουλέψει, νὰ ἔχεις δουλέψει, νὰ ἔχει δουλέψει·
	νὰ ἔχουμε, -ομε δουλέψει, νὰ ἔχετε δουλέψει, νὰ ἔχουν δουλέψει
P. P.	εἶχα δουλέψει, εἶχες δουλέψει, εἶχε δουλέψει·
	εἴχαμε δουλέψει, εἴχατε δουλέψει, εἶχαν δουλέψει
F. P.	θὰ ἔχω δουλέψει, θὰ ἔχεις δουλέψει, θὰ ἔχει δουλέψει·
	θὰ ἔχουμε, -ομε δουλέψει, θὰ ἔχετε δουλέψει, θὰ ἔχουν δουλέψει

Pres. Ind.	δυστυχῶ, δυστυχεῖς, δυστυχεῖ· δυστυχοῦμε, δυστυχεῖτε, δυστυχοῦν
Pres. Sub.	νὰ δυστυχῶ, νὰ δυστυχεῖς, νὰ δυστυχεῖ· νὰ δυστυχοῦμε, νὰ δυστυχεῖτε, νὰ δυστυχοῦν
Pres. Imp.	————
Pres. Part.	δυστυχώντας
Imp.	δυστυχοῦσα, δυστυχοῦσες, δυστυχοῦσε· δυστυχούσαμε, δυστυχούσατε, δυστυχοῦσαν
Fut. I	θὰ δυστυχῶ, θὰ δυστυχεῖς, θὰ δυστυχεῖ· θὰ δυστυχοῦμε, θὰ δυστυχεῖτε, θὰ δυστυχοῦν
Fut. II	θὰ δυστυχήσω, θὰ δυστυχήσεις, θὰ δυστυχήσει· θὰ δυστυχήσουμε, -ομε, θὰ δυστυχήσετε, θὰ δυστυχή σουν
Aor. Ind.	δυστύχησα, δυστύχησες, δυστύχησε· δυστυχήσαμε, δυστυχήσατε, δυστύχησαν
Aor. Sub.	νὰ δυστυχήσω, νὰ δυστυχήσεις, νὰ δυστυχήσει· νὰ δυστυχήσουμε, -ομε, νὰ δυστυχήσετε νὰ δυστυχήσουν
Aor. Imp.	δυστύχησε· δυστυχῆστε
Aor. Inf.	δυστυχήσει
Perf. Ind.	ἔχω δυστυχήσει, ἔχεις δυστυχήσει, ἔχει δυστυχήσει· ἔχουμε, -ομε δυστυχήσει, ἔχετε δυστυχήσει, ἔχουν δυστυχήσει
Perf. Sub.	νὰ ἔχω δυστυχήσει, νὰ ἔχεις δυστυχήσει, νὰ ἔχει δυστυχήσει· νὰ ἔχουμε, -ομε δυστυχήσει, νὰ ἔχετε δυστυχήσει, νὰ ἔχουν δυστυχήσει
P. P.	εἶχα δυστυχήσει, εἶχες δυστυχήσει, εἶχε δυστυχήσει· εἴχαμε δυστυχήσει, εἴχατε δυστυχήσει, εἶχαν δυστυχήσει
F. P.	θὰ ἔχω δυστυχήσει, θὰ ἔχεις δυστυχήσει, θὰ ἔχει δυστυχήσει· θὰ ἔχουμε, -ομε δυστυχήσει, θὰ ἔχετε δυστυχήσει, θὰ ἔχουν δυστυχήσει

Pres. Ind.	δυσφημοῦμαι, δυσφημεῖσαι, δυσφημεῖται· δυσφημούμαστε, δυσφημεῖστε, δυσφημοῦνται
Pres. Sub.	νὰ δυσφημοῦμαι, νὰ δυσφημεῖσαι, νὰ δυσφημεῖται· νὰ δυσφημούμαστε, νὰ δυσφημεῖστε, νὰ δυσφημοῦνται
Pres. Imp.	
Imp.	δυσφημιόμουν, δυσφημιόσουν, δυσφημιόταν· δυσφημιόμαστε, δυσφημιόσαστε, δυσφημιό(ῦ)νταν
Fut. I	θὰ δυσφημοῦμαι, θὰ δυσφημεῖσαι, θὰ δυσφημεῖται· θὰ δυσφημούμαστε, θὰ δυσφημεῖστε, θὰ δυσφημοῦνται
Fut. II	θὰ δυσφημηθῶ, θὰ δυσφημηθεῖς, θὰ δυσφημηθεῖ· θὰ δυσφημηθοῦμε, θὰ δυσφημηθεῖτε, θὰ δυσφημηθοῦν
Aor. Ind.	δυσφημήθηκα, δυσφημήθηκες, δυσφημήθηκε· δυσφημηθήκαμε, δυσφημηθήκατε, δυσφημήθηκαν
Aor. Sub.	νὰ δυσφημηθῶ, νὰ δυσφημηθῆς, νὰ δυσφημηθεῖ· νὰ δυσφημηθοῦμε, νὰ δυσφημηθεῖτε, νὰ δυσφημηθοῦν
Aor. Imp.	
Aor. Inf.	δυσφημηθεῖ
Perf. Ind.	ἔχω δυσφημηθεῖ, ἔχεις δυσφημηθεῖ, ἔχει δυσφημηθεῖ ἢ εἶμαι κτλ. δυσφημημένος· ἔχουμε, -ομε δυσφημηθεῖ, ἔχετε δυσφημηθεῖ, ἔχουν δυσφημηθεῖ ἤ εἴμαστε κτλ. δυσφημημένοι
Perf. Sub.	νὰ ἔχω δυσφημηθεῖ, νὰ ἔχεις δυσφημηθεῖ, νὰ ἔχει δυσφημηθεῖ ἢ νὰ εἶμαι κτλ. δυσφημημένος· νὰ ἔχουμε, -ομε δυσφημηθεῖ, νὰ ἔχετε δυσφημηθεῖ, νὰ ἔχουν δυσφημηθεῖ ἢ νὰ εἴμαστε κτλ. δυσφημημένοι
Perf. Part.	δυσφημημένος·
P. P.	εἶχα δυσφημηθεῖ, εἶχες δυσφημηθεῖ, εἶχε δυσφημηθεῖ ἢ ἤμουν κτλ. δυσφημημένος· εἴχαμε δυσφημηθεῖ, εἴχατε δυσφημηθεῖ, εἶχαν δυσφημηθεῖ ἢ ἤμαστε κτλ. δυσφημημένοι
F. P.	θὰ ἔχω δυσφημηθεῖ, θὰ ἔχεις δυσφημηθεῖ, θὰ ἔχει δυσφημηθεῖ ἢ θὰ εἶμαι κτλ. δυσφημημένος· θὰ ἔχουμε, -ομε δυσφημηθεῖ, θὰ ἔχετε δυσφημηθεῖ, θὰ ἔχουν δυσφημηθεῖ ἤ θὰ εἴμαστε κτλ. δυσφημημένοι

Pres. Ind.	δυσφημῶ, δυσφημεῖς, δυσφημεῖ· δυσφημοῦμε, δυσφημεῖτε, δυσφημοῦν
Pres. Sub.	νὰ δυσφημῶ, νὰ δυσφημεῖς, νὰ δυσφημεῖ· νὰ δυσφημοῦμε, νὰ δυσφημεῖτε, νὰ δυσφημοῦν
Pres. Imp.	————
Pres. Part.	δυσφημώντας
Imp.	δυσφημοῦσα, δυσφημοῦσες, δυσφημοῦσε· δυσφημούσαμε, δυσφημούσατε, δυσφημοῦσαν
Fut. I	θὰ δυσφημῶ, θὰ δυσφημεῖς, θὰ δυσφημεῖ· θὰ δυσφημοῦμε, θὰ δυσφημεῖτε, θὰ δυσφημοῦν
Fut. II	θὰ δυσφημήσω, θὰ δυσφημήσεις, θὰ δυσφημήσει· θὰ δυσφημήσουμε, -ομε, θὰ δυσφημήσετε, θὰ δυσφη μήσουν.
Aor. Ind.	δυσφήμησα, δυσφήμησες, δυσφήμησε· δυσφημήσαμε, δυσφημήσατε, δυσφήμησαν
Aor. Sub.	νὰ δυσφημήσω, νὰ δυσφημήσεις, νὰ δυσφημήσει· νὰ δυσφημήσουμε, -ομε, νά δυσφημήσετε, νὰ δυσφη μήσουν
Aor. Imp.	δυσφήμησε· δυσφημῆστε
Aor. Inf.	δυσφημήσει
Perf. Ind.	ἔχω δυσφημήσει, ἔχεις δυσφημήσει, ἔχει δυσφημήσει· ἔχουμε, -ομε δυσφημήσει. ἔχετε δυσφημήσει, ἔχουν δυσφημήσει
Perf. Sub.	νὰ ἔχω δυσφημήσει, νὰ ἔχεις δυσφημήσει, νὰ ἔχει δυσ μήσει ἤ νά ἔχω κτλ. δυσφημημένο· νὰ ἔχουμε, -ομε δυσφημήσει, νὰ ἔχετε δυσφημήσει, νὰ ἔχουν δυσφημήσει
P. P.	εἶχα δυσφημήσει, εἶχες δυσφημήσει, εἶχε δυσφημήσει ἤ εἶχα κτλ. δυσφημημένο· εἴχαμε δυσφημήσει, εἴχατε δυσφημήσει, εἶχαν δυσφη μήσει ἤ εἶχαν κτλ. δυσφημημένο
F. P.	θὰ ἔχω δυσφημήσει, θὰ ἔχεις δυσφημήσει, θὰ ἔχει δυσ φημήσει ἤ θὰ ἔχω κτλ. δυσφημημένο θὰ ἔχουμε, -ομε δυσφημήσει, θὰ ἔχετε δυσφημήσει, θὰ ἔχουν δυσφημήσει

Active Voice ΔΩΡΙΖΩ to give as a present

Pres. Ind. δωρίζω, δωρίζεις, δωρίζει·
δωρίζουμε, -ομε, δωρίζετε, δωρίζουν

Pres. Sub. νὰ δωρίζω, νὰ δωρίζεις, νὰ δωρίζει·
νὰ δωρίζουμε, -ομε, νὰ δωρίζετε, νὰ δωρίζουν

Pres. Imp. δώριζε·
δωρίζετε

Pres. Part. δωρίζοντας

Imp. δώριζα, δώριζες, δώριζε·
δωρίζαμε, δωρίζατε, δώριζαν

Fut. I θὰ δωρίζω, θὰ δωρίζεις, θὰ δωρίζει·
θὰ δωρίζουμε, -ομε, θὰ δωρίζετε, θὰ δωρίζουν

Fut. II θὰ δωρίσω, θὰ δωρίσεις, θὰ δωρίσει·
θὰ δωρίσουμε, -ομε, θὰ δωρίσετε, θὰ δωρίσουν

Aor. Ind. δώρισα, δώρισες, δώρισε·
δωρίσαμε, δωρίσατε, δώρισαν

Aor. Sub. νὰ δωρίσω, νὰ δωρίσεις, νὰ δωρίσει·
νὰ δωρίσουμε, -ομε, νὰ δωρίσετε, νὰ δωρίσουν

Aor. Imp. δώρισε·
δωρίστε

Aor. Inf. δωρίσει

Perf. Ind. ἔχω δωρίσει, ἔχεις δωρίσει, ἔχει δωρίσει ἢ ἔχω κτλ. δωρισμένο·
ἔχουμε, -ομε δωρίσει, ἔχετε δωρίσει, ἔχουν δωρίσει

Perf. Sub. νὰ ἔχω δωρίσει, νὰ ἔχεις δωρίσει, νὰ ἔχει δωρίσει ἢ νὰ ἔχω κτλ. δωρισμένο·
νὰ ἔχουμε, -ομε δωρίσει, νὰ ἔχετε δωρίσει νὰ ἔχουν δωρίσει

P. P. εἶχα δωρίσει, εἶχες δωρίσει, εἶχε δωρίσει ἢ εἶχα κτλ. δωρισμένο·
εἴχαμε δωρίσει, εἴχατε δωρίσει, εἶχαν δωρίσει

F. P. θὰ ἔχω δωρίσει, θὰ ἔχεις δωρίσει, θὰ ἔχει δωρίσει ἢ θὰ ἔχω κτλ. δωρισμένο·
θὰ ἔχουμε, -ομε δωρίσει, θὰ ἔχετε δωρίσει, θὰ ἔχουν δωρίσει

Passive Voice   ΕΓΚΑΤΑΛΕΙΠΟΜΑΙ   to be abandoned, be deserted

Pres. Ind.   ἐγκαταλείπομαι, ἐγκαταλείπεσαι, ἐγκαταλείπεται·
                 ἐγκαταλειπόμαστε, ἐγκαταλείπεστε, ἐγκαταλείπονται
Pres. Sub.   νὰ ἐγκαταλείπομαι, νὰ ἐγκαταλείπεσαι, νὰ ἐγκαταλεί-
                 πεται·
                 νὰ ἐγκαταλειπόμαστε, νὰ ἐγκαταλείπεστε, νὰ ἐγκατα-
                 λείπονται

Pres. Imp.   _____
Imp.   ἐγκαταλειπόμουν, ἐγκαταλειπόσουν, ἐγκαταλειπόταν·
                 ἐγκαταλειπόμαστε, ἐγκαταλειπόσαστε, ἐγκαταλείπονταν
Fut. I   θὰ ἐγκαταλείπομαι, θὰ ἐγκαταλείπεσαι, θὰ ἐγκαταλεί-
                 πεται·
                 θὰ ἐγκαταλειπόμαστε, θὰ ἐγκαταλείπεστε θὰ ἐγκατα-
                 λείπονται
Fut. II   θὰ ἐγκαταλειφτῶ, θὰ ἐγκαταλειφτεῖς, θὰ ἐγκαταλειφτεῖ·
                 θὰ ἐγκαταλειφτοῦμε, θὰ ἐγκαταλειφτεῖτε, θὰ ἐγκατα-
                 λειφτοῦν
Aor. Ind.   ἐγκαταλείφτηκα, ἐγκαταλείφτηκες, ἐγκαταλείφτηκε·
                 ἐγκαταλειφτήκαμε, ἐγκαταλειφτήκατε, ἐγκαταλείφτη
                 καν
Aor. Sub.   νὰ ἐγκαταλειφτῶ, νὰ ἐγκαταλειφτεῖς, νὰ ἐγκαταλει-
                 φτεῖ·
                 νὰ ἐγκαταλειφτοῦμε, νὰ ἐγκαταλειφτεῖτε, νὰ ἐγκατα
                 λειφτοῦν
Aor. Imp.   ἐγκαταλειφτεῖτε
Aor Inf.   ἐγκαταλειφτεῖ
Perf. Ind.   ἔχω ἐγκαταλειφτεῖ, ἔχεις ἐγκαταλειφτεῖ, ἔχει ἐγκατα-
                 λειφτεῖ, ἢ εἶμαι κτλ. ἐγκαταλειμμένος·
                 ἔχουμε, -ομε ἐγκαταλειφτεῖ, ἔχετε ἐγκαταλειφτεῖ, ἔ-
                 χουν ἐγκαταλειφτεῖ ἢ εἴμαστε κτλ. ἐγκαταλειμμένοι
Perf. Sub.   νὰ ἔχω ἐγκαταλειφτεῖ, νὰ ἔχεις ἐγκαταλειφτεῖ, νὰ ἔχει
                 ἐγκαταλειφτεῖ ἢ νὰ εἶμαι κτλ· ἐγκαταλειμμένος·
                 νὰ ἔχουμε, -ομε ἐγκαταλειφτεῖ, νὰ ἔχετε ἐγκαταλειφτεῖ,
                 νὰ ἔχουν ἐγκαταλειφτεῖ, ἢ νὰ εἴμαστε κτλ. ἐγκατα
                 λειμμένοι
Perf. Part.   ἐγκαταλειμμένος
                 εἶχα ἐγκαταλειφτεῖ, εἶχες ἐγκαταλειφτεῖ, εἶχε ἐγκατα-
                 λειφτεῖ ἢ ἤμουν κτλ. ἐγκαταλειμμένος·
P. P.   εἴχαμε ἐγκαταλειφτεῖ, εἴχατε ἐγκαταλειφτεῖ, εἶχαν ἐγ
                 καταλειφτεῖ ἢ ἤμαστε κτλ. ἐγκαταλειμμένοι
F. P.   θὰ ἔχω ἐγκαταλειφτεῖ, θὰ ἔχεις ἐγκαταλειφτεῖ, θὰ ἔχει
                 ἐγκαταλειφτεῖ ἢ θὰ εἶμαι κτλ. ἐγκαταλειμμένος·
                 θὰ ἔχουμε ἐγκαταλειφτεῖ, θὰ ἔχετε ἐγκαταλειφτεῖ, θὰ
                 ἔχουν ἐγκαταλειφτεῖ ἢ θὰ εἴμαστε κτλ. ἐγκαταλειμ-
                 μένοι

60

Pres. Ind.	ἐγκαταλείπω, ἐγκαταλείπεις, ἐγκαταλείπει· ἐγκαταλείπουμε, -ομε, ἐγκαταλείπετε, ἐγκαταλείπουν
Perf. Sub.	νὰ ἐγκαταλείπω, νὰ ἐγκαταλε'πεις, νὰ ἐγκαταλείπει· νὰ ἐγκαταλείπουμε, -ομε, νὰ ἐγκαταλείπετε, νὰ ἐγκαταλείπουν
Pres. Imp.	——— ἐγκαταλείπετε
Pres. Part.	ἐγκαταλείποντας
Aor. Ind.	ἐγκατέλειπα, ἐγκατέλειπες, ἐγκατέλειπε· ἐγκαταλείπαμε, ἐγκαταλείπατε, ἐγκατάλειπαν
Fut. I	θὰ ἐγκαταλείπω, θὰ ἐγκαταλείπεις, θὰ ἐγκαταλείπει· θὰ ἐγκαταλείπουμε, -ομε, θὰ ἐγκαταλείπετε, θὰ ἐγκαταλείπουν
Fut. II	θὰ ἐγκαταλείψω, θὰ ἐγκαταλείψεις, θὰ ἐγκαταλείψει· θὰ ἐγκαταλείψουμε, -ομε, θὰ ἐγκαταλείψετε, θὰ ἐγκαταλείψουν
Aor. Ind.	ἐγκατάλειψα, ἐγκατάλειψες, ἐγκατάλυψε· ἐγκαταλείψαμε, ἐγκαταλείψατε, ἐγκατάλειψαν
Aor. Sub.	νὰ ἐγκαταλείψω, νὰ ἐγκαταλείψεις, νὰ ἐγκαταλείψει· νὰ ἐγκαταλείψουμε, ομε, νὰ ἐγκαταλείψετε, νὰ ἐγκαταλείψουν
Aor. Imp.	ἐγκατάλειψε· ἐγκαταλεῖψτε
Aor. Inf.	ἐγκαταλείψει
Perf. Ind.	ἔχω ἐγκαταλείψει, ἔχεις ἐγκαταλείψει, ἔχει ἐγκαταλεί ψει ἢ ἔχω κτλ. ἐγκαταλειμμένο· ἔχουμε, -ομε ἐγκαταλείψει, ἔχετε ἐγκαταλείψει, ἔχουν ἐγκαταλείψει
Perf. Sub.	νὰ ἔχω ἐγκαταλείψει, νὰ ἔχεις ἐγκαταλείψει, νὰ ἔχει ἐγκαταλείψει ἢ νὰ ἔχω κτλ. ἐγκαταλειμμένο· νὰ ἔχουμε, -ομε ἐγκαταλείψει, νὰ ἔχετε ἐγκαταλείψει, νὰ ἔχουν ἐγκαταλείψει
P. P.	εἶχα ἐγκαταλείψει, εἶχες ἐγκαταλείψει, εἶχε ἐγκαταλείψει ἢ εἶχα κτλ. ἐγκαταλειμμένο· εἴχαμε ἐγκαταλείψει, εἴχατε ἐγκαταλείψει, εἶχαν ἐγκαταλείψει
F. P.	θὰ ἔχω ἐγκαταλείψει, θὰ ἔχεις ἐγκαταλείψει, θὰ ἔχει ἐγκαταλείψει ἢ θὰ ἔχω κτλ. ἐγκαταλειμμένο· θὰ ἔχουμε, -ομε ἐγκαταλείψει, θὰ ἔχετε ἐγκαταλείψει, θὰ ἔχουν ἐγκαταλείψει

Pres. Ind.	είδικεύομαι, είδικεύεσαι, είδικεύεται·
	είδικευόμαστε, είδικεύεστε, είδικεύονται
Pres. Sub.	νὰ είδικεύομαι, νὰ είδικεύεσαι νὰ είδικεύεται·
	νὰ είδικευόμαστε, νὰ είδικεύεστε, νὰ είδικεύονται
Pres. Imp.	———
Imp.	είδικευόμουν, είδικευόσουν, είδικευόταν·
	είδικευόμαστε, είδικευόσαστε, είδικεύονταν
Fut. I	θὰ είδικεύομαι, θὰ είδικεύεσαι θὰ είδικεύεται·
	θὰ είδικευόμαστε, θὰ είδικεύεστε, θὰ είδικεύονται
Fut. II	θὰ είδικευτῶ, θὰ είδικευτεῖς, θὰ είδικευτεῖ·
	θὰ είδικευτοῦμε, θὰ είδικευτεῖτε, θὰ είδικευτοῦν
Aor. Ind.	είδικεύτηκα, είδικεύτηκες, είδικεύτηκε·
	είδικευτήκαμε, είδικευτήκατε, είδικεύτηκαν
Aor. Sub.	νὰ είδικευτῶ, νὰ είδικευτεῖς, νὰ είδικευτεῖ·
	νὰ είδικευτοῦμε, νὰ είδικευτεῖτε, νὰ είδικευτοῦν
Aor. Imp.	———
Aor. Inf.	είδικευτεῖ
Perf. Ind.	ἔχω είδικευτεῖ, ἔχεις είδικευτεῖ, ἔχει είδικευτεῖ ἢ εῖμαι
	κτλ. είδικευμένος·
	ἔχουμε, -ομε είδικευτεῖ, ἔχετε είδικευτεῖ, ἔχουν είδικευ -
	τεῖ ἢ εῖμαστε κτλ. είδικευμένοι
Perf. Sub.	νὰ ἔχω είδικευτεῖ νὰ ἔχεις είδικευτεῖ, νὰ ἔχει είδικευ-
	τεῖ ἢ νὰ εῖμαι κτλ. είδικευμένος·
	νὰ ἔχουμε, -ομε, είδικευτεῖ, νὰ ἔχετε είδικευτεῖ, νὰ
	ἔχουν είδικευτεῖ ἤ νὰ εῖμαστε κτλ. είδικευμένοι
Perf. Part.	είδικευμένος
P. P.	εῖχα είδικευτεῖ, εῖχες είδικευτεῖ, εῖχε είδικευτεῖ ἢ ἤ-
	μουν κτλ. είδικευμένος·
	εῖχαμε είδικευτεῖ, εῖχατε είδικευτεῖ, εῖχαν είδικευ
	τεῖ ἢ ἤμαστε κτλ. είδικευμένοι
F. P.	θὰ ἔχω είδικευτεῖ, θὰ ἔχεις είδικευτεῖ, θὰ ἔχει είδικευ-
	τεῖ ἢ θὰ εῖμαι κτλ· είδικευμένος·
	θὰ ἔχουμε, -ομε είδικευτεῖ, θὰ ἔχετε είδικευτεῖ, θὰ ἔ-
	χουν είδικευτεῖ ἢ θὰ εῖμαστε κτλ. είδικευμένοι

Pres. Ind.	εἶμαι, εἶσαι, εἶναι·
	εἴμαστε, εἶστε, εἶναι
Pres. Sub.	νὰ εἶμαι, νὰ εἶσαι, νὰ εἶναι·
	νὰ εἴμαστε, νὰ εἶστε, νὰ εἶναι
Pres. Imp.	——
Pres. Part.	ὄντας
Imp.	ἤμουν, ἤσουν, ἦταν·
	ἤμαστε, ἤσαστε, ἦταν
Fut. I	θὰ εἶμαι, θὰ εἶσαι, θὰ εἶναι·
	θὰ εἴμαστε, θὰ εἶστε, θὰ εἶναι
Fut. II	——
Aor. Ind.	——
Aor. Sub.	——
Aor. Imp.	——
Aor. Inf.	——
Perf. Ind.	——
Perf. Sub.	——
P. P.	——
F. P.	——

Pres. Ind.	εἰρωνεύομαι, εἰρωνεύεσαι, εἰρωνεύεται· εἰρωνευόμαστε, εἰρωνεύεστε, εἰρωνεύονται
Pres. Sub.	νὰ εἰρωνεύομαι, νὰ εἰρωνεύεσαι, νὰ εἰρωνεύεται· νὰ εἰρωνευόμαστε, νὰ εἰρωνεύεστε, νὰ εἰρωνεύονται
Pres. Imp.	———
Imp.	εἰρωνευόμουν, εἰρωνευόσουν, εἰρωνευόταν· εἰρωνευόμαστε, εἰρωνευόσαστε, εἰρωνεύονταν
Fut. I	θὰ εἰρωνεύομαι, θὰ εἰρωνεύεσαι, θὰ εἰρωνεύεται· θὰ εἰρωνευόμαστε, θὰ εἰρωνεύεστε, θὰ εἰρωνεύονται
Fut. II	θὰ εἰρωνευτῶ, θὰ εἰρωνευτεῖς, θὰ εἰρωνευτεῖ· θὰ εἰρωνευτοῦμε, θὰ εἰρωνευτεῖτε, θὰ εἰρωνευτοῦν
Aor. Ind.	εἰρωνεύτηκα, εἰρωνεύτηκες, εἰρωνεύτηκε· εἰρωνευτήκαμε, εἰρωνευτήκατε, εἰρωνεύτηκαν
Aor. Sub.	νὰ εἰρωνευτῶ, νὰ εἰρωνευτεῖς, νὰ εἰρωνευτεῖ· νὰ εἰρωνευτοῦμε, νὰ εἰρωνευτεῖτε, νὰ εἰρωνευτοῦν
Aor. Imp.	εἰρωνέψου· εἰρωνευτεῖτε
Aor. Inf.	εἰρωνευτεῖ
Perf. Ind.	ἔχω εἰρωνευτεῖ, ἔχεις εἰρωνευτεῖ, ἔχει εἰρωνευτεῖ· ἔχουμε, -ομε εἰρωνευτεῖ, ἔχετε εἰρωνευτεῖ, ἔχουν εἰρωνευτεῖ
Perf. Sub.	νὰ ἔχω εἰρωνευτεῖ, νὰ ἔχεις εἰρωνευτεῖ, νά ἔχει εἰρωνευτεῖ· νὰ ἔχουμε, -ομε εἰρωνευτεῖ, νὰ ἔχετε εἰρωνευτεῖ, νὰ ἔχουν εἰρωνευτεῖ
Perf. Part.	———
P. P.	εἶχα εἰρωνευτεῖ, εἶχες εἰρωνευτεῖ, εἶχε εἰρωνευτεῖ· εἴχαμε εἰρωνευτεῖ, εἴχατε εἰρωνευτεῖ, εἶχαν εἰρωνευτεῖ
F. P.	θὰ ἔχω εἰρωνευτεῖ, θὰ ἔχεις εἰρωνευτεῖ, θὰ ἔχει εἰρωνευτεῖ· θὰ ἔχουμε, -ομε εἰρωνευτεῖ, θὰ ἔχετε εἰρωνευτεῖ, θὰ ἔχουν εἰρωνευτεῖ

Pres. Ind.	εἰσπράττω, εἰσπράττεις, εἰσπράττει· εἰσπράττουμε, -ομε, εἰσπράττετε, εἰσπράττουν
Pres. Sub.	νὰ εἰσπράττω, νὰ εἰσπράττεις, νὰ εἰσπράττει· νὰ εἰσπράττουμε, -ομε, νὰ εἰσπράττετε, νὰ εἰσπράττουν
Pres. Imp.	εἴσπραττε· εἰσπράττετε
Pres. Part.	εἰσπράττοντας
Imp.	εἰσέπραττα, εἰσέπραττες, εἰσέπραττε· εἰσπράτταμε, εἰσπράττατε, εἰσέπρατταν
Fut. I	θὰ εἰσπράττω, θὰ εἰσπράττεις, θὰ εἰσπράττει· θὰ εἰσπράττουμε, -ομε, θὰ εἰσπράττετε, θὰ εἰσπράττουν
Fut. II	θὰ εἰσπράξω, θὰ εἰσπράξεις, θὰ εἰσπράξει· θὰ εἰσπράξουμε, -ομε, θὰ εἰσπράξετε, θὰ εἰσπράξουν
Aor. Ind.	εἰσέπραξα, εἰσέπραξες, εἰσέπραξε· εἰσπράξαμε, εἰσπράξατε, εἰσέπραξαν
Aor. Sub.	νὰ εἰσπράξω, νὰ εἰσπράξεις, νὰ εἰσπράξει· νὰ εἰσπράξουμε, -ομε, νὰ εἰσπράξετε, νὰ εἰσπράξουν
Aor. Imp.	εἴσπραξε· εἰσπράξτε
Aor. Inf.	εἰσπράξει
Perf. Ind.	ἔχω εἰσπράξει, ἔχεις εἰσπράξει, ἔχει εἰσπράξει ἢ ἔχω κτλ. εἰσπραγμένο· ἔχουμε, -ομε εἰσπράξει, ἔχετε εἰσπράξει, ἔχουν εἰσπράξει
Perf. Sub.	νὰ ἔχω εἰσπράξει, νὰ ἔχεις εἰσπράξει, νὰ ἔχει εἰσπράξει· νὰ ἔχουμε, -ομε εἰσπράξει, νὰ ἔχετε εἰσπράξει, νὰ ἔχουν εἰσπράξει
P. P.	εἶχα εἰσπράξει, εἶχες εἰσπράξει, εἶχε εἰσπράξει ἢ εἶχα κτλ. εἰσπραγμένο· εἴχαμε εἰσπράξει, εἴχατε εἰσπράξει, εἶχαν εἰσπράξει
F. P.	θὰ ἔχω εἰσπράξει, θὰ ἔχεις εἰσπράξει, θὰ ἔχει εἰσπράξει ἢ θὰ ἔχω κτλ. εἰσπραγμένο· θὰ ἔχουμε, -ομε εἰσπράξει, θὰ ἔχετε εἰσπράξει, θὰ ἔχουν εἰσπράξει

Pres. Ind.   ἐκφράζομαι, ἐκφράζεσαι, ἐκφράζεται·
               ἐκφραζόμαστε, ἐκφράζεστε, ἐκφράζονται

Pres. Sub.   νὰ ἐκφράζομαι, νὰ ἐκφράζεσαι, νὰ ἐκφράζεται·
               νὰ ἐκφραζόμαστε, νὰ ἐκφράζεστε, νὰ ἐκφράζονται

Pres. Imp.   _____
               ἐκφράζεστε

Imp.   ἐκφραζόμουν, ἐκφραζόσουν, ἐκφραζόταν·
               ἐκφραζόμαστε, ἐκφραζόσαστε, ἐκφράζονταν

Fut. I   θὰ ἐκφράζομαι, θὰ ἐκφράζεσαι, θὰ ἐκφράζεται·
               θὰ ἐκφραζόμαστε, θὰ ἐκφράζεστε, θὰ ἐκφράζονται

Fut. II   θὰ ἐκφραστῶ, θὰ ἐκφραστεῖς, θὰ ἐκφραστεῖ·
               θὰ ἐκφραστοῦμε, θὰ ἐκφραστεῖτε, θὰ ἐκφραστοῦν

Aor. Ind.   ἐκφράστηκα, ἐκφράστηκες, ἐκφράστηκε·
               ἐκφραστήκαμε, ἐκφραστήκατε, ἐκφράστηκαν

Aor. Sub.   νὰ ἐκφραστῶ, νὰ ἐκφραστεῖς, νὰ ἐκφραστεῖ·
               νὰ ἐκφραστοῦμε, νὰ ἐκφραστεῖτε, νὰ ἐκφραστοῦν

Aor. Imp.   ἐκφράσου·
               ἐκφραστεῖτε

Aor. Inf.   ἐκφραστεῖ

Perf. Ind.   ἔχω ἐκφραστεῖ, ἔχεις ἐκφραστεῖ, ἔχει ἐκφραστεῖ ἤ εἶ-
               μαι κτλ. ἐκφρασμένος·
               ἔχουμε, -ομε ἐκφραστεῖ, ἔχετε ἐκφραστεῖ, ἔχουν ἐκφρα
               στεῖ ἤ εἴμαστε κτλ. ἐκφρασμένοι

Perf. Sub.   νὰ ἔχω ἐκφραστεῖ ,νὰ ἔχεις ἐκφραστεῖ, νὰ ἔχει ἐκφρα-
               στεῖ ἤ νά εἶμαι κτλ. ἐκφρασμένος·
               νὰ ἔχουμε, -ομε ἐκφραστεῖ, νὰ ἔχετε ἐκφραστεῖ, νὰ ἔ-
               χουν ἐκφραστεῖ ἤ νὰ εἴμαστε κτλ. ἐκφρασμένοι

Perf. Part.   ἐκφρασμένος

P. P.   εἶχα ἐκφραστεῖ, εἶχες ἐκφραστεῖ, εἶχε ἐκφραστεῖ ἤ ἤ-
               μουν κτλ. ἐκφρασμένος·
               εἴχαμε ἐκφραστεῖ, εἴχατε ἐκφραστεῖ, εἶχαν ἐκφραστεῖ
               ἤ ἤμαστε κτλ. ἐκφρασμένοι

F. P.   θὰ ἔχω ἐκφραστεῖ, θὰ ἔχεις ἐκφραστεῖ, θὰ ἔχει ἐκφρα-
               στεῖ ἤ θὰ εἶμαι κτλ. ἐκφρασμένος·
               θὰ ἔχουμε, -ομε ἐκφραστεῖ, θὰ ἔχετε ἐκφραστεῖ, θὰ ἔ-
               χουν ἐκφραστεῖ ἤ θὰ εἴμαστε κτλ. ἐκφρασμένοι

Pres. Ind.	ἐκφράζω, ἐκφράζεις, ἐκφράζει· ἐκφράζουμε, -ομε, ἐκφράζετε, ἐκφράζουν
Pres. Sub.	νὰ ἐκφράζω, νὰ ἐκφράζεις, νά ἐκφράζει· νὰ ἐκφράζουμε, -ομε, νὰ ἐκφράζετε, νὰ ἐκφράζουν
Pres. Imp.	ἔκφραζε· ἐκφράζετε
Pres. Part.	ἐκφράζοντας
Imp.	ἐξέφραζα, ἐξέφραζες, ἐξέφραζε· ἐκφράζαμε, ἐκφράζατε, ἐξέφραζαν
Fut. I	θὰ ἐκφράζω, θὰ ἐκφράζεις, θὰ ἐκφράζει· θὰ ἐκφράζουμε, -ομε, θὰ ἐκφράζετε, θὰ ἐκφράζουν
Fut. II	θὰ ἐκφράσω, θὰ ἐκφράσεις, θὰ ἐκφράσει· θὰ ἐκφράσουμε, -ομε, θὰ ἐκφράσετε, θὰ ἐκφράσουν
Aor. Ind.	ἐξέφρασα, ἐξέφρασες, ἐξέφρασε· ἐκφράσαμε, ἐκφράσατε, ἐξέφρασαν
Aor. Sub.	νὰ ἐκφράσω, νὰ ἐκφράσεις, νὰ ἐκφράσει· νὰ ἐκφράσουμε, -ομε, νὰ ἐκφράσετε, νὰ ἐκφράσουν
Aor. Imp.	ἔκφρασε· ἐκφράστε
Aor. Inf.	ἐκφράσει
Perf. Ind.	ἔχω ἐκφράσει, ἔχεις ἐκφράσει, ἔχει ἐκφράσει ἤ ἔχω κτλ. ἐκφρασμένο· ἔχουμε, -ομε ἐκφράσει, ἔχετε ἐκφράσει, ἔχουν ἐκφράσει
Perf. Sub.	νὰ ἔχω ἐκφράσει, νὰ ἔχεις ἐκφράσει, νὰ ἔχει ἐκφράσει ἤ νὰ ἔχω κτλ. ἐκφρασμένο· νὰ ἔχουμε, -ομε ἐκφράσει, νὰ ἔχετε ἐκφράσει, νὰ ἔχουν ἐκφράσει
P. P.	εἶχα ἐκφράσει, εἶχες ἐκφράσει, εἶχε ἐκφράσει ἤ εἶχα κτλ. ἐκφρασμένο· εἴχαμε ἐκφράσει, εἴχατε ἐκφράσει, εἶχαν ἐκφράσει
F. P.	θὰ ἔχω ἐκφράσει, θὰ ἔχεις ἐκφράσει, θὰ ἔχει ἐκφράσει ἤ θὰ ἔχω κτλ. ἐκφρασμένο· θὰ ἔχουμε, -ομε ἐκφράσει, θὰ ἔχετε ἐκφράσει, θὰ ἔχουν ἐκφράσει

Active Voice   EKTIMΩ   to appreciate, estimate, esteem

Pres. Ind.   ἐκτιμῶ, ἐκτιμᾶς, ἐκτιμᾶ ἢ ἐκτιμάει·
               ἐκτιμοῦμε ἢ ἐκτιμᾶμε, ἐκτιμᾶτε, ἐκτιμοῦν ἢ ἐκτιμᾶν (ε)

Pres. Sub.   νὰ ἐκτιμῶ, νὰ ἐκτιμᾶς νὰ ἐκτιμᾶ ἢ ἐκτιμάει·
               νὰ ἐκτιμοῦμε ἢ ἐκτιμᾶμε, νὰ ἐκτιμᾶτε, νὰ ἐκτιμοῦν ἢ
               ἐκτιμᾶν (ε)

Pres. Imp.   ἐκτίμα·
               ἐκτιμᾶτε

Perf. Part.   ἐκτιμώντας

Imp.   ἐκτιμοῦσα, ἐκτιμοῦσες, ἐκτιμοῦσε·
               ἐκτιμούσαμε, ἐκτιμούσατε, ἐκτιμοῦσαν

Fut. I   θὰ ἐκτιμῶ, θὰ ἐκτιμᾶς, θὰ ἐκτιμᾶ ἢ ἐκτιμάει·
               θὰ ἐκτιμοῦμε ἢ ἐκτιμᾶμε, θὰ ἐκτιμᾶτε, θὰ ἐκτιμοῦν ἢ
               ἐκτιμᾶν (ε)

Fut. II   θὰ ἐκτιμήσω, θὰ ἐκτιμήσεις, θὰ ἐκτιμήσει·
               θὰ ἐκτιμήσουμε, -ομε, θὰ ἐκτιμήσετε, θὰ ἐκτιμήσουν

Aor. Ind.   ἐκτίμησα, ἐκτίμησες, ἐκτίμησε·
               ἐκτιμήσαμε, ἐκτιμήσατε, ἐκτίμησαν

Aor. Sub.   νὰ ἐκτιμήσω, νὰ ἐκτιμήσεις, νὰ ἐκτιμήσει·
               νὰ ἐκτιμήσουμε, -ομε, νὰ ἐκτιμήσετε, νὰ ἐκτιμήσουν

Aor. Imp.   ἐκτίμησε·
               ἐκτιμῆστε

Aor. Inf.   ἐκτιμήσει

Perf. Ind.   ἔχω ἐκτιμήσει, ἔχεις ἐκτιμήσει, ἔχει ἐκτιμήσει ἢ ἔχω
               κτλ. ἐκτιμημένο·
               ἔχουμε, -ομε ἐκτιμήσει, ἔχετε ἐκτιμήσει, ἔχουν ἐκτιμή-
               σει

Perf. Sub.   νὰ ἔχω ἐκτιμήσει, νὰ ἔχεις ἐκτιμήσει. νὰ ἔχει ἐκτιμήσει·
               ἢ νὰ ἔχω κτλ. ἐκτιμημένο·
               νὰ ἔχουμε, ομε ἐκτιμήσει, νὰ ἔχετε ἐκτιμήσει, νὰ ἔχουν
               ἐκτιμήσει

P. P.   εἶχα ἐκτιμήσει, εἶχες ἐκτιμήσει, εἶχε ἐκτιμήσει ἢ εἶχα
               κτλ. ἐκτιμημένο·
               εἴχαμε ἐκτιμήσει, εἴχατε ἐκτιμήσει, εἶχαν ἐκτιμήσει

F. P.   θὰ ἔχω ἐκτιμήσει, θὰ ἔχεις ἐκτιμήσει, θὰ ἔχει ἐκτιμήσει
               ἢ θὰ ἔχω κτλ. ἐκτιμημένο·
               θὰ ἔχουμε, -ομε ἐκτιμήσει, θὰ ἔχετε ἐκτιμήσει, θὰ ἔχουν
               ἐκτιμήσει

Pres. Ind.	ἐλαττώνομαι, ἐλαττώνεσαι, ἐλαττώνεται· ἐλαττωνόμαστε, ἐλαττώνεστε, ἐλαττώνονται
Pres. Sub.	νὰ ἐλαττώνομαι, νὰ ἐλαττώνεσαι, νὰ ἐλαττώνεται· νὰ ἐλαττωνόμαστε, νὰ ἐλαττώνεστε, νὰ ἐλαττώνονται
Pres. Imp.	————
Imp.	ἐλαττωνόμουν, ἐλαττωνόσουν, ἐλαττωνόταν· ἐλαττωνόμαστε, ἐλαττωνόσαστε, ἐλαττώνονταν
Fut. I	θὰ ἐλαττώνομαι, θὰ ἐλαττώνεσαι, θὰ ἐλαττώνεται· θὰ ἐλαττωνόμαστε, θὰ ἐλαττώνεστε, θὰ ἐλαττώνονται
Fut. II	θὰ ἐλαττωθῶ, θὰ ἐλαττωθεῖς, θὰ ἐλαττωθεῖ· θὰ ἐλαττωθοῦμε, θὰ ἐλαττωθεῖτε, θὰ ἐλαττωθοῦν
Aor. Ind.	ἐλαττώθηκα, ἐλαττώθηκες, ἐλαττώθηκε· ἐλαττωθήκαμε, ἐλαττωθήκατε, ἐλαττώθηκαν
Aor. Sub.	νὰ ἐλαττωθῶ, νὰ ἐλαττωθεῖς, νὰ ἐλαττωθεῖ· νὰ ἐλαττωθοῦμε, νὰ ἐλαττωθεῖτε, νὰ ἐλαττωθοῦν
Aor. Imp.	————
Aor. Inf.	ἐλαττωθεῖ
Perf. Ind.	ἔχω ἐλαττωθεῖ, ἔχεις ἐλαττωθεῖ, ἔχει ἐλαττωθεῖ ἤ εἶμαι κτλ. ἐλαττωμένος· ἔχουμε, -ομε ἐλαττωθεῖ, ἔχετε ἐλαττωθεῖ, ἔχουν ἐλαττωθεῖ ἤ εἴμαστε κτλ. ἐλαττωμένοι
Perf. Sub.	νὰ ἔχω ἐλαττωθεῖ, νὰ ἔχεις ἐλαττωθεῖ, νὰ ἔχει ἐλαττωθεῖ ἤ νὰ εἶμαι κτλ. ἐλαττωμένος· νὰ ἔχουμε, -ομε ἐλαττωθεῖ, νὰ ἔχετε ἐλαττωθεῖ, νὰ ἔχουν ἐλαττωθεῖ ἤ νὰ εἴμαστε κτλ. ἐλαττωμένοι
Perf. Part.	ἐλαττωμένος
P. P.	εἶχα ἐλαττωθεῖ, εἶχες ἐλαττωθεῖ, εἶχε ἐλαττωθεῖ ἤ ἤμουν κτλ. ἐλαττωμένος· εἴχαμε ἐλαττωθεῖ, εἴχατε ἐλαττωθεῖ, εἶχαν ἐλαττωθεῖ ἤ ἤμαστε κτλ. ἐλαττωμένοι
F. P.	θὰ ἔχω ἐλαττωθεῖ, θὰ ἔχεις ἐλαττωθεῖ θὰ ἔχει ἐλαττωθεῖ ἤ θὰ εἶμαι κτλ. ἐλαττωμένος· θὰ ἔχουμε, -ομε ἐλαττωθεῖ, θὰ ἔχετε ἐλαττωθεῖ, θὰ ἔχουν ἐλαττωθεῖ ἤ θὰ εἴμαστε κτλ. ἐλαττωμένοι

Pres. Ind.   ἐλέγχομαι, ἐλέγχεσαι, ἐλέγχεται·
ἐλεγχόμαστε, ἐλέγχεστε, ἐλέγχονται

Pres. Sub.   νὰ ἐλέγχομαι, νὰ ἐλέγχεσαι, νὰ ἐλέγχεται·
νὰ ἐλεγχόμαστε, νὰ ἐλέγχεστε, νὰ ἐλέγχονται

Pres. Imp.   ————

Imp.   ἐλεγχόμουν, ἐλεγχόσουν, ἐλεγχόταν·
ἐλεγχόμαστε, ἐλεγχόσαστε, ἐλέγχονταν

Fut. I   θὰ ἐλέγχομαι, θὰ ἐλέγχεσαι, θὰ ἐλέγχεται·
θὰ ἐλεγχόμαστε, θὰ ἐλέγχεστε, θὰ ἐλέγχονται

Fut. II   θὰ ἐλεγχτῶ, θὰ ἐλεγχτεῖς, θὰ ἐλεγχτεῖ·
θὰ ἐλεγχτοῦμε, θὰ ἐλεγχτεῖτε, θὰ ἐλεγχτοῦν

Aor. Ind.   ἐλέγχτηκα, ἐλέγχτηκες, ἐλέγχτηκε·
ἐλεγχτήκαμε, ἐλεγχτήκατε, ἐλέγχτηκαν

Aor. Sub.   νὰ ἐλεγχτῶ, νὰ ἐλεγχτεῖς, νὰ ἐλεγχτεῖ·
νὰ ἐλεγχτοῦμε, νὰ ἐλεγχτεῖτε, νὰ ἐλεγχτοῦν

Aor. Imp.   ἐλέγξου·
ἐλεγχτεῖτε

Aor. Inf.   ἐλεγχτεῖ

Perf. Ind.   ἔχω ἐλεγχτεῖ, ἔχεις ἐλεγχτεῖ, ἔχει ἐλεγχτεῖ ἤ εἶμαι
κτλ. ἐλεγμένος·
ἔχουμε, -ομε ἐλεγχτεῖ, ἔχετε ἐλεγχτεῖ, ἔχουν ἐλεγχτεῖ
ἤ εἴμαστε κτλ. ἐλεγμένοι

Perf. Sub.   νὰ ἔχω ἐλεγτεῖ, νὰ ἔχεις ἐλεγχτεῖ, νὰ ἔχει ἐλεγχτεῖ ἤ
νὰ εἶμαι κτλ. ἐλεγμένος·
νὰ ἔχουμε, -ομε ἐλεγχτεῖ, νὰ ἔχετε ἐλεγχτεῖ, νὰ ἔχουν
ἐλεγχτεῖ ἤ νὰ εἴμαστε κτλ. ἐλεγμένοι

Perf. Part.   ἐλεγμένος

P. P.   εἶχα ἐλεγχτεῖ, εἶχες ἐλεγχτεῖ, εἶχε ἐλεγχτεῖ ἤ ἤμουν
κτλ. ἐλεγμένος·
εἴχαμε ἐλεγχτεῖ, εἴχατε ἐλεγχτεῖ, εἶχαν ἐλεγχτεῖ ἤ ἤ-
μαστε κτλ. ἐλεγμένοι

F. P.   θὰ ἔχω ἐλεγχτεῖ, θὰ ἔχεις ἐλεγχτεῖ, θὰ ἔχει ἐλεγχτεῖ
ἤ θὰ εἶμαι κτλ. ἐλεγμένος·
θὰ ἔχουμε, -ομε ἐλεγχτεῖ, θὰ ἔχετε ἐλεγχτεῖ, θὰ ἔχουν
ἐλεγχτεῖ ἤ θὰ εἴμαστε κτλ. ἐλεγμένοι

Pres. Ind.   ἐλαττώνω, ἐλαττώνεις, ἐλαττώνει·
           ἐλαττώνουμε, -ομε, ἐλαττώνετε, ἐλαττώνουν

Pres. Sub.   νὰ ἐλαττώνω, νὰ ἐλαττώνεις, νὰ ἐλαττώνει·
           νὰ ἐλαττώνουμε, -ομε, νὰ ἐλαττώνετε, νὰ ἐλαττώνουν

Pres. Imp.   ἐλάττωνε·
           ἐλαττώνετε

Pres. Part.   ἐλαττώνοντας

Imp.   ἐλάττωνα, ἐλάττωνες, ἐλάττωνε·
           ἐλαττώναμε, ἐλαττώνατε, ἐλάττωναν

Fut. I   θὰ ἐλαττώνω, θὰ ἐλαττώνεις, θὰ ἐλαττώνει·
           θὰ ἐλαττώνουμε, -ομε, θὰ ἐλαττώνετε, θὰ ἐλαττώνουν

Fut. II   θὰ ἐλαττώσω, θὰ ἐλαττώσεις, θὰ ἐλαττώσει·
           θὰ ἐλαττώσουμε, -ομε, θὰ ἐλαττώσετε, θὰ ἐλαττώσουν

Aor. Ind.   ἐλάττωσα, ἐλάττωσες, ἐλάττωσε·
           ἐλαττώσαμε, ἐλαττώσατε, ἐλάττωσαν

Aor. Sub.   νὰ ἐλαττώσω, νὰ ἐλαττώσεις, νὰ ἐλαττώσει·
           νὰ ἐλαττώσουμε, -ομε, νὰ ἐλαττώσετε, νὰ ἐλαττώσουν

Aor. Imp.   ἐλάττωσε·
           ἐλαττώσετε ἢ ἐλαττῶστε

Aor. Inf.   ἐλαττώσει

Perf. Ind.   ἔχω ἐλαττώσει, ἔχεις ἐλαττώσει, ἔχει ἐλαττώσει ἢ ἔχω
           κτλ. ἐλαττωμένο·
           ἔχουμε, -ομε ἐλαττώσει, ἔχετε ἐλαττώσει, ἔχουν ἐλατ-
           τώσει

Perf. Sub.   νὰ ἔχω ἐλαττώσει, νὰ ἔχεις ἐλαττώσει, νὰ ἔχει ἐλατ-
           τώσει ἢ νὰ ἔχω κτλ. ἐλαττωμένο·
           νὰ ἔχουμε, -ομε ἐλαττώσει, νὰ ἔχετε ἐλαττώσει, νὰ ἔ-
           χουν ἐλαττώσει

P. P.   εἶχα ἐλαττώσει, εἶχες ἐλαττώσει, εἶχε ἐλαττώσει
           ἢ εἶχα κτλ. ἐλαττωμένο·
           εἴχαμε ἐλαττώσει, εἴχατε ἐλαττώσει, εἶχαν ἐλαττώσει

F. P.   θὰ ἔχω ἐλαττώσει, θὰ ἔχεις ἐλαττώσει, θὰ ἔχει ἐλατ-
           τώσει ἢ θὰ ἔχω κτλ. ἐλαττωμένο·
           θὰ ἔχουμε, -ομε ἐλαττώσει, θὰ ἔχετε ἐλαττώσει, θὰ ἔ-
           χουν ἐλαττώσει

Pres. Ind.	ελέγχω, ελέγχεις, ελέγχει· ελέγχουμε, -ομε, ελέγχετε, ελέγχουν
Pres. Sub.	νὰ ελέγχω, νὰ ελέγχεις, νὰ ελέγχει· νὰ ελέγχουμε, -ομε, νὰ ελέγχετε, νὰ ελέγχουν
Pres. Imp.	έλεγχε· ελέγχετε
Pres. Part.	ελέγχοντας
Imp.	έλεγχα, έλεγχες, έλεγχε· ελέγχαμε, ελέγχατε, έλεγχαν
Fut. I	θὰ ελέγχω, θὰ ελέγχεις, θὰ ελέγχει· θὰ ελέγχουμε, -ομε, θὰ ελέγχετε, θὰ ελέγχουν
Fut. II	θὰ ελέγξω, θὰ ελέγξεις, θὰ ελέγξει· θὰ ελέγξουμε, -ομε, θὰ ελέγξετε, θὰ ελέγξουν
Aor. Ind.	έλεγξα έλεγξες, έλεγξε· ελέγξαμε, ελέγξατε, έλεγξαν
Aor. Sub.	νὰ ελέγξω, νὰ ελέγξεις, νὰ ελέγξει· νὰ ελέγξουμε, -ομε, νὰ ελέγξετε, νὰ ελέγξουν
Aor. Imp.	έλεγξε· ελέγξτε
Aor. Inf.	ελέγξει
Perf. Ind.	έχω ελέγξει, έχεις ελέγξει, έχει ελέγξει ή έχω κτλ. ελεγμένο· έχουμε, -ομε ελέγξει, έχετε ελέγξει, έχουν ελέγξει
Perf. Sub.	νὰ έχω ελέγξει, νὰ έχεις ελέγξει, νὰ έχει ελέγξει ή νὰ έχω κτλ. ελεγμένο· νὰ έχουμε, -ομε ελέγξει, νὰ έχετε ελέγξει, νὰ έχουν ελέγξει
P. P.	είχα ελέγξει, είχες ελέγξει, είχε ελέγξει ή είχα κτλ. ελεγμένο· είχαμε ελέγξει, είχατε ελέγξει, είχαν ελέγξει
F. P.	θὰ έχω ελέγξει, θὰ έχεις ελέγξει, θὰ έχει ελέγξει ή θὰ έχω κτλ. ελεγμένο· θὰ έχουμε, -ομε ελέγξει, θὰ έχετε ελέγξει, θὰ έχουν ελέγξει

ΕΛΕΥΘΕΡΩΝΟΜΑΙ ἢ ΛΕΥΤΕΡΩΝΟΜΑΙ

Pres. Ind.	ἐλευθερώνομαι, ἐλευθερώνεσαι, ἐλευθερώνεται· ἐλευθερωνόμαστε, ἐλευθερώνεστε, ἐλευθερώνονται
Pres. Sub.	νὰ ἐλευθερώνομαι, νὰ ἐλευθερώνεσαι, νὰ ἐλευθερώνε ται· νὰ ἐλευθερωνόμαστε, νὰ ἐλευθερώνεστε, νὰ ἐλευθερώνονται
Pres. Imp.	—————
Imp.	ἐλευθερωνόμουν, ἐλευθερωνόσουν, ἐλευθερωνόταν· ἐλευθερωνόμαστε, ἐλευθερωνόσαστε, ἐλευθερώνονταν
Fut. I	θὰ ἐλευθερώνομαι, θὰ ἐλευθερώνεσαι, θὰ ἐλευθερώνε ται· θὰ ἐλευθερωνόμαστε, θὰ ἐλευθερώνεστε, θὰ ἐλευθερώνονται
Fut. II	θὰ ἐλευθερωθῶ, θὰ ἐλευθερωθεῖς, θὰ ἐλευθερωθεῖ· θὰ ἐλευθερωθοῦμε, θὰ ἐλευθερωθεῖτε, θὰ ἐλευθερωθοῦν
Aor. Ind.	ἐλευθερώθηκα, ἐλευθερώθηκες, ἐλευθερώθηκε· ἐλευθερωθήκαμε, ἐλευθερωθήκατε, ἐλευθερώθηκαν
Aor. Sub.	νὰ ἐλευθερωθῶ, νὰ ἐλευθερωθεῖς, νὰ ἐλευθερωθεῖ· νὰ ἐλευθερωθοῦμε, νὰ ἐλευθερωθεῖτε, νὰ ἐλευθερω θοῦν·
Aor. Imp.	ἐλευθερώσου· ἐλευθερωθεῖτε
Aor. Inf.	ἐλευθερωθεῖ
Perf. Ind.	ἔχω ἐλευθερωθεῖ, ἔχεις ἐλευθερωθεῖ, ἔχει ἐλευθερω θεῖ ἢ εἶμαι κτλ. ἐλευθερωμένος· ἔχουμε, -ομε ἐλευθερωθεῖ, ἔχετε ἐλευθερωθεῖ, ἔχουν ἐλευθερωθεῖ ἢ εἴμαστε κτλ. ἐλευθερωμένοι
Perf. Sub.	νὰ ἔχω ἐλευθερωθεῖ, νὰ ἔχεις ἐλευθερωθεῖ, νὰ ἔχει ἐ λευθερωθεῖ ἢ νὰ εἶμαι κτλ. ἐλευθερωμένος· νὰ ἔχουμε, ομε ἐλευθερωθεῖ, νὰ ἔχετε ἐλευθερωθεῖ, νὰ ἔχουν ἐλευθερωθεῖ ἤ νά εἴμαστε κτλ. ἐλευθερωμένοι
Perf. Part.	ἐλευθερωμένος·
P. P.	εἶχα ἐλευθερωθεῖ, εἶχες ἐλευθερωθεῖ, εἶχε ἐλευθερωθεῖ ἢ ἤμουν κτλ. ἐλευθερωμένος· εἴχαμε ἐλευθερωθεῖ, εἴχατε ἐλευθερωθεῖ, εἶχαν ἐλευ θερωθεῖ ἢ ἤμαστε κτλ. ἐλευθερωμένοι
F. P.	θὰ ἔχω ἐλευθερωθεῖ, θὰ ἔχεις ἐλευθερωθεῖ, θὰ ἔχει ἐ λευθερωθεῖ ἢ θὰ εἶμαι κτλ. ἐλευθερωμένος· θὰ ἔχουμε, -ομε ἐλευθερωθεῖ, θὰ ἔχετε ἐλευθερωθεῖ, θὰ ἔχουν ἐλευθερωθεῖ ἤ θά εἴμαστε κτλ. ἐλευθερωμένοι

ΕΛΕΥΘΕΡΩΝΩ ἤ ΛΕΥΤΕΡΩΝΩ   to set free, free

Pres. Ind.   ἐλευθερώνω, ἐλευθερώνεις, ἐλευθερώνει·
ἐλευθερώνουμε, -ομε, ἐλευθερώνετε, ἐλευθερώνουν

Pres. Sub.   νά ἐλευθερώνω νὰ ἐλευθερώνεις, νὰ ἐλευθερώνει·
νὰ ἐλευθερώνουμε, -ομε, νὰ ἐλευθερώνετε, νὰ ἐλευθερώνουν

Pres. Imp.   ἐλευθέρωνε·
ἐλευθερώνετε

Pres. Part.   ἐλευθερώνοντας

Imp.   ἐλευθέρωνα, ἐλευθέρωνες, ἐλευθέρωνε·
ἐλευθερώναμε, ἐλευθερώνατε, ἐλευθέρωναν

Fut. I   θὰ ἐλευθερώνω, θὰ ἐλευθερώνεις, θὰ ἐλευθερώνει·
θὰ ἐλευθερώνουμε, -ομε, θὰ ἐλευθερώνετε, θὰ ἐλευθερώνουν

Fut. II   θὰ ἐλευθερώσω, θὰ ἐλευθερώσεις, θὰ ἐλευθερώσει·
θὰ ἐλευθερώσουμε, -ομε, θὰ ἐλευθερώσετε, θὰ ἐλευθερώσουν

Aor. Ind.   ἐλευθέρωσα, ἐλευθέρωσες, ἐλευθέρωσε·
ἐλευθερώσαμε, ἐλευθερώσατε, ἐλευθέρωσαν

Aor. Sub.   νὰ ἐλευθερώσω, νὰ ἐλευθερώσεις, νὰ ἐλευθερώσει·
νὰ ἐλευθερώσουμε, -ομε, νὰ ἐλευθερώσετε, νὰ ἐλευθερώσουν

Aor. Imp.   ἐλευθέρωσε·
ἐλευθερώσετε ἤ ἐλευθερῶστε

Aor. Inf.   ἐλευθερώσει

Perf. Ind.   ἔχω ἐλευθερώσει, ἔχεις ἐλευθερώσει, ἔχει ἐλευθερώσει ἤ ἔχω κτλ. ἐλευθερωμένο·
ἔχουμε, -ομε, ἐλευθερώσει, ἔχετε ἐλευθερώσει, ἔχουν ἐλευθερώσει

Perf. Sub.   νὰ ἔχω ἐλευθερώσει, νὰ ἔχεις ἐλευθερώσει, νὰ ἔχει ἐλευθερώσει ἤ νὰ ἔχω κτλ. ἐλευθερωμένο·
νὰ ἔχουμε, -ομε ἐλευθερώσει, νὰ ἔχετε ἐλευθερώσει, νὰ ἔχουν ἐλευθερώσει

P. P.   εἶχα ἐλευθερώσει, εἶχες ἐλευθερώσει, εἶχε ἐλευθερώσει ἤ εἶχα κτλ. ἐλευθερωμένο·
εἴχαμε ἐλευθερώσει, εἴχατε ἐλευθερώσει, εἶχαν ἐλευθερώσει

F. P.   θὰ ἔχω ἐλευθερώσει, θὰ ἔχεις ἐλευθερώσει, θά ἔχει ἐλευθερώσει ἤ θὰ ἔχω κτλ. ἐλευθερωμένο·
θὰ ἔχουμε, -ομε ἐλευθερώσει, θὰ ἔχετε ἐλευθερώσει, θὰ ἔχουν ἐλευθερώσει

Pres. Ind.	ἐλπίζω, ἐλπίζεις, ἐλπίζει· ἐλπίζουμε, -ομε, ἐλπίζετε, ἐλπίζουν
Pres. Sub.	νὰ ἐλπίζω, νὰ ἐλπίζεις, νὰ ἐλπίζει· νὰ ἐλπίζουμε, -ομε, νὰ ἐλπίζετε, νὰ ἐλπίζουν
Pres. Imp.	ἔλπιζε· ἐλπίζετε
Pres. Part.	ἐλπίζοντας
Imp.	ἤλπιζα, ἤλπιζες, ἤλπιζε· ἠλπίζαμε, ἠλπίζατε, ἤλπιζαν
Fut. I	θὰ ἐλπίζω, θὰ ἐλπίζεις, θὰ ἐλπίζει· θὰ ἐλπίζουμε, -ομε, θὰ ἐλπίζετε, θὰ ἐλπίζουν
Fut. II	θὰ ἐλπίσω, θὰ ἐλπίσεις, θὰ ἐλπίσει· θὰ ἐλπίσουμε, -ομε, θὰ ἐλπίσετε, θὰ ἐλπίσουν
Aor. Ind.	ἤλπισα, ἤλπισες, ἤλπισε· ἠλπίσαμε, ἠλπίσατε, ἤλπισαν
Aor. Sub.	νὰ ἐλπίσω, νὰ ἐλπίσεις, νὰ ἐλπίσει· νὰ ἐλπίσουμε, -ομε, νὰ ἐλπίσετε, νὰ ἐλπίσουν
Aor. Imp.	ἔλπισε· ἐλπίσετε
Aor. Inf.	ἐλπίσει
Perf. Ind.	ἔχω ἐλπίσει, ἔχεις ἐλπίσει, ἔχει ἐλπίσει· ἔχουμε, -ομε ἐλπίσει, ἔχετε ἐλπίσει, ἔχουν ἐλπίσει
Perf. Sub.	νὰ ἔχω ἐλπίσει, νὰ ἔχεις ἐλπίσει, νὰ ἔχει ἐλπίσει· νὰ ἔχουμε,—ομε ἐλπίσει, νὰ ἔχετε ἐλπίσει, νὰ ἔχουν ἐλπίσει
P. P.	εἶχα ἐλπίσει, εἶχες ἐλπίσει, εἶχε ἐλπίσει· εἴχαμε ἐλπίσει, εἴχατε ἐλπίσει, εἶχαν ἐλπίσει
F. P.	θὰ ἔχω ἐλπίσει, θὰ ἔχεις ἐλπίσει, θὰ ἔχει ἐλπίσει· θὰ ἔχουμε, -ομε ἐλπίσει, θὰ ἔχετε ἐλπίσει, θὰ ἔχουν ἐλπίσει

Pres. Ind.	ἔρχομαι, ἔρχεσαι, ἔρχεται· ἐρχόμαστε, ἔρχεστε, ἔρχονται
Pres. Sub.	νὰ ἔρχομαι, νὰ ἔρχεσαι, νὰ ἔρχεται· νὰ ἐρχόμαστε, νὰ ἔρχεστε, νὰ ἔρχονται
Pres. Imp.	———
Imp.	ἐρχόμουν, ἐρχόσουν, ἐρχόταν· ἐρχόμαστε, ἐρχόσαστε, ἔρχονταν
Fut. I	θὰ ἔρχομαι, θὰ ἔρχεσαι, θὰ ἔρχεται· θὰ ἐρχόμαστε, θὰ ἔρχεστε, θὰ ἔρχονται
Fut. II	θὰ ἔρθω, θὰ ἔρθεις, θὰ ἔρθει ἢ θὰ 'ρθῶ κτλ. ἢ θὰ 'ρθω κτλ. θὰ ἔρθουμε, θὰ ἔρθετε, θὰ ἔρθουν
Aor. Ind.	ἦρθα, ἦρθες, ἦρθε· ἤρθαμε, ἤρθατε, ἦρθαν
Aor. Sub.	νὰ ἔρθω, νὰ ἔρθεις, νὰ ἔρθει ἢ νὰ 'ρθῶ, ἢ νὰ 'ρθω κτλ. νὰ ἔρθουμε, νά ἔρθετε, νὰ ἔρθουν
Aor. Imp.	ἔλα· ἐλᾶτε
Aor. Inf.	ἔρθει
Perf. Ind.	ἔχω ἔρθει, ἔχεις ἔρθει, ἔχει ἔρθει· ἔχουμε, -ομε ἔρθει, ἔχετε ἔρθει, ἔχουν ἔρθει
Perf. Sub.	νὰ ἔχω ἔρθει, νὰ ἔχεις ἔρθει, νὰ ἔχει ἔρθει· νὰ ἔχουμε, -ομε ἔρθει, νὰ ἔχετε ἔρθει, νὰ ἔχουν ἔρθει
Perf. Part.	———
P. P.	εἶχα ἔρθει, εἶχες ἔρθει, εἶχε ἔρθει· εἴχαμε ἔρθει, εἴχατε ἔρθει, εἶχαν ἔρθει
F. P.	θὰ ἔχω ἔρθει, θὰ ἔχεις ἔρθει, θὰ ἔχει ἔρθει· θὰ ἔχουμε, -ομε ἔρθει, θὰ ἔχετε ἔρθει, θὰ ἔχουν ἔρθει

Pres. Ind.	ἔχω, ἔχεις ἔχει·
	ἔχουμε, -ομε, ἔχετε, ἔχουν
Pres. Sub.	νὰ ἔχω, νὰ ἔχεις, νὰ ἔχει·
	νὰ ἔχουμε, -ομε, νὰ ἔχετε, νὰ ἔχουν
Pres. Imp.	ἔχε·
	ἔχετε
Pres. Part.	ἔχοντας
Imp.	εἶχα, εἶχες, εἶχε· —
	εἴχαμε, εἴχατε, εἶχαν
Fut. I	θὰ ἔχω, θὰ ἔχεις, θὰ ἔχει·
	θὰ ἔχουμε, -ομε, θὰ ἔχετε, θὰ ἔχουν
Fut. II	———
Aor. Ind.	———
Aor. Sub.	———
Aor. Imp.	———
Aor. Inf.	———
Perf. Ind.	———
Perf. Sub.	———
P. P.	———
F. P.	———

Pres. Ind.	εὐχαριστιέμαι, εὐχαριστιέσαι, εὐχαριστιέται· εὐχαριστιόμαστε, εὐχαριστιέστε, εὐχαριστιοῦνται
Pres. Sub.	νὰ εὐχαριστιέμαι, νὰ εὐχαριστιέσαι, νὰ εὐχαριστιέται· νὰ εὐχαριστιόμαστε, νὰ εὐχαριστιέστε, νὰ εὐχαριστιοῦν- ται
Pres. Imp.	————
Imp.	εὐχαριστιόμουν, εὐχαριστιόσουν, εὐχαριστιόταν· εὐχαριστιόμαστε, εὐχαριστιόσαστε, εὐχαριστιόνταν ἢ εὐ- χαριστιοῦνταν
Fut. I	θὰ εὐχαριστιέμαι, θὰ εὐχαριστιέσαι, θὰ εὐχαριστιέται· θὰ εὐχαριστιόμαστε, θὰ εὐχαριστιέστε, θὰ εὐχαριστιοῦν- ται
Fut. II	θὰ εὐχαριστηθῶ, θὰ εὐχαριστηθεῖς, θὰ εὐχαριστηθεῖ· θὰ εὐχαριστηθοῦμε, θὰ εὐχαρ σιηθεῖτε, θὰ εὐχαριστη θοῦν
Aor. Ind	εὐχαριστήθηκα, εὐχαριστήθηκες, εὐχαρ·στήθηκε· εὐχαριστηθήκαμε, εὐχαριστηθήκατε, εὐχαριστήθηκαν
Aor. Sub.	νὰ εὐχαριστηθῶ, νὰ εὐχαριστηθεῖς, νὰ εὐχαριστηθεῖ· νὰ εὐχαριστηθοῦμε, νὰ εὐχαριστηθεῖτε, νὰ εὐχαριστη- θοῦν
Aor. Imp.	———— εὐχαριστηθεῖτε
Aor. Inf.	εὐχαριστηθεῖ
Perf. Ind	ἔχω εὐχαριστηθεῖ, ἔχεις εὐχαριστηθεῖ, ἔχει εὐχαριστη- θεῖ ἢ εἶμαι κτλ. εὐχαριστημένος· ἔχουμε, -ομε εὐχαριστηθεῖ, ἔχετε εὐχαριστηθεῖ, ἔχουν εὐχαριστηθεῖ ἢ εἴμαστε κτλ. εὐχαριστημένοι
Perf. Sub.	νὰ ἔχω εὐχαριστηθεῖ, νὰ ἔχεις εὐχαριστηθεῖ, νὰ ἔχει εὐχαριστηθεῖ ἢ νὰ εἶμαι κτλ· εὐχαριστημένος· νὰ ἔχουμε, -ομε εὐχαριστηθεῖ, νὰ ἔχετε εὐχαριστηθεῖ, νὰ ἔχουν εὐχαριστηθεῖ ἢ νὰ εἴμαστε κτλ. εὐχαριστη μένοι
Perf. Part.	εὐχαριστημένος
P. P.	εἶχα εὐχαριστηθεῖ, εἶχες εὐχαριστηθεῖ, εἶχε εὐχαριστη- θεῖ ἢ ἤμουν κτλ. εὐχαριστημένος· εἴχαμε εὐχαριστηθεῖ, εἴχατε εὐχαριστηθεῖ, εἶχαν εὐχα- ριστηθεῖ ἢ ἤμαστε κτλ. εὐχαριστημένοι
F. P.	θὰ ἔχω εὐχαριστηθεῖ, θὰ ἔχεις εὐχαριστηθεῖ, θὰ ἔχει εὐ- χαριστηθεῖ ἢ θὰ εἶμαι κτλ. εὐχαριστημένος· θὰ ἔχουμε, -ομε εὐχαριστηθεῖ, θὰ ἔχετε εὐχαριστηθεῖ, θὰ ἔχουν εὐχαριστηθεῖ ἢ θὰ εἴμαστε κτλ. εὐχαριστη- μένοι

Pres. Ind.	εὐχαριστῶ, εὐχαριστεῖς, εὐχαριστεῖ· εὐχαριστοῦμε, εὐχαριστεῖτε, εὐχαριστοῦν
Pres. Sub.	νὰ εὐχαριστῶ, νὰ εὐχαριστεῖς, νὰ εὐχαριστεῖ· νὰ εὐχαριστοῦμε, νὰ εὐχαριστεῖτε, νὰ εὐχαριστοῦν
Pres. Imp.	————
Pres. Part.	εὐχαριστώντας
Imp.	εὐχαριστοῦσα, εὐχαριστοῦσες, εὐχαριστοῦσε· εὐχαριστούσαμε, εὐχαριστούσάτε, εὐχαριστοῦσαν
Fut. I	θὰ εὐχαριστῶ, θὰ εὐχαριστεῖς, θὰ εὐχαριστεῖ· θὰ εὐχαριστοῦμε, θὰ εὐχαριστεῖτε θὰ εὐχαριστοῦν
Fut. II	θὰ εὐχαριστήσω, θὰ εὐχαριστήσεις, θὰ εὐχαριστήσει· θὰ εὐχαριστήσουμε, -ομε, θὰ εὐχαριστήσετε, θὰ εὐχαριστήσουν
Aor. Ind.	εὐχαρίστησα, εὐχαρίστησες, εὐχαρίστησε· εὐχαριστήσαμε, εὐχαριστήσατε, εὐχαρίστησαν
Aor. Sub.	νὰ εὐχαριστήσω, νὰ εὐχαριστήσεις, νὰ εὐχαριστήσει· νὰ εὐχαριστήσουμε, -ομε, νὰ εὐχαριστήσετε, νὰ εὐχαριστήσουν
Aor. Imp.	εὐχαρίστησε· εὐχαριστῆστε
Aor. Inf.	εὐχαριστήσει
Perf. Ind.	ἔχω εὐχαριστήσει, ἔχεις εὐχαριστήσει, ἔχει εὐχαριστήσει· ἔχουμε, -ομε εὐχαριστήσει, ἔχετε εὐχαριστήσει, ἔχουν εὐχαριστήσει
Perf. Sub.	νὰ ἔχω εὐχαριστήσει, νὰ ἔχεις εὐχαριστήσει, νὰ ἔχει εὐχαριστήσει· νὰ ἔχουμε, -ομε εὐχαριστήσει, νὰ ἔχετε εὐχαριστήσει, νὰ ἔχουν εὐχαριστήσει
P. P.	εἶχα εὐχαριστήσει, εἶχες εὐχαριστήσει, εἶχε εὐχαριστήσει· εἴχαμε εὐχαριστήσει, εἴχατε εὐχαριστήσει, εἶχαν εὐχαριστήσει
F. P.	θὰ ἔχω εὐχαριστήσει, θὰ ἔχεις εὐχαριστήσει, θα ἔχει εὐχαριστήσει· θὰ ἔχουμε, -ομε εὐχαριστήσει, θὰ ἔχετε εὐχαριστήσει, θὰ ἔχουν εὐχαριστήσει

Pres. Ind.	εὔχομαι, εὔχεσαι, εὔχεται· εὐχόμαστε, εὔχεστε, εὔχονται
Pres. Sub.	νὰ εὔχομαι, νὰ εὔχεσαι, νὰ εὔχεται· νὰ εὐχόμαστε, νὰ εὔχεστε, νὰ εὔχονται
Pres. Imp.	—— εὔχεστε
Imp.	εὐχόμουν, εὐχόσουν, εὐχόταν· εὐχόμαστε, εὐχόσαστε, εὔχονταν
Fut. I	θὰ εὔχομαι, θὰ εὔχεσαι, θὰ εὔχεται· θὰ εὐχόμαστε, θὰ εὔχεστε, θὰ εὔχονται
Fut. II	θὰ εὐχηθῶ, θὰ εὐχηθεῖς, θὰ εὐχηθεῖ· θὰ εὐχηθοῦμε, θὰ εὐχηθεῖτε, θὰ εὐχηθοῦν
Aor. Ind.	εὐχήθηκα, εὐχήθηκες, εὐχήθηκε· εὐχηθήκαμε, εὐχηθήκατε, εὐχήθηκαν
Aor. Sub.	νὰ εὐχηθῶ, νὰ εὐχηθεῖς, νὰ εὐχηθεῖ· νὰ εὐχηθοῦμε, νὰ εὐχηθεῖτε, νὰ εὐχηθοῦν
Aor. Imp.	εὐχήσου· εὐχηθεῖτε
Aor. Inf.	εὐχηθεῖ
Perf. Ind.	ἔχω εὐχηθεῖ, ἔχεις εὐχηθεῖ, ἔχει εὐχηθεῖ· ἔχουμε, -ομε εὐχηθεῖ, ἔχετε εὐχηθεῖ, ἔχουν εὐχηθεῖ
Perf. Sub.	νὰ ἔχω εὐχηθεῖ, νὰ ἔχεις εὐχηθεῖ, νὰ ἔχει εὐχηθεῖ· νὰ ἔχουμε, -ομε εὐχηθεῖ, νὰ ἔχετε εὐχηθεῖ, νά ἔχουν εὐχηθεῖ
Perf. Part.	———
P. P.	εἶχα εὐχηθεῖ, εἶχες εὐχηθεῖ, εἶχε εὐχηθεῖ· εἴχαμε εὐχηθεῖ, εἴχατε εὐχηθεῖ, εἶχαν εὐχηθεῖ
F. P.	θὰ ἔχω εὐχηθεῖ, θὰ ἔχεις εὐχηθεῖ, θὰ ἔχει εὐχηθεῖ· θὰ ἔχουμε, -ομε εὐχηθεῖ, θὰ ἔχετε εὐχηθεῖ, θὰ ἔχουν εὐχηθεῖ

Pres. Ind.	ζαλίζομαι, ζαλίζεσαι, ζαλίζεται· ζαλιζόμαστε, ζαλίζεστε, ζαλίζονται
Pres. Sub.	νὰ ζαλίζομαι, νὰ ζαλίζεσαι, νὰ ζαλίζεται· νὰ ζαλιζόμαστε, νὰ ζαλίζεστε, νὰ ζαλίζονται
Pres. Imp.	————
Imp.	ζαλιζόμουν, ζαλιζόσουν, ζαλιζόταν· ζαλιζόμαστε, ζαλιζόσαστε, ζαλίζονταν
Fut. I	θὰ ζαλίζομαι, θὰ ζαλίζεσαι, θὰ ζαλίζεται· θὰ ζαλιζόμαστε, θὰ ζαλίζεστε, θὰ ζαλίζονται
Fut. II	θὰ ζαλιστῶ, θὰ ζαλιστεῖς, θὰ ζαλιστεῖ· θὰ ζαλιστοῦμε, θὰ ζαλιστεῖτε, θὰ ζαλιστοῦν
Aor. Ind.	ζαλίστηκα, ζαλίστηκες, ζαλίστηκε· ζαλιστήκαμε, ζαλιστήκατε, ζαλίστηκαν
Aor. Sub.	νὰ ζαλιστῶ, νὰ ζαλιστεῖς, νὰ ζαλιστεῖ· νὰ ζαλιστοῦμε, νὰ ζαλιστεῖτε, νὰ ζαλιστοῦν
Aor. Imp.	ζαλίσου· ζαλιστεῖτε
Aor. Inf.	ζαλιστεῖ
Perf. Ind.	ἔχω ζαλιστεῖ, ἔχεις ζαλιστεῖ, ἔχει ζαλιστεῖ ἢ εἶμαι κτλ. ζαλισμένος· ἔχουμε, -ομε ζαλιστεῖ, ἔχετε ζαλιστεῖ, ἔχουν ζαλιστεῖ ἢ εἴμαστε κτλ. ζαλισμένοι
Perf. Sub.	νὰ ἔχω ζαλιστεῖ, νὰ ἔχεις ζαλιστεῖ, νὰ ἔχει ζαλιστεῖ ἢ νὰ εἶμαι κτλ. ζαλισμένος· νὰ ἔχουμε, -ομε ζαλιστεῖ, νὰ ἔχετε ζαλιστεῖ, νὰ ἔχουν ζαλιστεῖ ἢ νὰ εἴμαστε κτλ. ζαλισμένοι
P. P.	εἶχα ζαλιστεῖ, εἶχες ζαλιστεῖ εἶχε ζαλιστεῖ ἢ ἤμουν κτλ. ζαλισμένος· εἴχαμε ζαλιστεῖ, εἴχατε ζαλιστεῖ, εἶχαν ζαλιστεῖ ἢ ἤμα- στε κτλ. ζαλισμένοι
F. P.	θὰ ἔχω ζαλιστεῖ, θὰ ἔχεις ζαλιστεῖ, θὰ ἔχει ζαλιστεῖ ἢ θὰ εἶμαι κτλ· ζαλισμένος· θὰ ἔχουμε, -ομε ζαλιστεῖ, θὰ ἔχετε ζαλιστεῖ, θὰ ἔχουν ζαλιστεῖ ἢ θα εἴμαστε κτλ. ζαλισμένοι

Pres. Ind.	ζαλίζω, ζαλίζεις, ζαλίζει· ζαλίζουμε, -ομε, ζαλίζετε, ζαλίζουν
Pres. Sub.	νὰ ζαλίζω, νὰ ζαλίζεις, νὰ ζαλίζει· νὰ ζαλίζουμε, -ομε, νὰ ζαλίζετε, νὰ ζαλίζουν
Pres. Imp.	ζάλιζε· ζαλίζετε
Pres. *Part.*	ζαλίζοντας
Imp.	ζάλιζα, ζάλιζες, ζάλιζε· ζαλίζαμε, ζαλίζατε, ζάλιζαν
Fut. I	θὰ ζαλίζω, θὰ ζαλίζεις, θὰ ζαλίζει· θὰ ζαλίζουμε, -ομε, θὰ ζαλίζετε, θὰ ζαλίζουν
Fut. II	θὰ ζαλίσω, θὰ ζαλίσεις, θὰ ζαλίσει· θὰ ζαλίσουμε, -ομε, θὰ ζαλίσετε, θὰ ζαλίσουν
Aor. Ind.	ζάλισα, ζάλισες, ζάλισε· ζαλίσαμε, ζαλίσατε, ζάλισαν
Aor. Sub.	νὰ ζαλίσω, νὰ ζαλίσεις, νὰ ζαλίσει· νὰ ζαλίσουμε, -ομε, νὰ ζαλίσετε, νὰ ζαλίσουν
Aor. Imp.	ζάλισε· ζαλίστε
Aor. Inf.	ζαλίσει
Perf. Ind.	ἔχω ζαλίσει, ἔχεις ζαλίσει, ἔχει ζαλίσει ἢ ἔχω κτλ. ζαλισμένο· ἔχουμε, -ομε ζαλίσει, ἔχετε ζαλίσει, ἔχουν ζαλίσει
Perf. Sub.	νὰ ἔχω ζαλίσει, νὰ ἔχεις ζαλίσει, νὰ ἔχει ζαλίσει ἢ νὰ ἔχω κτλ. ζαλισμένο· νὰ ἔχουμε, -ομε ζαλίσει, νὰ ἔχετε ζαλίσει, νὰ ἔχουν ζαλίσει
P. P.	εἶχα ζαλίσει, εἶχες ζαλίσει, εἶχε ζαλίσει ἢ εἶχα κτλ. ζαλισμένο· εἴχαμε ζαλίσει, εἴχατε ζαλίσει, εἶχαν ζαλίσει
F. P.	θὰ ἔχω ζαλίσει, θὰ ἔχεις ζαλίσει, θὰ ἔχει ζαλίσει ἢ θὰ ἔχω κτλ. ζαλισμένο· θὰ ἔχουμε, -ομε ζαλίσει, θὰ ἔχετε ζαλίσει, θὰ ἔχουν ζαλίσει

Active Voice	**ΖΩ**	to live, be alive, exist

Pres. Ind.   ζῶ, ζεῖς, ζεῖ
            ζοῦμε, ζεῖτε, ζοῦν

Pres. Sub.   νὰ ζῶ, νὰ ζεῖς, νὰ ζεῖ·
            νὰ ζοῦμε, νὰ ζεῖτε, νὰ ζοῦν

Pres. Imp.

Pres. Part.   ζώντας

Imp.   ζοῦσα, ζοῦσες, ζοῦσε·
            ζούσαμε, ζούσατε, ζοῦσαν

Fut. I   θὰ ζῶ, θὰ ζεῖς, θὰ ζεῖ·
            θὰ ζοῦμε, θὰ ζεῖτε, θὰ ζοῦν

Fut. II   θὰ ζήσω, θὰ ζήσεις, θὰ ζήσει·
            θὰ ζήσουμε, -ομε, θὰ ζήσετε, θὰ ζήσουν

Aor. Ind.   ἔζησα, ἔζησες, ἔζησε·
            ζήσαμε, ζήσατε, ἔζησαν

Aor. Sub.   νὰ ζήσω, νὰ ζήσεις, νὰ ζήσει·
            νὰ ζήσουμε, -ομε, νὰ ζήσετε, νὰ ζήσουν

Aor. Imp.   ζῆσε·
            ζῆστε

Aor. Inf.   ζήσει

Perf. Ind.   ἔχω ζήσει, ἔχεις ζήσει, ἔχει ζήσει·
            ἔχουμε, -ομε ζήσει, ἔχετε ζήσει, ἔχουν ζήσει

Perf. Sub.   νὰ ἔχω ζήσει, νὰ ἔχεις ζήσει, νὰ ἔχει ζήσει·
            νὰ ἔχουμε, -ομε ζήσει, νὰ ἔχετε ζήσει, νὰ ἔχουν ζήσει

P. P.   εἶχα ζήσει, εἶχες ζήσει, εἶχε ζήσει·
            εἴχαμε ζήσει, εἴχατε ζήσει, εἶχαν ζήσει

F. P.   θὰ ἔχω ζήσει, θὰ ἔχεις ζήσει, θὰ ἔχει ζήσει·
            θὰ ἔχουμε, -ομε ζήσει, θὰ ἔχετε ζήσει, θὰ ἔχουν ζήσει

Pres. Ind.	ζωγραφίζω, ζωγραφίζεις, ζωγραφίζει· ζωγραφίζουμε, -ομε, ζωγραφίζετε, ζωγραφίζουν
Pres. Sub.	νὰ ζωγραφίζω, νὰ ζωγραφίζεις, νὰ ζωγραφίζει· νὰ ζωγραφίζουμε, -ομε, νὰ ζωγραφίζετε, νὰ ζωγραφίζουν
Pres. Imp.	ζωγράφιζε· ζωγραφίζετε
Pres. Part.	ζωγραφίζοντας
Imp.	ζωγράφιζα, ζωγράφιζες, ζωγράφιζε· ζωγραφίζαμε, ζωγραφίζατε, ζωγράφιζαν
Fut. I	θὰ ζωγραφίζω, θὰ ζωγραφίζεις, θὰ ζωγραφίζει· θὰ ζωγραφίζουμε, -ομε, θὰ ζωγραφίζετε, θὰ ζωγραφίζουν
Fut. II	θὰ ζωγραφίσω, θὰ ζωγραφίσεις, θὰ ζωγραφίσει· θὰ ζωγραφίσουμε, -ομε, θὰ ζωγραφίσετε, θὰ ζωγραφίσουν
Aor. Ind.	ζωγράφισα, ζωγράφισες, ζωγράφισε· ζωγραφίσαμε, ζωγραφίσατε, ζωγράφισαν
Aor. Sub.	νὰ ζωγραφίσω, νὰ ζωγραφίσεις, νὰ ζωγραφίσει· νὰ ζωγραφίσουμε, -ομε, νὰ ζωγραφίσετε, νὰ ζωγραφίσουν
Aor. Imp.	ζωγράφισε· ζωγραφίστε·
Aor. Inf.	ζωγραφίσει
Perf. Ind.	ἔχω ζωγραφίσει, ἔχεις ζωγραφίσει, ἔχει ζωγραφίσει ἢ ἔχω κτλ. ζωγραφισμένο· ἔχουμε, -ομε ζωγραφίσει, ἔχετε ζωγραφίσει, ἔχουν ζωγραφίσει
Perf. Sub	νὰ ἔχω ζωγραφίσει, νὰ ἔχεις ζωγραφίσει, νὰ ἔχει ζωγραφίσει ἢ νὰ ἔχω κτλ. ζωγραφισμένο νὰ ἔχουμε, -ομε ζωγραφίσει, νὰ ἔχετε ζωγραφίσει, νὰ ἔχουν ζωγραφίσει
P. P.	εἶχα ζωγραφίσει, εἶχες ζωγραφίσει, εἶχε ζωγραφίσει ἢ εἶχα κτλ. ζωγραφισμένο· εἴχαμε ζωγραφίσει, εἴχατε ζωγραφίσει, εἶχαν ζωγραφίσει
F. P.	θὰ ἔχω ζωγραφίσει, θὰ ἔχεις ζωγραφίσει, θὰ ἔχει ζωγραφίσει ἢ θὰ ἔχω κτλ. ζωγραφισμένο· θὰ ἔχουμε, -ομε ζωγραφίσει, θὰ ἔχετε ζωγραφίσει, θὰ ἔχουν ζωγραφίσει

Pres. Ind.	ἡσυχάζω, ἡσυχάζεις, ἡσυχάζει· ἡσυχάζουμε, -ομε, ἡσυχάζετε, ἡσυχάζουν
Pres. Sub.	νὰ ἡσυχάζω, νὰ ἡσυχάζεις, νὰ ἡσυχάζει· νὰ ἡσυχάζουμε, -ομε, νὰ ἡσυχάζετε, νὰ ἡσυχάζουν
Pres. Imp.	ἡσύχαζε· ἡσυχάζετε
Pres. Part.	ἡσυχάζοντας
Imp.	ἡσύχαζα, ἡσύχαζες, ἡσύχαζε· ἡσυχάζαμε, ἡσυχάζατε, ἡσύχαζαν
Fut. I	θὰ ἡσυχάζω, θὰ ἡσυχάζεις, θὰ ἡσυχάζει· θὰ ἡσυχάζουμε, -ομε, θὰ ἡσυχάζετε, θὰ ἡσυχάζουν
Fut. II	θὰ ἡσυχάσω, θὰ ἡσυχάσεις, θὰ ἡσυχάσει· θὰ ἡσυχάσουμε, -ομε, θὰ ἡσυχάσετε, θὰ ἡσυχάσουν
Aor. Ind.	ἡσύχασα, ἡσύχασες, ἡσύχασε· ἡσυχάσαμε, ἡσυχάσατε, ἡσύχασαν
Aor. Sub.	νὰ ἡσυχάσω, νὰ ἡσυχάσεις, νὰ ἡσυχάσει· νὰ ἡσυχάσουμε, -ομε, νὰ ἡσυχάσετε, νὰ ἡσυχάσουν
Aor. Imp.	ἡσύχασε· ἡσυχάστε
Aor. Inf.	ἡσυχάσει
Perf. Ind.	ἔχω ἡσυχάσει, ἔχεις ἡσυχάσει, ἔχει ἡσυχάσει· ἔχουμε, -ομε ἡσυχάσει, ἔχετε ἡσυχάσει, ἔχουν ἡσυχάσει
Perf. Sub.	νὰ ἔχω ἡσυχάσει, νὰ ἔχεις ἡσυχάσει, νὰ ἔχει ἡσυχάσει· νὰ ἔχουμε, -ομε ἡσυχάσει, νὰ ἔχετε ἡσυχάσει, νὰ ἔχουν ἡσυχάσει
P. P.	εἶχα ἡσυχάσει, εἶχες ἡσυχάσει, εἶχε ἡσυχάσει· εἴχαμε ἡσυχάσει, εἴχατε ἡσυχόσει, εἶχαν ἡσυχάσει
F. P.	θὰ ἔχω ἡσυχάσει, θὰ ἔχεις ἡσυχάσει, θὰ ἔχει ἡσυχάσει· θὰ ἔχουμε, -ομε ἡσυχάσει, θὰ ἔχετε ἡσυχάσει, θά ἔχουν ἡσυχάσει

Pres. Ind.	ίδρώνω, ίδρώνεις, ίδρώνει· ίδρώνουμε, -ομε, ίδρώνετε, ίδρώνουν
Pres. Sub.	νά ίδρώνω, νά ίδρώνεις, νά ίδρώνει· νά ίδρώνουμε, -ομε, νά ίδρώνετε, νά ίδρώνουν
Pres. Imp.	ΐδρωνε· ίδρώνετε
Pres. Part.	ίδρώνοντας
Imp.	ΐδρωνα, ΐδρωνες, ΐδρωνε· ίδρώναμε, ίδρώνατε, ΐδρωναν
Fut. I	θά ίδρώνω, θά ίδρώνεις, θά ίδρώνει· θά ίδρώνουμε, -ομε, θά ίδρώνετε, θά ίδρώνουν
Fut. II	θά ίδρώσω, θά ίδρώσεις, θά ίδρώσει· θά ίδρώσουμε, -ομε, θά ίδρώσετε, θά ίδρώσουν
Aor. Ind.	ΐδρωσα, ΐδρωσες, ΐδρωσε· ίδρώσαμε, ίδρώσατε, ΐδρωσαν
Aor. Sub.	νά ίδρώσω, νά ίδρώσεις, νά ίδρώσει· νά ίδρώσουμε, -ομε, νά ίδρώσετε, νά ίδρώσουν
Aor. Imp.	ΐδρωσε· ίδρώσετε ἢ ίδρῶστε
Aor. Inf.	ίδρώσει
Perf. Ind.	ἔχω ίδρώσει, ἔχεις ίδρώσει, ἔχει ίδρώσει· ἔχουμε, -ομε ίδρώσει, ἔχετε ίδρώσει, ἔχουν ίδρώσει
Perf. Sub.	νά ἔχω ίδρώσει, νά ἔχεις ίδρώσει, νά ἔχει ίδρώσει· νά ἔχουμε, -ομε ίδρώσει, νά ἔχετε ίδρώσει, νά ἔχουν ί_ δρώσει
P. P.	εἶχα ίδρώσει, εἶχες ίδρώσει, εἶχε ίδρώσει· εἴχαμε ίδρώσει, εἴχατε ίδρώσει, εἶχαν ίδρώσει
F. P.	θά ἔχω ίδρώσει, θά ἔχεις ίδρώσει, θά ἔχει ίδρώσει· θά ἔχουμε, -ομε ίδρώσει, θά ἔχετε ίδρώσει, θά ἔχουν ί_ δρώσει

Pres. Ind. ἱκανοποιῶ, ἱκανοποιεῖς, ἱκανοποιεῖ·
ἱκανοποιοῦμε, ἱκανοποιεῖτε, ἱκανοποιοῦν

Pres. Sub. νὰ ἱκανοποιῶ, νὰ ἱκανοποιεῖς, νὰ ἱκανοποιεῖ·
νὰ ἱκανοποιοῦμε, νὰ ἱκανοποιεῖτε, νὰ ἱκανοποιοῦν

Pres. Imp. ————

Pres. Part. ἱκανοποκώντας

Imp. ἱκανοποιοῦσα, ἱκανοποιοῦσες, ἱκανοποιοῦσε·
ἱκανοποιούσαμε, ἱκανοποιούσατε, ἱκανοποιοῦσαν

Fut. I θὰ ἱκανοποιῶ, θὰ ἱκανοποιεῖς, θὰ ἱκανοποιεῖ·
θὰ ἱκανοποιοῦμε, θὰ ἱκανοποιεῖτε, θὰ ἱκανοποιοῦν

Fut. II θὰ ἱκανοποιήσω, θὰ ἱκανοποιήσεις, θὰ ἱκανοποιήσει·
θὰ ἱκανοποιήσουμε, -ομε, θὰ ἱκανοποιήσετε, θὰ ἱκανο-
ποιήσουν

Aor. Ind. ἱκανοποίησα, ἱκανοποίησες, ἱκανοποίησε·
ἱκανοποιήσαμε, ἱκανοποιήσατε, ἱκανοποίησαν

Aor. Sub. νὰ ἱκανοποιήσω, νὰ ἱκανοποιήσεις, νὰ ἱκανοποιήσει·
νὰ ἱκανοποιήσουμε, -ομε, νὰ ἱκανοποιήσετε, νὰ ἱκανο-
ποιήσουν

Aor. Imp. ἱκανοποίησε·
ἱκανοποιῆστε

Aor. Inf. ἱκανοποιήσει

Perf. Ind. ἔχω ἱκανοποιήσει, ἔχεις ἱκανοποιήσει, ἔχει ἱκανοποιή-
σει ἢ ἔχω κτλ. ἱκανοποιημένο·
ἔχουμε, -ομε ἱκανοποιήσει, ἔχετε ἱκανοποιήσει, ἔχουν
ἱκανοποιήσει

Perf. Sub. νὰ ἔχω ἱκανοποιήσει, νὰ ἔχεις ἱκανοποιήσει, νὰ ἔχει ἱ-
κανοποιήσει ἢ νὰ ἔχω κτλ. ἱκανοποιημένο·
νὰ ἔχουμε, -ομε ἱκανοποιήσει, νὰ ἔχετε ἱκανοποιήσει,
νὰ ἔχουν ἱκανοποιήσει

P. P. εἶχα ἱκανοποιήσει, εἶχες ἱκανοποιήσει, εἶχε ἱκανοποιήσει
ἢ εἶχα κτλ. ἱκανοποιημένο
εἴχαμε ἱκανοποιήσει, εἴχατε ἱκανοποιήσει, εἶχαν ἱκανο-
ποιήσει

F. P. θὰ ἔχω ἱκανοποιήσει, θὰ ἔχεις ἱκανοποιήσει, θὰ ἔχει ἱ-
κανοποιήσει ἢ θὰ ἔχω κτλ. ἱκανοποιημένο·
θὰ ἔχουμε, -ομε ἱκανοποιήσει, θὰ ἔχετε ἱκανοποιήσει,
θὰ ἔχουν ἱκανοποιήσει

Active Voice   ΙΣΟΣΚΕΛΙΖΩ   to balance (an account)

Pres. Ind.   ἰσοσκελίζω, ἰσοσκελίζεις, ἰσοσκελίζει·
                ἰσοσκελίζουμε, -ομε, ἰσοσκελίζετε, ἰσοσκελίζουν

Pres. Sub.   νὰ ἰσοσκελίζω, νὰ ἰσοσκελίζεις, νὰ ἰσοσκελίζει·
                νὰ ἰσοσκελίζουμε, -ομε, νὰ ἰσοσκελίζετε, νὰ ἰσοσκελί-
                ζουν

Pres. Imp.   ἰσοσκέλιζε·
                ἰσοσκελίζετε

Pres. Part.   ἰσοσκελίζοντας

Imp.   ἰσοσκέλιζα, ἰσοσκέλιζες, ἰσοσκέλιζε·
                ἰσοσκελίζαμε, ἰσοσκελίζατε, ἰσοσκέλιζαν

Fut. I   θὰ ἰσοσκελίζω, θὰ ἰσοσκελίζεις, θὰ ἰσοσκελίζει·
                θὰ ἰσοσκελίζουμε, -ομε, θὰ ἰσοσκελίζετε, θὰ ἰσοσκελί-
                ζουν

Fut. II   θὰ ἰσοσκελίσω, θὰ ἰσοσκελίσεις, θὰ ἰσοσκελίσει·
                θὰ ἰσοσκελίσουμε, -ομε, θὰ ἰσοσκελίσετε, θὰ ἰσοσκελί-
                σουν

Aor. Ind.   ἰσοσκέλισα, ἰσοσκέλισες, ἰσοσκέλισε·
                ἰσοσκελίσαμε, ἰσοσκελίσατε, ἰσοσκέλισαν

Aor. Sub.   νὰ ἰσοσκελίσω, νὰ ἰσοσκελίσεις, νὰ ἰσοσκελίσει·
                νὰ ἰσοσκελίσουμε, -ομε, νὰ ἰσοσκελίσετε, νὰ ἰσοσκελί-
                σουν

Aor. Imp.   ἰσοσκέλισε·
                ἰσοσκελίσsτε

Aor. Inf.   ἰσοσκελίσει

Perf. Ind.   ἔχω ἰσοσκελίσει, ἔχεις ἰσοσκελίσει, ἔχει ἰσοσκελίσει
                ἤ ἔχω κτλ. ἰσοσκελισμένο·
                ἔχουμε, -ομε ἰσοσκελίσει, ἔχετε ἰσοσκελίσει, ἔχουν ἰσο-
                σκελίσει

Perf. Sub.   νὰ ἔχω ἰσοσκελίσει, νὰ ἔχεις ἰσοσκελίσει, νὰ ἔχει ἰσο-
                σκελίσει ἤ νὰ ἔχω κτλ. ἰσοσκελισμένο·
                νὰ ἔχουμε, -ομε ἰσοσκελίσει, νὰ ἔχετε ἰσοσκελίσει, νὰ
                ἔχουν ἰσοσκελίσει

P. P.   εἶχα ἰσοσκελίσει, εἶχες ἰσοσκελίσει, εἶχε ἰσοσκελίσει ἤ
                εἶχα κτλ. ἰσοσκελισμένο·
                εἴχαμε ἰσοσκελίσει, εἴχατε ἰσοσκελίσει, εἶχαν ἰσοσκελί-
                σει

F. P.   θὰ ἔχω ἰσοσκελίσει, θὰ ἔχεις ἰσοσκελίσει, θὰ ἔχει ἰσο-
                σκελίσει ἤ θὰ ἔχω κτλ. ἰσοσκελισμένο·
                θὰ ἔχουμε, ομε ἰσοσκελίσει, θὰ ἔχετε ἰσοσκελίσει, θὰ ἔ-
                χουν ἰσοσκελίσει

Pres. Ind.	ἰσχύω, ἰσχύεις, ἰσχύει· ἰσχύουμε, -ομε, ἰσχύετε, ἰσχύουν
Pres. Sub.	νὰ ἰσχύω, νὰ ἰσχύεις, νὰ ἰσχύει· νὰ ἰσχύουμε, -ομε, νὰ ἰσχύετε, νὰ ἰσχύουν
Pres. Imp.	ἴσχυε· ἰσχύετε
Pres. Part.	ἰσχύοντας
Imp.	ἴσχυα, ἴσχυες, ἴσχυε· ἰσχύαμε, ἰσχύατε, ἴσχυαν
Fut. I	θὰ ἰσχύω, θὰ ἰσχύεις, θὰ ἰσχύει· θὰ ἰσχύουμε, -ομε, θὰ ἰσχύετε, θὰ ἰσχύουν
Fut. II	θὰ ἰσχύσω, θὰ ἰσχύσεις, θὰ ἰσχύσει· θὰ ἰσχύσουμε, -ομε, θὰ ἰσχύσετε, θὰ ἰσχύσουν
Aor. Ind.	ἴσχυσα, ἴσχυσες, ἴσχυσε· ἰσχύσαμε, ἰσχύσατε, ἴσχυσαν
Aor. Sub.	νὰ ἰσχύσω, νὰ ἰσχύσεις, νὰ ἰσχύσει· νὰ ἰσχύσουμε, -ομε, νὰ ἰσχύσετε, νὰ ἰσχύσουν
Aor. Imp.	ἴσχυσε· ἰσχύστε
Aor. Inf.	ἰσχύσει
Perf. Ind.	ἔχω ἰσχύσει, ἔχεις ἰσχύσει, ἔχει ἰσχύσει· ἔχουμε, -ομε ἰσχύσει, ἔχετε ἰσχύσει, ἔχουν ἰσχύσει
Perf. Sub.	νὰ ἔχω ἰσχύσει, νὰ ἔχεις ἰσχύσει, νὰ ἔχει ἰσχύσει· νὰ ἔχουμε, -ομε ἰσχύσει, νὰ ἔχετε ἰσχύσει, νὰ ἔχουν ἰσχύσει
P. P.	εἶχα ἰσχύσει, εἶχες ἰσχύσει, εἶχε ἰσχύσει· εἴχαμε ἰσχύσει, εἴχατε ἰσχύσει, εἶχαν ἰσχύσει
F. P.	θὰ ἔχω ἰσχύσει, θὰ ἔχεις ἰσχύσει, θὰ ἔχει ἰσχύσει· θὰ ἔχουμε, -ομε ἰσχύσει, θὰ ἔχετε ἰσχύσει, θὰ ἔχουν ἰσχύσει

Pres. Ind.   θαμπώνομαι, θαμπώνεσαι, θαμπώνεται·
                 θαμπωνόμαστε, θαμπώνεστε, θαμπώνονται

Pres. Sub.   νὰ θαμπώνομαι, νὰ θαμπώνεσαι, νὰ θαμπώνεται·
                 νὰ θαμπωνόμαστε, νὰ θαμπώνεστε, νὰ θαμπώνονται

Pres. Imp.   ―――――

Imp.   θαμπωνόμουν, θαμπωνόσουν, θαμπωνόταν·
                 θαμπωνόμαστε, θαμπωνόσαστε, θαμπώνονταν

Fut. I   θὰ θαμπώνομαι, θὰ θαμπώνεσαι, θὰ θαμπώνεται·
                 θὰ θαμπωνόμαστε, θὰ θαμπώνεστε, θὰ θαμπώνονται

Fut. II   θὰ θαμπωθῶ θὰ θαμπωθεῖς, θὰ θαμπωθεῖ·
                 θὰ θαμπωθοῦμε, θὰ θαμπωθεῖτε, θὰ θαμπωθοῦν

Aor. Ind.   θαμπώθηκα, θαμπώθηκες, θαμπώθηκε·
                 θαμπωθήκαμε, θαμπωθήκατε, θαμπώθηκαν

Aor. Sub.   νὰ θαμπωθῶ, νὰ θαμπωθεῖς, νὰ θαμπωθεῖ·
                 νὰ θαμπωθοῦμε, νὰ θαμπωθεῖτε, νὰ θαμπωθοῦν·

Aor. Imp.   θαμπώσου·
                 θαμπωθεῖτε

Aor. Inf.   θαμπωθεῖ

Perf. Ind.   ἔχω θαμπωθεῖ, ἔχεις θαμπωθεῖ, ἔχει θαμπωθεῖ ἢ εἶμαι
                 κτλ. θαμπωμένος·
                 ἔχουμε, -ομε θαμπωθεῖ, ἔχετε θαμπωθεῖ, ἔχουν θαμπω-
                 θεῖ ἢ εἴμαστε κτλ. θαμπωμένοι

Perf. Sub.   νὰ ἔχω θαμπωθεῖ, νὰ ἔχεις θαμπωθεῖ, νὰ ἔχει θαμπωθεῖ
                 ἢ νὰ εἶμαι κτλ. θαμπωμένος·
                 νὰ ἔχουμε, -ομε θαμπωθεῖ, νὰ ἔχετε θαμπωθεῖ, νὰ ἔχουν
                 θαμπωθεῖ ἢ νὰ εἴμαστε κτλ. θαμπωμένοι

Perf. Part.   θαμπωμένος

P. P.   εἶχα θαμπωθεῖ, εἶχες θαμπωθεῖ, εἶχε θαμπωθεῖ ἢ ἤμουν
                 κτλ. θαμπωμένος·
                 εἴχαμε θαμπωθεῖ, εἴχατε θαμπωθεῖ, εἶχαν θαμπωθεῖ ἢ
                 ἤμαστε κτλ. θαμπωμένοι

F. P.   θὰ ἔχω θαμπωθεῖ, θὰ ἔχεις θαμπωθεῖ, θὰ ἔχει θαμπωθεῖ
                 ἢ θὰ εἶμαι κτλ. θαμπωμένος·
                 θὰ ἔχουμε, -ομε θαμπωθεῖ, θὰ ἔχετε θαμπωθεῖ, θὰ ἔχουν
                 θαμπωθεῖ ἢ θὰ εἴμαστε κτλ. θαμπωμένοι

Pres. Ind.	θαμπώνω, θαμπώνεις, θαμπώνει· θαμπώνουμε, -ομε, θαμπώνετε, θαμπώνουν
Pres. Sub.	νὰ θαμπώνω, νὰ θαμπώνεις, νὰ θαμπώνει· νὰ θαμπώνουμε, -ομε, νὰ θαμπώνετε, νὰ θαμπώνουν
Pres. Imp.	θάμπωνε· θαμπώνετε
Pres. Part.	θαμπώνοντας
Imp.	θάμπωνα, θάμπωνες, θάμπωνε· θαμπώναμε, θαμπώνατε, θάμπωναν
Fut. I	θὰ θαμπώνω, θὰ θαμπώνεις, θὰ θαμπώνει· θὰ θαμπώνουμε, -ομε, θὰ θαμπώνετε, θὰ θαμπώνουν
Fut. II	θὰ θαμπώσω, θὰ θαμπώσεις, θὰ θαμπώσει· θὰ θαμπώσουμε, -ομε, θὰ θαμπώσετε, θὰ θαμπώσουν
Aor. Ind.	θάμπωσα, θάμπωσες, θάμπωσε· θαμπώσαμε, θαμπώσατε, θάμπωσαν
Aor. Sub.	νὰ θαμπώσω, νὰ θαμπώσεις, νὰ θαμπώσει· νὰ θαμπώσουμε, -ομε, νὰ θαμπώσετε, νὰ θαμπώσουν
Aor. Imp.	θάμπωσε· θαμπῶστε
Aor. Inf.	θαμπώσει
Perf. Ind.	ἔχω θαμπώσει, ἔχεις θαμπώσει, ἔχει θαμπώσει ἢ ἔχω κτλ. θαμπωμένο· ἔχουμε, -ομε θαμπώσει, ἔχετε θαμπώσει, ἔχουν θαμπώσει
Perf. Sub.	νὰ ἔχω θαμπώσει, νὰ ἔχεις θαμπώσει, νὰ ἔχει θαμπώσει ἢ νὰ ἔχω κτλ. θαμπωμένο· νὰ ἔχουμε, -ομε θαμπώσει, νὰ ἔχετε θαμπώσει, νὰ ἔ- χουν θαμπώσει
P. P.	εἶχα θαμπώσει, εἶχες θαμπώσει, εἶχε θαμπώσει ἢ εἶχα κτλ. θαμπωμένο· εἴχαμε θαμπώσει, εἴχατε θαμπώσει, εἶχαν θαμπώσει
F. P.	θὰ ἔχω θαμπώσει, θὰ ἔχεις θαμπώσει, θὰ ἔχει θαμπώσει ἢ θὰ ἔχω κτλ. θαμπωμένο· θὰ ἔχουμε, -ομε θαμπώσει, θὰ ἔχετε θαμπώσει, θὰ ἔχουν θαμπώσει

Pres. Ind.	θαυμάζομαι, θαυμάζεσαι, θαυμάζεται· θαυμαζόμαστε, θαυμάζεστε, θαυμάζονται
Pres. Sub.	νὰ θαυμάζομαι, νὰ θαυμάζεσαι, νὰ θαυμάζεται· νὰ θαυμαζόμαστε, νὰ θαυμάζεστε, νὰ θαυμάζονται
Pres. Imp.	
Imp.	θαυμαζόμουν, θαυμαζόσουν, θαυμαζόταν· θαυμαζόμαστε, θαυμαζόσαστε, θαυμάζονταν
Fut. I	θὰ θαυμάζομαι, θὰ θαυμάζεσαι, θὰ θαυμάζεται· θὰ θαυμαζόμαστε, θὰ θαυμάζεστε, θὰ θαυμάζονται
Fut. II	θὰ θαυμαστῶ, θὰ θαυμαστεῖς, θὰ θαυμαστεῖ· θὰ θαυμαστοῦμε, θὰ θαυμαστεῖτε, θὰ θαυμαστοῦν
Aor. Ind.	θαυμάστηκα, θαυμάστηκες, θαυμάστηκε· θαυμαστήκαμε, θαυμαστήκατε, θαυμάστηκαν
Aor. Sub.	νὰ θαυμαστῶ, νὰ θαυμαστεῖς, νὰ θαυμαστεῖ· νὰ θαυμαστοῦμε, νὰ θαυμαστεῖτε, νὰ θαυμαστοῦν
Aor. Imp.	
Aor. Inf.	θαυμαστεῖ
Perf. Ind.	ἔχω θαυμαστεῖ, ἔχεις θαυμαστεῖ, ἔχει θαυμαστεῖ ἔχουμε, -ομε θαυμαστεῖ, ἔχετε θαυμαστεῖ, ἔχουν θαυμαστεῖ
Perf. Sub.	νὰ ἔχω θαυμαστεῖ, νὰ ἔχεις θαυμαστεῖ, νὰ ἔχει θαυμαστεῖ· νὰ ἔχουμε, -ομε θαυμαστεῖ, νὰ ἔχετε θαυμαστεῖ, νὰ ἔχουν θαυμαστεῖ
Perf. Part.	
P. P.	εἶχα θαυμαστεῖ, εἶχες θαυμαστεῖ, εἶχε θαυμαστεῖ· εἴχαμε θαυμαστεῖ, εἴχατε θαυμαστεῖ, εἶχαν θαυμαστεῖ
F. P.	θὰ ἔχω θαυμαστεῖ, θὰ ἔχεις θαυμαστεῖ, θὰ ἔχει θαυμαστεῖ· θὰ ἔχουμε, -ομε θαυμαστεῖ, θὰ ἔχετε θαυμαστεῖ, θὰ ἔχουν θαυμαστεῖ

Active Voice	ΘΑΥΜΑΖΩ to admire, marvel, wonder
Pres. Ind.	θαυμάζω, θαυμάζεις, θαυμάζει· θαυμάζουμε, -ομε, θαυμάζετε, θαυμάζουν
Pres. Sub.	νὰ θαυμάζω, νὰ θαυμάζεις, νὰ θαυμάζει· νὰ θαυμάζουμε, -ομε, νὰ θαυμάζετε, νὰ θαυμάζουν
Pres. Imp.	θαύμαζε· θαυμάζετε
Pres. Part.	θαυμάζοντας
Imp.	θαύμαζα, θαύμαζες, θαύμαζε· θαυμάζαμε, θαυμάζατε, θαύμαζαν
Fut. I	θὰ θαυμάζω, θὰ θαυμάζεις, θὰ θαυμάζει· θὰ θαυμάζουμε, -ομε, θὰ θαυμάζετε, θὰ θαυμάζουν
Fut. II	θὰ θαυμάσω, θὰ θαυμάσεις, θὰ θαυμάσει· θὰ θαυμάσουμε, -ομε, θὰ θαυμάσετε, θὰ θαυμάσουν
Aor. Ind.	θαύμασα, θαύμασες, θαύμασε· θαυμάσαμε, θαυμάσατε, θαύμασαν
Aor. Sub.	νὰ θαυμάσω, νὰ θαυμάσεις, νὰ θαυμάσει· νὰ θαυμάσουμε, -ομε, νὰ θαυμάσετε, νὰ θαυμάσουν
Aor. Imp.	θαύμασε· θαυμάστε
Aor. Inf.	θαυμάσει
Perf. Ind.	ἔχω θαυμάσει, ἔχεις θαυμάσει, ἔχει θαυμάσει· ἔχουμε, -ομε θαυμάσει, ἔχετε θαυμάσει, ἔχουν θαυμάσει
Perf. Sub.	νὰ ἔχω θαυμάσει, νὰ ἔχεις θαυμάσει, νὰ ἔχει θαυμάσει· νὰ ἔχουμε, -ομε θαυμάσει, νὰ ἔχετε θαυμάσει, νὰ ἔχουν θαυμάσει
P. P.	εἶχα θαυμάσει, εἶχες θαυμάσει, εἶχε θαυμάσει· εἴχαμε θαυμάσει, εἴχατε θαυμάσει, εἶχαν θαυμάσει
F. P.	θὰ ἔχω θαυμάσει, θὰ ἔχεις θαυμάσει, θὰ ἔχει θαυμάσει· θὰ ἔχουμε, -ομε θαυμάσει, θὰ ἔχετε θαυμάσει, θὰ ἔχουν θαυμάσει

Pres. Ind.   θέλω, θέλεις, θέλει·
                θέλουμε, -ομε, θέλετε, θέλουν

Pres. Sub.   νὰ θέλω, νὰ θέλεις, νὰ θέλει·
                νὰ θέλουμε, –ομε, νὰ θέλετε, νὰ θέλουν

Pres. Imp.   θέλε·
                θέλετε

Pres. Part.   θέλοντας

Imp.   ἤθελα, ἤθελες, ἤθελε·
                θέλαμε, θέλατε, ἤθελαν

Fut. I   θὰ θέλω, θὰ θέλεις, θὰ θέλει·
                θὰ θέλουμε, -ομε, θὰ θέλετε, θὰ θέλουν

Fut. II   θὰ θελήσω, θὰ θελήσεις, θὰ θελήσει·
                θὰ θελήσουμε, -ομε, θὰ θελήσετε, θὰ θελήσουν

Aor. Ind.   θέλησα, θέλησες, θέλησε·
                θελήσαμε, θελήσατε, θέλησαν

Aor. Sub.   νὰ θελήσω, νὰ θελήσεις, νὰ θελήσει·
                νὰ θελήσουμε, -ομε, νὰ θελήσετε, νὰ θελήσουν

Aor. Imp.   θέλησε·
                θελῆστε

Aor. Inf.   θελήσει

Perf. Ind.   ἔχω, θελήσει, ἔχεις θελήσει, ἔχει θελήσει·
                ἔχουμε, -ομε θελήσει, ἔχετε θελήσει, ἔχουν θελήσει

Perf. Sub.   νὰ ἔχω θελήσει, νὰ ἔχεις θελήσει, νὰ ἔχει θελήσει·
                νὰ ἔχουμε, -ομε θελήσει, νὰ ἔχετε θελήσει, νὰ ἔχουν
                  θελήσει

P. P.   εἶχα θελήσει, εἶχες θελήσει, εἶχε θελήσει·
                εἴχαμε θελήσει, εἴχατε θελήσει, εἶχαν θελήσει

F. P.   θὰ ἔχω θελήσει, θὰ ἔχεις θελήσει, θὰ ἔχει θελήσει·
                θὰ ἔχουμε, –ομε θελήσει, θὰ ἔχετε θελήσει, θὰ ἔχουν
                  θελήσει

Pres. Ind.   θερίζομαι, θερίζεσαι, θερίζεται·
θεριζόμαστε, θερίζεστε, θερίζονται

Pres. Sub.   νὰ θερίζομαι, νὰ θερίζεσαι, νὰ θερίζεται·
νὰ θεριζόμαστε, νὰ θερίζεστε, νὰ θερίζονται

Pres. Imp.

Imp.   θεριζόμουν, θεριζόσουν, θεριζόταν·
θεριζόμαστε, θεριζόσαστε, θερίζονταν

Fut. I   θὰ θερίζομαι, θὰ θερίζεσαι, θὰ θερίζεται·
θὰ θεριζόμαστε, θὰ θερίζεστε, θὰ θερίζονται

Fut. II   θὰ θεριστῶ, θὰ θεριστεῖς, θὰ θεριστεῖ·
θὰ θεριστοῦμε, θὰ θεριστεῖτε, θὰ θεριστοῦν

Aor. Ind.   θερίστηκα, θερίστηκες, θερίστηκε·
θεριστήκαμε, θεριστήκατε, θερίστηκαν

Aor. Sub   νὰ θεριστῶ, νὰ θεριστεῖς, νὰ θεριστεῖ
νὰ θεριστοῦμε, νὰ θεριστεῖτε, νὰ θεριστοῦν

Aor. Imp.
Aor. Inf.   θεριστεῖ

Perf. Ind.   ἔχω θεριστεῖ, ἔχεις θεριστεῖ, ἔχει θεριστεῖ ἢ εἶμαι κτλ.
θερισμένος·
ἔχουμε, -ομε θεριστεῖ, ἔχετε θεριστεῖ, ἔχουν θεριστεῖ ἢ
εἴμαστε κτλ. θερισμένοι

Perf. Sub.   νὰ ἔχω θεριστεῖ, νὰ ἔχεις θεριστεῖ, νὰ ἔχει θεριστεῖ ἢ
νὰ εἶμαι κτλ. θερισμένος·
νὰ ἔχουμε, -ομε θεριστεῖ, νὰ ἔχετε θεριστεῖ, νὰ ἔχουν
θεριστεῖ ἢ νὰ εἴμαστε κτλ· θερισμένοι

Perf. Part.   θερισμένος

P. P.   εἶχα θεριστεῖ, εἶχες θεριστεῖ, εἶχε θεριστεῖ ἢ ἤμουν κτλ.
θερισμένος·
εἴχαμε θεριστεῖ, εἴχατε θεριστεῖ, εἶχαν θεριστεῖ ἢ ἤμα-
στε κτλ. θερισμένοι·

F. P.   θὰ ἔχω θεριστεῖ θὰ ἔχεις θεριστεῖ, θὰ ἔχει θεριστεῖ ἢ θὰ
εἶμαι κτλ. θερισμένος·
θὰ ἔχουμε, -ομε θεριστεῖ, θὰ ἔχετε θεριστεῖ, θὰ ἔχουν
θεριστεῖ ἢ θὰ εἴμαστε κτλ. θερισμένοι

Pres. Ind.	θερίζω, θερίζεις, θερίζει· θερίζουμε, -ομε, θερίζετε, θερίζουν
Pres. Sub.	νὰ θερίζω, νὰ θερίζεις, νὰ θερίζει· νὰ θερίζουμε, -ομε, νὰ θερίζετε, νὰ θερίζουν
Pres. Imp.	θέριζε· θερίζετε
Pres. Part.	θερίζοντας
Imp.	θέριζα, θέριζες, θέριζε· θερίζαμε, θερίζατε, θέριζαν
Fut. I	θὰ θερίζω, θὰ θερίζεις, θὰ θερίζει· θὰ θερίζουμε, -ομε, θὰ θερίζετε, θὰ θερίζουν
Fut. II	θὰ θερίσω, θὰ θερίσεις, θὰ θερίσει· θὰ θερίσουμε, -ομε, θὰ θερίσετε, θὰ θερίσουν
Aor. Ind.	θέρισα, θέρισες, θέρισε· θερίσαμε, θερίσατε, θέρισαν
Aor. Sub.	νὰ θερίσω, νὰ θερίσεις, νὰ θερίσει· νὰ θερίσουμε, -ομε, νὰ θερίσετε, νὰ θερίσουν
Aor. Imp.	θέρισε· θερίστε
Aor. Inf.	θερίσει
Perf. Ind.	ἔχω θερίσει, ἔχεις θερίσει, ἔχει θερίσει ἢ ἔχω κτλ. θερισμένο· ἔχουμε, -ομε, θερίσει, ἔχετε θερίσει, ἔχουν θερίσει
Perf. Sub.	νὰ ἔχω θερίσει, νὰ ἔχεις θερίσει, νὰ ἔχει θερίσει ἢ νὰ ἔχω κτλ. θερισμένο· νὰ ἔχουμε, -ομε θερίσει, νὰ ἔχετε θερίσει, νὰ ἔχουν θερίσει
P. P.	εἶχα θερίσει, εἶχες θερίσει, εἶχε θερίσει ἢ εἶχα κτλ. θερισμένο· εἴχαμε θερίσει, εἴχατε θερίσει, εἶχαν θερίσει
F. P.	θὰ ἔχω θερίσει, θὰ ἔχεις θερίσει, θὰ ἔχει θερίσει ἢ θὰ ἔχω κτλ. θερισμένο· θὰ ἔχουμε, -ομε θερίσει, θὰ ἔχετε θερίσει, θὰ ἔχουν θερίσει

Pres. Ind.	θυμοῦμαι ἢ θυμᾶμαι, θυμᾶσαι, θυμᾶται· θυμούμαστε, θυμάστε, θυμοῦνται
Pres. Sub.	νὰ θυμοῦμαι ἢ θυμᾶμαι, νὰ θυμᾶσαι, νὰ θυμᾶται· νὰ θυμούμαστε, νὰ θυμάστε, νὰ θυμοῦνται
Pres. Imp.	———
Imp.	θυμόμουν, θυμόσουν, θυμόταν· θυμόμαστε, θυμόσαστε, θυμόνταν ἢ θυμοῦνταν
Fut. I	θὰ θυμοῦμαι ἢ θυμᾶμαι, θὰ θυμᾶσαι, θὰ θυμᾶται· θὰ θυμούμαστε, θὰ θυμάστε, θὰ θυμοῦνται
Fut. II	θὰ θυμηθῶ, θὰ θυμηθεῖς, θὰ θυμηθεῖ· θὰ θυμηθοῦμε, θὰ θυμηθεῖτε, θὰ θυμηθοῦν
Aor. Ind.	θυμήθηκα, θυμήθηκες, θυμήθηκε· θυμηθήκαμε, θυμηθήκατε, θυμήθηκαν
Aor. Sub.	νὰ θυμηθῶ, νὰ θυμηθεῖς, νὰ θυμηθεῖ· νὰ θυμηθοῦμε, νὰ θυμηθεῖτε, νὰ θυμηθοῦν
Aor. Imp.	θυμήσου· θυμηθεῖτε
Aor. Inf.	θυμηθεῖ
Perf. Ind.	ἔχω θυμηθεῖ, ἔχεις θυμηθεῖ, ἔχει θυμηθεῖ· ἔχουμε, -ομε θυμηθεῖ, ἔχετε θυμηθεῖ, ἔχουν θυμηθεῖ
Perf. Sub.	νὰ ἔχω θυμηθεῖ, νὰ ἔχεις θυμηθεῖ, νὰ ἔχει θυμηθεῖ· νὰ ἔχουμε, -ομε θυμηθεῖ, νὰ ἔχετε θυμηθεῖ, νὰ ἔχουν θυμηθεῖ
Perf. Part.	———
P. P.	εἶχα θυμηθεῖ, εἶχες θυμηθεῖ, εἶχε θυμηθεῖ· εἴχαμε θυμηθεῖ, εἴχατε θυμηθεῖ, εἶχαν θυμηθεῖ
F. P.	θὰ ἔχω θυμηθεῖ, θὰ ἔχεις θυμηθεῖ, θὰ ἔχει θυμηθεῖ· θὰ ἔχουμε, -ομε θυμηθεῖ, θὰ ἔχετε θυμηθεῖ, θὰ ἔχουν θυμηθεῖ

Pres. Ind.	καθαρίζω, καθαρίζεις, καθαρίζει· καθαρίζουμε, -ομε, καθαρίζετε, καθαρίζουν
Pres. Sub	νὰ καθαρίζω, νὰ καθαρίζεις, νὰ καθαρίζει· νὰ καθαρίζουμε, -ομε, νὰ καθαρίζετε, νὰ καθαρίζουν
Pres. Imp.	καθάριζε· καθαρίζετε
Pres. Part.	καθαρίζοντας
Imp.	καθάριζα, καθάριζες, καθάριζε· καθαρίζαμε, καθαρίζατε, καθάριζαν
Fut. I	θὰ καθαρίζω, θὰ καθαρίζεις, θὰ καθαρίζει· θὰ καθαρίζουμε, -ομε, θὰ καθαρίζετε, θὰ καθαρίζουν
Fut. II	θὰ καθαρίσω, θὰ καθαρίσεις, θὰ καθαρίσει· θὰ καθαρίσουμε, -ομε, θὰ καθαρίσετε, θὰ καθαρίσουν
Aor. Ind.	καθάρισα, καθάρισες, καθάρισε· καθαρίσαμε, καθαρίσατε, καθάρισαν
Aor. Sub.	νὰ καθαρίσω, νὰ καθαρίσεις, νὰ καθαρίσει· νὰ καθαρίσουμε, -ομε, νὰ καθαρίσετε, νὰ καθαρίσουν
Aor. Imp.	καθάρισε· καθαρίστε
Aor. Inf.	καθαρίσει
Perf. Ind.	ἔχω καθαρίσει, ἔχεις καθαρίσει, ἔχει καθαρίσει ἤ ἔχω κτλ. καθαρισμένο· ἔχουμε, -ομε καθαρίσει, ἔχετε καθαρίσει, ἔχουν καθαρίσει
Perf. Sub.	νὰ ἔχω καθαρίσει, νὰ ἔχεις καθαρίσει, νὰ ἔχει καθαρίσει ἤ νὰ ἔχω κτλ. καθαρισμένο· νὰ ἔχουμε, -ομε, καθαρίσει, νὰ ἔχετε καθαρίσει, νὰ ἔχουν καθαρίσει
P. P.	εἶχα καθαρίσει, εἶχες καθαρίσει, εἶχε καθαρίσει ἤ εἶχα κτλ. καθαρισμένο· εἴχαμε καθαρίσει, εἴχατε καθαρίσει, εἶχαν καθαρίσει
F. P.	θὰ ἔχω καθαρίσει, θὰ ἔχεις καθαρίσει, θὰ ἔχει καθαρίσει ἤ θὰ ἔχω κτλ. καθαρισμένο· θὰ ἔχουμε, -ομε καθαρίσει, θὰ ἔχετε καθαρίσει, θὰ ἔχουν καθαρίσει

Pres. Ind. καθρεφτίζομαι, καθρεφτίζεσαι, καθρεφτίζεται·
καθρεφτιζόμαστε, καθρεφτίζεστε, καθρεφτίζονται

Pres. Sub. νὰ καθρεφτιζομαι, νὰ καθρεφτίζεσαι, νὰ καθρεφτίζεται·
νὰ καθρεφτιζόμαστε, νὰ καθρεφτίζεστε, νὰ καθρεφτίζονται

Pres. Imp. —————

Imp. καθρεφτιζόμουν, καθρεφτιζόσουν, καθρεφτιζόταν·
καθρεφτιζόμαστε, καθρεφτιζόσαστε, καθρεφτίζονταν

Fut. I θὰ καθρεφτίζομαι, θὰ καθρεφτίζεσαι, θὰ καθρεφτίζεται·
θὰ καθρεφτιζόμαστε, θὰ καθρεφτίζεστε, θὰ καθρεφτίζονται

Fut. II θὰ καθρεφτιστῶ, θὰ καθρεφτιστεῖς, θὰ καθρεφτιστεῖ·
θὰ καθρεφτιστοῦμε, θὰ καθρεφτιστεῖτε, θὰ καθρεφτιστοῦν

Aor. Ind. καθρεφτίστηκα, καθρεφτίστηκες, καθρεφτ'στηκε·
καθρεφτιστήκαμε, καθρεφτιστήκατε, καθρεφτίστηκαν

Aor. Sub. νὰ καθρεφτιστῶ, νὰ καθρεφτιστεῖς, νὰ καθρεφτιστεῖ·
νὰ καθρεφτιστοῦμε, νὰ καθρεφτιστεῖτε, νὰ καθρεφτιστοῦν

Aor. Imp. καθρεφτίσου·
καθρεφτιστεῖτε

Aor. Inf. καθρεφτιστεῖ

Perf. Ind. ἔχω καθρεφτιστεῖ, ἔχεις καθρεφτιστεῖ, ἔχει καθρεφτι
στεῖ ἢ εἶμαι κτλ. καθρεφτισμένος
ἔχουμε, -ομε καθρεφτιστεῖ, ἔχετε καθρεφτιστεῖ, ἔχουν
καθρεφτιστεῖ ἢ εἴμαστε κτλ. καθρεφτισμένοι

Perf. Sub. νὰ ἔχω καθρεφτιστεῖ, νὰ ἔχεις καθρεφτιστεῖ, νὰ ἔχει κα-
θρεφτιστεῖ ἢ νὰ εἶμαι κτλ. καθρεφτισμένος·
νὰ ἔχουμε, -ομε καθρεφτιστεῖ, νὰ ἔχετε καθρεφτιστεῖ νά
ἔχουν καθρεφτιστεῖ ἢ νὰ εἴμαστε κτλ· καθρεφτισμένοι

Perf. Part. καθρεφτισμένος

P. P. εἶχα καθρεφτιστεῖ, εἶχες καθρεφτιστεῖ, εἶχε καθρεφτι-
στεῖ ἢ ἤμουν κτλ. καθρεφτισμένος·
εἴχαμε καθρεφτιστεῖ, εἴχατε καθρεφτιστεῖ, εἶχαν καθρε
φτιστεῖ ἢ ἤμαστε κτλ. καθρεφτισμένοι

F. P. θὰ ἔχω καθρεφτιστεῖ, θὰ ἔχεις καθρεφτιστεῖ, θὰ ἔχει κα-
θρεφτιστεῖ ἢ θὰ εἶμαι κτλ. καθρεφτισμένος·
θὰ ἔχουμε, -ομε καθρεφτιστεῖ, θὰ ἔχετε καθρεφτιστεῖ, θὰ
ἔχουν καθρεφτιστεῖ ἢ θὰ εἴμαστε κτλ. καθρεφτισμένοι

Pres. Ind.   καθυστερῶ, καθυστερεῖς, καθυστερεῖ
                 καθυστεροῦμε, καθυστερεῖτε, καθυστεροῦν

Pres. Sub.   νὰ καθυστερῶ, νὰ καθυστερεῖς, νὰ καθυστερεῖ·
                 νὰ καθυστεροῦμε, νὰ καθυστερεῖτε, νὰ καθυστεροῦν

Pres. Imp.   —

Pres. Part.   καθυστερώντας

Imp.   καθυστεροῦσα, καθυστεροῦσες, καθυστεροῦσε·
                 καθυστερούσαμε, καθυστερούσατε, καθυστεροῦσαν

Fut. I   θὰ καθυστερῶ, θὰ καθυστερεῖς, θὰ καθυστερεῖ·
                 θὰ καθυστεροῦμε, θὰ καθυστερεῖτε, θὰ καθυστεροῦν

Fut. II   θὰ καθυστερήσω, θὰ καθυστερήσεις, θὰ καθυστερήσει
                 θὰ καθυστερήσουμε, -ομε, θὰ καθυστερήσετε, θὰ καθυ
                 στερήσουν

Aor. Ind.   καθυστέρησα, καθυστέρησες, καθυστέρησε·
                 καθυστερήσαμε, καθυστερήσατε, καθυστέρησαν

Aor. Sub.   νὰ καθυστερήσω, νὰ καθυστερήσεις, νὰ καθυστερήσει·
                 νὰ καθυστερήσουμε, -ομε, νὰ καθυστερήσετε, νὰ καθυ-
                 στερήσουν

Aor. Imp.   καθυστέρησε·
                 καθυστερῆστε

Aor. Inf.   καθυστερήσει

Perf. Ind.   ἔχω καθυστερήσει, ἔχεις καθυστερήσει, ἔχει καθυστερή-
                 σει·
                 ἔχουμε, -ομε καθυστερήσει, ἔχετε καθυστερήσει, ἔχουν
                 καθυστερήσει

Perf. Sub.   νὰ ἔχω καθυστερήσει, νὰ ἔχεις καθυστερήσει, νὰ ἔχει
                 καθυστερήσει·
                 νὰ ἔχουμε, -ομε καθυστερήσει, νὰ ἔχετε καθυστερήσει,
                 νὰ ἔχουν καθυστερήσει

P. P.   εἶχα καθυστερήσει, εἶχες καθυστερήσει, εἶχε καθυστε-
                 ρήσει·
                 εἴχαμε καθυστερήσει, εἴχατε καθυστερήσει, εἶχαν κα·
                 θυστερήσει

F. P.   θὰ ἔχω καθυστερήσει, θὰ ἔχεις καθυστερήσει, θὰ ἔχει
                 καθυστερήσει·
                 θὰ ἔχουμε, -ομε καθυστερήσει, θὰ ἔχετε καθυστερήσει,
                 θὰ ἔχουν καθυστερήσει

Pres. Ind. κανονίζω, κανονίζεις, κανονίζει·
κανονίζουμε, -ομε, κανονίζετε, κανονίζουν

Pres. Sub. νὰ κανονίζω, νὰ κανονίζεις, νὰ κανονίζει·
νὰ κανονίζουμε, -ομε, νὰ κανονίζετε, νὰ κανονίζουν

Pres. Imp. κανόνιζε·
κανονίζετε

Pres. Part. κανονίζοντας

Imp. κανόνιζα, κανόνιζες, κανόνιζε·
κανονίζαμε, κανονίζατε, κανόνιζαν

Fut. I θὰ κανονίζω, θὰ κανονίζεις, θὰ κανονίζει·
θὰ κανονίζουμε, -ομε, θὰ κανονίζετε, θὰ κανονίζουν

Fut. II θὰ κανονίσω, θὰ κανονίσεις, θὰ κανονίσει·
θὰ κανονίσουμε, -ομε, θὰ κανονίσετε, θὰ κανονίσουν

Aor. Ind. κανόνισα, κανόνισες, κανόνισε·
κανονίσαμε κανονίσατε, κανόνισαν

Aor. Sub. νὰ κανονίσω, νὰ κανονίσεις, νὰ κανονίσει·
νὰ κανονίσουμε, -ομε, νὰ κανονίσετε, νὰ κανονίσουν

Aor. Imp. κανόνισε·
κανονίστε

Aor. Inf. κανονίσει

Perf. Ind. ἔχω κανονίσει, ἔχεις κανονίσει, ἔχει κανονίσει ἢ ἔχω
κτλ. κανονισμένο·
ἔχουμε, -ομε κανονίσει, ἔχετε κανονίσει, ἔχουν κανο-
νίσει

Perf. Sub. νὰ ἔχω κανονίσει, νὰ ἔχεις κανονίσει, νὰ ἔχει κανονί-
σει ἢ νὰ ἔχω κτλ. κανονισμένο
νὰ ἔχουμε, -ομε, κανονίσει, νὰ ἔχετε κανονίσει, νὰ ἔ-
χουν κανονίσει

P. P. εἶχα κανονίσει, εἶχες κανονίσει, εἶχε κανονίσει ἢ εἶχα
κτλ. κανονισμένο·
εἴχαμε κανονίσει, εἴχατε κανονίσει, εἶχαν κανονίσει

F. P. θὰ ἔχω κανονίσει, θὰ ἔχεις κανονίσει, θὰ ἔχει κανονί·
σει ἢ θὰ ἔχω κτλ. κανονισμένο·
θὰ ἔχουμε, -ομε κανονίσει, θὰ ἔχετε κανονίσει, θὰ ἔ-
χουν κανονίσει

Pres. Ind.   κάνω, κάνεις, κάνει·
κάνουμε, -ομε, κάνετε, κάνουν

Pres. Sub.   νὰ κάνω, νὰ κάνεις, νὰ κάνει·
νὰ κάνουμε, -ομε, νὰ κάνετε, νὰ κάνουν

Pres. Imp.   κάνε·
κάνετε

Pres. Part.   κάνοντας

Imp.   ἔκανα, ἔκανες, ἔκανε·
κάναμε, κάνατε, ἔκαναν

Fut. I   θὰ κάνω, θὰ κάνεις, θὰ κάνει·
θὰ κάνουμε, -ομε, θὰ κάνετε, θὰ κάνουν

Fut. II   θὰ κάμω, θὰ κάμεις, θὰ κάμει ἢ θὰ κάνω κτλ.
θὰ κάμουμε, -ομε, θὰ κάμετε, θά κάμουν

Aor. Ind.   ἔκαμα, ἔκαμες, ἔκαμε ἢ ἔκανα κτλ.
κάμαμε κάματε, ἔκαμαν

Aor. Sub.   νὰ κάμω, νὰ κάμεις, νὰ κάμει ἢ νὰ κάνω κτλ.
νὰ κάμουμε, -ομε, νὰ κάμετε, νὰ κάμουν

Aor. Imp.   κάμε ἢ κάνε·
κάμετε ἢ κάνετε

Aor. Inf.   κάμει ἢ κάνει

Perf. Ind.   ἔχω κάμει, ἔχεις κάμει, ἔχει κάμει ἢ ἔχω κτλ. κάνει
ἢ ἔχω κτλ. καμωμένο·
ἔχουμε, -ομε κάμει, ἔχετε κάμει, ἔχουν κάμει

Perf. Sub.   νὰ ἔχω κάμει, νὰ ἔχεις κάμει, νὰ ἔχει κάμει ἢ νὰ ἔχω
κτλ. κάνει ἢ νὰ ἔχω κτλ. καμωμένο·
νὰ ἔχουμε, -ομε κάμει, νὰ ἔχετε κάμει, νὰ ἔχουν κάμει

P. P.   εἶχα κάμει, εἶχες κάμει, εἶχε κάμει ἢ εἶχα κτλ. κάνει
ἢ εἶχα κτλ. καμωμένο·
εἴχαμε κάμει εἴχατε κάμει, εἶχαν κάμει

F. P.   θὰ ἔχω κάμει, θὰ ἔχεις κάμει, θὰ ἔχει κάμει ἢ θὰ ἔχω
κτλ. κάνει ἢ θὰ ἔχω κτλ. καμωμένο·
θὰ ἔχουμε, -ομε κάμει, θὰ ἔχετε κάμει, θὰ ἔχουν κάμει

Pres. Ind.	καπνίζω, καπνίζεις, καπνίζει·
	καπνίζουμε, -ομε, καπνίζετε, καπνίζουν
Pres. Sub.	νὰ καπνίζω, νὰ καπνίζεις, νὰ καπνίζει·
	νὰ καπνίζουμε, -ομε, νὰ καπνίζετε, νὰ καπνίζουν
Pres. Imp.	κάπνιζε·
	καπνίζετε
Pres. Part.	καπνίζοντας
Imp.	κάπνιζα κάπνιζες, κάπνιζε·
	καπνίζαμε, καπνίζατε, κάπνιζαν
Fut. I	θὰ καπνίζω, θὰ καπνίζεις, θὰ καπνίζει·
	θὰ καπνίζουμε, -ομε, θὰ καπνίζετε, θὰ καπνίζουν
Fut. II	θὰ καπνίσω, θὰ καπνίσεις, θὰ καπνίσει·
	θὰ καπνίσουμε, -ομε, θὰ καπνίσετε, θὰ καπνίσουν
Aor. Ind.	κάπνισα, κάπνισες, κάπνισε·
	καπνίσαμε, καπνίσατε, κάπνισαν
Aor. Sub.	νὰ καπνίσω, νὰ καπνίσεις, νὰ καπνίσει·
	νὰ καπνίσουμε, -ομε, νὰ καπνίσετε, νὰ καπνίσουν
Aor. Imp.	κάπνισε·
	καπνίστε
Aor. Inf.	καπνίσει
Perf. Ind.	ἔχω καπνίσει, ἔχεις καπνίσει, ἔχει καπνίσει·
	ἔχουμε, -ομε καπνίσει, ἔχετε καπνίσει, ἔχουν καπνίσει
Perf. Sub.	νὰ ἔχω καπνίσει, νὰ ἔχεις καπνίσει, νὰ ἔχει καπνίσει·
	νὰ ἔχουμε, -ομε καπνίσει, νὰ ἔχετε καπνίσει, νὰ ἔχουν
	καπνίσει
P. P.	εἶχα καπνίσει, εἶχες καπνίσει, εἶχε καπνίσει·
	εἴχαμε καπνίσει, εἴχατε καπνίσει εἶχαν καπνίσει
F. P.	θὰ ἔχω καπνίσει, θὰ ἔχεις καπνίσει, θὰ ἔχει καπνίσει·
	θὰ ἔχουμε, -ομε καπνίσει, θὰ ἔχετε καπνίσει, θὰ ἔχουν
	καπνίσει

Pres. Ind.	καρφώνω, καρφώνεις, καρφώνει· καρφώνουμε, -ομε, καρφώνετε, καρφώνουν
Pres. Sub.	νὰ καρφώνω, νὰ καρφώνεις, νὰ καρφώνει· νὰ καρφώνουμε, -ομε, νὰ καρφώνετε, νὰ καρφώνουν
Pres. Imp.	κάρφωνε· καρφώνετε
Pres. Part.	καρφώνοντας
Imp.	κάρφωνα, κάρφωνες, κάρφωνε· καρφώναμε, καρφώνατε, κάρφωναν
Fut. I	θὰ καρφώνω, θὰ καρφώνεις, θὰ καρφώνει· θὰ καρφώνουμε, -ομε, θὰ καρφώνετε, θὰ καρφώνουν
Fut. II	θὰ καρφώσω θὰ καρφώσεις, θὰ καρφώσει· θὰ καρφώσουμε, -ομε, θὰ καρφώσετε, θὰ καρφώσουν
Aor. Ind.	κάρφωσα, κάρφωσες, κάρφωσε· καρφώσαμε, καρφώσατε, κάρφωσαν
Aor. Sub.	νὰ καρφώσω, νὰ καρφώσεις, νὰ καρφώσει· νὰ καρφώσουμε, -ομε, νὰ καρφώσετε, νὰ καρφώσουν
Aor. Imp.	κάρφωσε· καρφώσετε ἢ καρφῶστε
Aor. Inf.	καρφώσει
Perf. Ind.	ἔχω καρφώσει ἔχεις καρφώσει, ἔχει καρφώσει ἢ ἔχω κτλ. καρφωμένο· ἔχουμε, -ομε καρφώσει, ἔχετε καρφώσει, ἔχουν καρφώσει
Perf. Sub.	νὰ ἔχω καρφώσει, νὰ ἔχεις καρφώσει, νὰ ἔχει καρφώσει ἢ νὰ ἔχω κτλ. καρφωμένο· νὰ ἔχουμε, -ομε καρφώσει, νὰ ἔχετε καρφώσει, νὰ ἔχουν καρφώσει
P. P.	εἶχα καρφώσει, εἶχες καρφώσει, εἶχε καρφώσει ἢ εἶχα κτλ. καρφωμένο· εἴχαμε καρφώσει, εἴχατε καρφώσει, εἶχαν καρφώσει
F. P.	θὰ ἔχω καρφώσει, θὰ ἔχεις καρφώσει, θὰ ἔχει καρφώσει ἢ θὰ ἔχω κτλ. καρφωμένο· θὰ ἔχουμε, -ομε καρφώσει, θὰ ἔχετε καρφώσει, θὰ ἔχουν καρφώσει

Active Voice	ΚΑΤΑΘΕΤΩ	to deposit, testify

Pres. Ind. καταθέτω, καταθέτεις, καταθέτει·
καταθέτουμε, -ομε, καταθέτετε, καταθέτουν

Pres. Sub. νὰ καταθέτω, νὰ καταθέτεις, νὰ καταθέτει·
νὰ καταθέτουμε, -ομε, νὰ καταθέτετε, νὰ καταθέτουν

Pres. Imp. κατάθετε·
καταθέτετε

Pres. Part. καταθέτοντας

Imp. κατάθετα, κατάθετες, κατάθετε·
καταθέταμε, καταθέτατε, κατάθεταν

Fut. I θὰ καταθέτω, θὰ καταθέτεις, θὰ καταθέτει·
θὰ καταθέτουμε, –ομε, θὰ καταθέτετε, θὰ καταθέτουν

Fut. II θὰ καταθέσω, θὰ καταθέσεις, θὰ καταθέσει·
θὰ καταθέσουμε, -ομε, θὰ καταθέσετε, θὰ καταθέσουν

Aor. Ind. κατάθεσα, κατάθεσες, κατάθεσε·
καταθέσαμε, καταθέσατε, κατάθεσαν

Aor. Sub. νὰ καταθέσω, νὰ καταθέσεις, νὰ καταθέσει·
νὰ καταθέσουμε, -ομε, νὰ καταθέσετε, νὰ καταθέσουν

Aor. Imp. κατάθεσε·
καταθέσετε ἢ καταθέστε

Aor. Inf. καταθέσει

Perf. Ind. ἔχω καταθέσει, ἔχεις καταθέσει, ἔχει καταθέσει ἢ ἔχω
κτλ. καταθεμένο·
ἔχουμε, -ομε καταθέσει, ἔχετε καταθέσει, ἔχουν κατα-
θέσει

Perf. Sub. νὰ ἔχω καταθέσει, νὰ ἔχεις καταθέσει, νὰ ἔχει καταθέ-
σει ἢ νὰ ἔχω κτλ. καταθεμένο·
νὰ ἔχουμε, –ομε καταθέσει, νὰ ἔχετε καταθέσει, νὰ ἔ-
χουν καταθέσει

P. P. εἶχα καταθέσει, εἶχες καταθέσει, εἶχε καταθέσει ἢ εἶχα
κτλ. καταθεμένο·
εἴχαμε καταθέσει, εἴχατε καταθέσει εἶχαν καταθέσει

F. P. θὰ ἔχω καταθέσει, θὰ ἔχεις καταθέσει, θὰ ἔχει καταθέ-
σει ἢ θὰ ἔχω κτλ. καταθεμένο·
θὰ ἔχουμε, -ομε καταθέσει, θὰ ἔχετε καταθέσει, θὰ ἔ-
χουν καταθέσει

Pres. Ind.   καταριέμαι, καταριέσαι, καταριέται·
καταριόμαστε, καταριέστε, καταριούνται

Pres. Sub.   νὰ καταριέμαι, νὰ καταριέσαι, νὰ καταριέται·
νὰ καταριόμαστε, νὰ καταριέστε, νὰ καταριούνται

Pres. Imp.   ————

Imp.   καταριόμουν, καταριόσουν, καταριόταν·
καταριόμαστε, καταριόσαστε, καταριόνταν ἢ καταριούν-
ταν

Fut. I   θὰ καταριέμαι, θὰ καταριέσαι, θὰ καταριέται·
θὰ καταριόμαστε, θὰ καταριέστε, θὰ καταριούνται

Fut. II   θὰ καταραστῶ, θὰ καταραστεῖς, θὰ καταραστεῖ·
θὰ καταραστοῦμε, θὰ καταραστεῖτε, θὰ καταραστοῦν

Aor. Ind.   καταράστηκα, καταράστηκες, καταράστηκε·
καταραστήκαμε, καταραστήκατε, καταράστηκαν

Aor. Sub   νὰ καταραστῶ, νὰ καταραστεῖς, νὰ καταραστεῖ·
νὰ καταραστοῦμε, νὰ καταραστεῖτε, νὰ καταραστοῦν

Aor. Imp.   καταράσου·
καταραστεῖτε

Aor. Inf.   καταραστεῖ

Perf. Ind.   ἔχω καταραστεῖ, ἔχεις καταραστεῖ, ἔχει καταραστεῖ·
ἔχουμε, -ομε καταραστεῖ, ἔχετε καταραστεῖ, ἔχουν κα-
ταραστεῖ

Perf. Sub.   νὰ ἔχω καταραστεῖ, νὰ ἔχεις καταραστεῖ, νὰ ἔχει κα-
ταραστεῖ·
νὰ ἔχουμε, -ομε καταραστεῖ, νὰ ἔχετε καταραστεῖ νὰ
ἔχουν καταραστεῖ

Perf. Part.   καταραμένος

P. P.   εἶχα καταραστεῖ, εἶχες καταραστεῖ, εἶχε καταραστεῖ·
εἴχαμε καταραστεῖ, εἴχατε καταραστεῖ, εἶχαν καταρα-
στεῖ

F. P.   θὰ ἔχω καταραστεῖ, θὰ ἔχεις καταραστεῖ, θὰ ἔχει κατα-
ραστεῖ·
θὰ ἔχουμε, -ομε καταραστεῖ, θὰ ἔχετε καταραστεῖ, θὰ
ἔχουν καταραστεῖ

Pres. Ind.	κατασκευάζω, κατασκευάζεις, κατασκευάζει· κατασκευάζουμε, -ομε, κατασκευάζετε,κατασκευάζουν
Pres. Sub.	νὰ κατασκευάζω, νὰ κατασκευάζεις, νὰ κατασκευάζει· νὰ κατασκευάζουμε. -ομε, νὰ κατασκευάζετε, νὰ κατα- σκευάζουν
Pres. Imp.	κατασκεύαζε· κατασκευάζετε
Pres. Part.	κατασκευάζοντας
Imp.	κατασκεύαζα, κατασκεύαζες, κατασκεύαζε· κατασκευάζαμε, κατασκευάζατε, κατασκεύαζαν
Fut. I	θὰ κατασκευάζω, θὰ κατασκευάζεις, θὰ κατασκευάζει· θὰ κατασκευάζουμε, -ομε, θὰ κατασκευάζετε, θὰ κατα- σκευάζουν
Fut. II	θὰ κατασκευάσω, θὰ κατασκευάσεις, θὰ κατασκευάσει· θὰ κατασκευάσουμε, -ομε, θὰ κατασκευάσετε, θὰ κατα- σκευάσουν
Aor. Ind.	κατασκεύασα, κατασκεύασες. κατασκεύασε· κατασκευάσαμε, κατασκευάσατε, κατασκεύασαν
Aor. Sub.	νὰ κατασκευάσω, νὰ κατασκευάσεις, νὰ κατασκευάσει· νὰ κατασκευάσουμε, -ομε. νὰ κατασκευάσετε, νὰ κατα- σκευάσουν
Aor. Imp.	κατασκεύασε· κατασκευάστε
Aor. Inf.	κατασκευάσει
Perf. Ind.	ἔχω κατασκευάσει, ἔχεις κατασκευάσει, ἔχει κατα- σκευάσει ἤ ἔχω κτλ. κατασκευασμένο· ἔχουμε, –ομε κατασκευάσει, ἔχετε κατασκευάσει, ἔχουν κατασκευάσει
Perf. Sub.	νὰ ἔχω κατασκευάσει, νὰ ἔχεις κατασκευάσει, νὰ ἔχει κατασκευάσει ἤ νὰ ἔχω κτλ. κατασκευασμένο· νὰ ἔχουμε, -ομε κατασκευάσει, νὰ ἔχετε κατασκευάσει, νὰ ἔχουν κατασκευάσει
P. P.	εἶχα κατασκευάσει εἶχες κατασκευάσει, εἶχε κατασκευ- άσει ἤ εἶχα κτλ. κατασκευασμένο· εἴχαμε κατασκευάσει, εἴχατε κατασκευάσει, εἶχαν κα- τασκευάσει
F. P.	θὰ ἔχω κατασκευάσει, θὰ ἔχεις κατασκευάσει, θὰ ἔχει κατασκευάσει ἤ θὰ ἔχω κτλ. κατασκευασμένο· θὰ ἔχουμε, -ομε κατασκευάσει, θὰ ἔχετε κατασκευάσει, θὰ ἔχουν κατασκευάσει

Pres. Ind.	κατεβαίνω, κατεβαίνεις, κατεβαίνει· κατεβαίνουμε, -ομε, κατεβαίνετε, κατεβαίνουν
Pres. Sub.	νὰ κατεβαίνω, νὰ κατεβαίνεις, νὰ κατεβαίνει· νὰ κατεβαίνουμε, -ομε, νὰ κατεβαίνετε, νὰ κατεβαίνουν
Pres. Imp.	κατέβαινε· κατεβαίνετε
Pres. Part.	κατεβαίνοντας
Imp.	κατέβαινα, κατέβαινες, κατέβαινε· κατεβαίναμε, κατεβαίνατε, κατέβαιναν
Fut. I	θὰ κατεβαίνω, θὰ κατεβαίνεις, θὰ κατεβαίνει· θὰ κατεβαίνουμε, -ομε, θὰ κατεβαίνετε, θὰ κατεβαίνουν
Fut. II	θὰ κατέβω, θὰ κατέβεις, θὰ κατέβει ἢ θὰ κατεβῶ κτλ. θὰ κατέβουμε, θὰ κατέβετε, θὰ κατέβουν
Aor. Ind.	κατέβηκα, κατέβηκες, κατέβηκε· κατεβήκαμε, κατεβήκατε, κατέβηκαν
Aor. Sub.	νὰ κατέβω, νὰ κατέβεις, νὰ κατέβει ἢ νὰ κατεβῶ κτλ.· νὰ κατέβουμε, νὰ κατέβετε νὰ κατέβουν
Aor. Imp.	κατέβα· κατεβεῖτε
Aor. Inf.	κατέβει ἢ κατεβεῖ
Perf. Ind.	ἔχω κατέβει, ἔχεις κατέβει, ἔχει κατέβει ἢ ἔχω κτλ. κατεβεῖ· ἔχουμε, -ομε κατέβει, ἔχετε κατέβει, ἔχουν κατέβει
Perf. Sub.	νὰ ἔχω κατέβει, νὰ ἔχεις κατέβει, νὰ ἔχει κατέβει ἢ νὰ ἔχω κτλ. κατεβεῖ· νὰ ἔχουμε, -ομε κατέβει, νὰ ἔχετε κατέβει, νὰ ἔχουν κατέβει
P. P.	εἶχα κατέβει, εἶχες κατέβει, εἶχε κατέβει ἢ εἶχα κτλ. κατεβεῖ· εἴχαμε κατέβει, εἴχατε κατέβει, εἶχαν κατέβει
F. P.	θὰ ἔχω κατέβει, θὰ ἔχεις κατέβει, θὰ ἔχει κατέβει ἢ θὰ ἔχω κτλ. κατεβεῖ· θὰ ἔχουμε, -ομε κατέβει, θὰ ἔχετε κατέβει, θὰ ἔχουν κατέβει

Pres. Ind.   κατηγορῶ, κατηγορεῖς, κατηγορεῖ·
κατηγοροῦμε, κατηγορεῖτε, κατηγοροῦν

Pres. Sub.   νὰ κατηγορῶ, νὰ κατηγορεῖς, νὰ κατηγορεῖ·
νὰ κατηγοροῦμε, νὰ κατηγορεῖτε, νὰ κατηγοροῦν

Pres. Imp.   ————

Pres. Part.   κατηγορώντας

Imp.   κατηγοροῦσα, κατηγοροῦσες, κατηγοροῦσε·
κατηγορούσαμε, κατηγορούσατε, κατηγοροῦσαν

Fut. I   θὰ κατηγορῶ, θὰ κατηγορεῖς, θὰ κατηγορεῖ·
θὰ κατηγοροῦμε, θὰ κατηγορεῖτε, θὰ κατηγοροῦν

Fut. II   θὰ κατηγορήσω, θὰ κατηγορήσεις, θὰ κατηγορήσει·
θὰ κατηγορήσουμε, -ομε, θὰ κατηγορήσετε, θὰ κατηγο-
ρήσουν

Aor. Ind.   κατηγόρησα, κατηγόρησες, κατηγόρησε·
κατηγορήσαμε, κατηγορήσατε, κατηγόρησαν

Aor. Sub.   νὰ κατηγορήσω, νὰ κατηγορήσεις, νὰ κατηγορήσει·
νὰ κατηγορήσουμε, -ομε, νὰ κατηγορήσετε, νὰ κατη-
γορήσουν

Aor. Imp.   κατηγόρησε·
κατηγορῆστε

Aor. Inf.   κατηγορήσει

Perf. Ind.   ἔχω κατηγορήσει, ἔχεις κατηγορήσει, ἔχει κατηγορή-
σει·
ἔχουμε, -ομε κατηγορήσει, ἔχετε κατηγορήσει, ἔχουν
κατηγορήσει

Perf. Sub.   νὰ ἔχω κατηγορήσει, νὰ ἔχεις κατηγορήσει, νὰ ἔχει κα-
τηγορήσει·
νὰ ἔχουμε, -ομε κατηγορήσει, νὰ ἔχετε κατηγορήσει, νὰ
ἔχουν κατηγορήσει

P. P.   εἶχα κατηγορήσει, εἶχες κατηγορήσει, εἶχε κατηγορήσει·
εἴχαμε κατηγορήσει, εἴχατε κατηγορήσει, εἶχαν κατη-
γορήσει

F. P.   θὰ ἔχω κατηγορήσει, θὰ ἔχεις κατηγορήσει, θὰ ἔχει κα-
τηγορήσει·
θὰ ἔχουμε, -ομε κατηγορήσει, θὰ ἔχετε κατηγορήσει, θὰ
ἔχουν κατηγορήσει

Pres. Ind.	κατηφορίζω, κατηφορίζεις, κατηφορίζει· κατηφορίζουμε, -ομε, κατηφορίζετε, κατηφορίζουν
Pres. Sub.	νὰ κατηφορίζω, νὰ κατηφορίζεις, νὰ κατηφορίζει· νὰ κατηφορίζουμε, -ομε, νὰ κατηφορίζετε, νὰ κατηφορίζουν
Pres. Imp.	κατηφόριζε· κατηφορίζετε
Pres. Part.	κατηφορίζοντας
Imp.	κατηφόριζα, κατηφόριζες, κατηφόριζε· κατηφορίζαμε, κατηφορίζατε, κατηφόριζαν
Fut. I	θὰ κατηφορίζω, θὰ κατηφορίζεις, θὰ κατηφορίζει· θὰ κατηφορίζουμε, -ομε, θὰ κατηφορίζετε, θὰ κατηφορίζουν
Fut. II	θὰ κατηφορίσω, θὰ κατηφορίσεις, θὰ κατηφορίσει· θὰ κατηφορίσουμε, -ομε, θὰ κατηφορίσετε, θὰ κατηφορίσουν
Aor. Ind.	κατηφόρισα, κατηφόρισες, κατηφόρισε· κατηφορίσαμε, κατηφορίσατε, κατηφόρισαν
Aor. Sub.	νὰ κατηφορίσω, νὰ κατηφορίσεις, νὰ κατηφορίσει· νὰ κατηφορίσουμε, -ομε, νὰ κατηφορίσετε, νὰ κατηφορίσουν
Aor. Imp.	κατηφόρισε· κατηφορίστε
Aor. Inf.	κατηφορίσει
Perf. Ind.	ἔχω κατηφορίσει, ἔχεις κατηφορίσει, ἔχει κατηφορίσει· ἔχουμε, -ομε κατηφορίσει, ἔχετε κατηφορίσει, ἔχουν κατηφορίσει
Perf. Sub.	νὰ ἔχω κατηφορίσει, νὰ ἔχεις κατηφορίσει, νὰ ἔχει κατηφορίσει· νὰ ἔχουμε, -ομε κατηφορίσει, νὰ ἔχετε κατηφορίσει, νὰ ἔχουν κατηφορίσει
P. P.	εἶχα κατηφορίσει, εἶχες κατηφορίσει, εἶχε κατηφορίσει· εἴχαμε κατηφορίσει, εἴχατε κατηφορίσει, εἶχαν κατηφορίσει
F. P.	θὰ ἔχω κατηφορίσει, θὰ ἔχεις κατηφορίσει, θὰ ἔχει κατηφορίσει· θὰ ἔχουμε, -ομε κατηφορίσει, θὰ ἔχετει κατηφορίσει, θὰ ἔχουν κατηφορίσει

Pres. Ind.	κατοικῶ, κατοικεῖς, κατοικεῖ· κατοικοῦμε, κατοικεῖτε, κατοικοῦν
Pres. Sub.	νὰ κατοικῶ, νὰ κατοικεῖς, νὰ κατοικεῖ· νὰ κατοικοῦμε, νὰ κατοικεῖτε, νὰ κατοικοῦν
Pres. Imp.	
Pres. Part.	κατοικώντας
Imp.	κατοικοῦσα, κατοικοῦσες, κατοικοῦσε· κατοικούσαμε, κατοικούσατε, κατοικοῦσαν
Fut. I	θὰ κατοικῶ, θὰ κατοικεῖς, θὰ κατοικεῖ· θὰ κατοικοῦμε, θὰ κατοικεῖτε, θὰ κατοικοῦν
Fut. II	θὰ κατοικήσω, θὰ κατοικήσεις, θὰ κατοικήσει· θὰ κατοικήσουμε, -ομε, θὰ κατοικήσετε, θὰ κατοικήσουν
Aor. Ind.	κατοίκησα, κατοίκησες, κατοίκησε· κατοικήσαμε, κατοικήσατε, κατοίκησαν
Aor. Sub.	νὰ κατοικήσω, νὰ κατοικήσεις, νὰ κατοικήσει· νὰ κατοικήσουμε, -ομε, νὰ κατοικήσετε, νὰ κατοικήσουν
Aor. Imp.	κατοίκησε· κατοικῆστε·
Aor. Inf.	κατοικήσει
Perf. Ind.	ἔχω κατοικήσει, ἔχεις κατοικήσει, ἔχει κατοικήσει· ἔχουμε, -ομε κατοικήσει, ἔχετε κατοικήσει, ἔχουν κατοικήσει
Perf. Sub.	νὰ ἔχω κατοικήσει, νὰ ἔχεις κατοικήσει, νὰ ἔχει κατοικήσει· νὰ ἔχουμε, -ομε κατοικήσει, νὰ ἔχετε κατοικήσει, νὰ ἔχουν κατοικήσει·
P. P.	εἶχα κατοικήσει, εἶχες κατοικήσει, εἶχε κατοικήσει· εἴχαμε κατοικήσει, εἴχατε κατοικήσει, εἶχαν κατοικήσει
F. P.	θὰ ἔχω κατοικήσει, θὰ ἔχεις κατοικήσει, θὰ ἔχει κατοικήσει· θὰ ἔχουμε, -ομε κατοικήσει, θὰ ἔχετε κατοικήσει, θὰ ἔχουν κατοικήσει

Pres. Ind.	κηρύττω, κηρύττεις, κηρύττει· κηρύττουμε, –ομε, κηρύττετε, κηρύττουν
Pres. Sub.	νὰ κηρύττω, νὰ κηρύττεις, νὰ κηρύττει· νὰ κηρύττουμε, -ομε, νὰ κηρύττετε, νὰ κηρύττουν
Pres. Imp.	κήρυττε· κηρύττετε
Pres. Part.	κηρύττοντας
Imp.	κήρυττα, κήρυττες, κήρυττε· κηρύτταμε, κηρύττατε, κήρυτταν
Fut. I	θὰ κηρύττω, θὰ κηρύττεις, θὰ κηρύττει· θὰ κηρύττουμε, -ομε, θὰ κηρύττετε, θὰ κηρύττουν
Fut. II	θὰ κηρύξω, θὰ κηρύξεις, θὰ κηρύξει· θὰ κηρύξουμε, -ομε, θὰ κηρύξετε, θὰ κηρύξουν
Aor. Ind.	κήρυξα, κήρυξες, κήρυξε· κηρύξαμε, κηρύξατε, κήρυξαν
Aor. Sub.	νὰ κηρύξω, νὰ κηρύξεις, νὰ κηρύξει· νὰ κηρύξουμε, -ομε, νὰ κηρύξετε, νὰ κηρύξουν
Aor. Imp.	κήρυξε· κηρύξτε
Aor. Inf.	κηρύξει
Perf. Ind.	ἔχω κηρύξει, ἔχεις κηρύξει, ἔχει κηρύξει ἢ ἔχω κτλ. κηρυγμένο· ἔχουμε, –ομε κηρύξει, ἔχετε κηρύξει, ἔχουν κηρύξει
Perf. Sub.	νὰ ἔχω κηρύξει, νὰ ἔχεις κηρύξει, νὰ ἔχει κηρύξει ἢ νὰ ἔχω κτλ. κηρυγμένο· νὰ ἔχουμε, -ομε κηρύξει, νὰ ἔχετε κηρύξει, νὰ ἔχουν κηρύξει
P. P.	εἶχα κηρύξει, εἶχες κηρύξει, εἶχε κηρύξει ἢ εἶχα κτλ. κηρυγμένο· εἴχαμε κηρύξει, εἴχατε κηρύξει, εἶχαν κηρύξει
F. P.	θὰ ἔχω κηρύξει, θὰ ἔχεις κηρύξει, θὰ ἔχει κηρύξει ἢ θὰ ἔχω κτλ. κηρυγμένο· θὰ ἔχουμε, -ομε κηρύξει, θὰ ἔχετε κηρύξει, θὰ ἔχουν κηρύξει

Pres. Ind.   κινδυνεύω, κινδυνεύεις, κινδυνεύει·
κινδυνεύουμε, -ομε, κινδυνεύετε, κινδυνεύουν

Pres. Sub.   νὰ κινδυνεύω, νὰ κινδυνεύεις, νὰ κινδυνεύει·
νὰ κινδυνεύουμε, -ομε, νὰ κινδυνεύετε, νὰ κινδυνεύουν

Pres. Imp.   κινδύνευε·
κινδυνεύετε

Pres. Part.   κινδυνεύοντας

Imp.   κινδύνευα, κινδύνευες, κινδύνευε·
κινδυνεύαμε, κινδυνεύατε, κινδύνευαν

Fut. I   θὰ κινδυνεύω, θὰ κινδυνεύεις, θὰ κινδυνεύει·
θὰ κινδυνεύουμε, -ομε, θὰ κινδυνεύετε, θὰ κινδυνεύουν

Fut. II   θὰ κινδυνέψω, θὰ κινδυνέψεις, θὰ κινδυνέψει·
θὰ κινδυνέψουμε, -ομε, θὰ κινδυνέψετε, θὰ κινδυνέψουν

Aor. Ind.   κινδύνεψα, κινδύνεψες, κινδύνεψε·
κινδυνέψαμε, κινδυνέψατε, κινδύνεψαν

Aor. Sub.   νὰ κινδυνέψω, νὰ κινδυνέψεις, νὰ κινδυνέψει·
νὰ κινδυνέψουμε, -ομε, νὰ κινδυνέψετε, νὰ κινδυνέ-
ψουν

Aor. Imp.   κινδύνεψε·
κινδυνέψτε

Aor. Inf.   κινδυνέψει

Perf. Ind.   ἔχω κινδυνέψει, ἔχεις κινδυνέψει, ἔχει κινδυνέψει·
ἔχουμε, -ομε κινδυνέψει, ἔχετε κινδυνέψει, ἔχουν κιν-
δυνέψει

Perf. Sub.   νὰ ἔχω κινδυνέψει, νὰ ἔχεις κινδυνέψει, νὰ ἔχει κιν-
δυνέψει·
νὰ ἔχουμε, -ομε κινδυνέψει, νὰ ἔχετε κινδυνέψει, νὰ
ἔχουν κινδυνέψει

P. P.   εἶχα κινδυνέψει, εἶχες κινδυνέψει, εἶχε κινδυνέψει·
εἴχαμε κινδυνέψει, εἴχατε κινδυνέψει, εἶχαν κινδυνέ-
ψει

F. P.   θὰ ἔχω κινδυνέψει, θὰ ἔχεις κινδυνέψει, θὰ ἔχει κιν-
δυνέψει·
θὰ ἔχουμε, -ομε κινδυνέψει, θὰ ἔχετε κινδυνέψει, θὰ
ἔχουν κινδυνέψει

Pres. Ind.	κινηματογραφῶ, κινηματογραφεῖς, κινηματογραφεῖ κινηματογραφοῦμε, κινηματογραφεῖτε, κινηματογραφοῦν
Pres. Sub.	νὰ κινηματογραφῶ, νὰ κινηματογραφεῖς, νὰ κινηματογραφεῖ· νὰ κινηματογραφοῦμε, νὰ κινηματογραφεῖτε, νὰ κινηματογραφοῦν
Pres. Imp.	———— κινηματογραφεῖτε
Pres. Part.	κινηματογραφώντας
Imp.	κινηματογραφοῦσα, κινηματογραφοῦσες, κινηματογραφοῦσε· κινηματογραφούσαμε κινηματογραφούσατε, κινηματογραφοῦσαν
Fut. I	θὰ κινηματογραφῶ, θὰ κινηματογραφεῖς, θὰ κινηματογραφεῖ· θὰ κινηματογραφοῦμε, θὰ κινηματογραφεῖτε, θὰ κινηματογραφοῦν
Fut. II	θὰ κινηματογραφήσω, θὰ κινηματογραφήσεις, θὰ κινηματογραφήσει· θὰ κινηματογραφήσουμε, -ομε, θὰ κινηματογραφήσετε, θὰ κινηματογραφήσουν
Aor. Ind.	κινηματογράφησα, κινηματογράφησες, κινηματογράφησε· κινηματογραφήσαμε, κινηματογραφήσατε, κινηματογράφησαν
Aor. Sub.	νὰ κινηματογραφήσω, νὰ κινηματογραφήσεις, νὰ κινηματογραφήσει· νὰ κινηματογραφήσουμε, -ομε, νὰ κινηματογραφήσετε, νὰ κινηματογραφήσουν
Aor. Imp.	κινηματογράφησε· κινηματογραφῆστε
Aor. Inf.	κινηματογραφήσει
Perf. Ind.	ἔχω κινηματογραφήσει, ἔχεις κινηματογραφήσει, ἔχει κινηματογραφήσει ἢ ἔχω κτλ. κινηματογραφημένο· ἔχουμε, -ομε κινηματογραφήσει, ἔχετε κινηματογραφήσει, ἔχουν κινηματογραφήσει

Perf. Sub.   νὰ ἔχω κινηματογραφήσει, νὰ ἔχεις κινηματογραφήσει, νὰ ἔχει κινηματογραφήσει ἢ νὰ ἔχω κτλ. κινηματογραφημένο·

νὰ ἔχουμε, -ομε κινηματογραφήσει, νὰ ἔχετε κινηματογραφήσει, νὰ ἔχουν κινηματογραφήσει

P. P.   εἶχα κινηματογραφήσει, εἶχες κινηματογραφήσει, εἶχε κινηματογραφήσει ἢ εἶχα κτλ. κινηματογραφημένο·

εἴχαμε κινηματογραφήσει, εἴχατε κινηματογραφήσει, εἶχαν κινηματογραφήσει

F. P.   θὰ ἔχω κινηματογραφήσει, θὰ ἔχεις κινηματογραφήσει, θὰ ἔχει κινηματογραφήσει ἢ θὰ ἔχω κτλ. κινηματογραφημένο·

θὰ ἔχουμε, -ομε κινηματογραφήσει, θὰ ἔχετε κινηματογραφήσει, θὰ ἔχουν κινηματογραφήσει

Pres. Ind.	κλαίω, κλαῖς, κλαίει· κλαῖμε, κλαῖτε, κλαῖν(ε)
Pres. Sub.	νὰ κλαίω, νὰ κλαῖς, νὰ κλαίει· νὰ κλαῖμε, νὰ κλαῖτε, νὰ κλαῖν(ε)
Pres. Imp.	κλαῖγε· κλαῖτε
Pres. Part.	κλαί(γ)οντας
Imp.	ἔκλαιγα, ἔκλαιγες, ἔκλαιγε· κλαίγαμε, κλαίγατε, ἔκλαιγαν
Fut. I	θὰ κλαίω, θὰ κλαῖς, θὰ κλαίει· θὰ κλαῖμε, θὰ κλαῖτε, θὰ κλαῖν(ε)
Fut. II	θὰ κλάψω, θὰ κλάψεις, θὰ κλάψει· θὰ κλάψουμε, -ομε, θὰ κλάψετε, θὰ κλάψουν
Aor. Ind.	ἔκλαψα, ἔκλαψες, ἔκλαψε· κλάψαμε, κλάψατε, ἔκλαψαν
Aor. Sub.	νὰ κλάψω, νὰ κλάψεις, νὰ κλάψει· νὰ κλάψουμε, -ομε, νὰ κλάψετε, νὰ κλάψουν
Aor. Imp.	κλάψε· κλάψτε
Aor. Inf.	κλάψει
Perf. Ind.	ἔχω κλάψει, ἔχεις κλάψει, ἔχει κλάψει· ἔχουμε, -ομε κλάψει, ἔχετε κλάψει, ἔχουν κλάψει
Perf. Sub.	νὰ ἔχω κλάψει, νὰ ἔχεις κλάψει, νὰ ἔχει κλάψει· νὰ ἔχουμε, -ομε κλάψει, νὰ ἔχετε κλάψει, νὰ ἔχουν κλάψει
P. P.	εἶχα κλάψει, εἶχες κλάψει, εἶχε κλάψει· εἴχαμε κλάψει, εἴχατε κλάψει, εἶχαν κλάψει
F. P.	θὰ ἔχω κλάψει, θὰ ἔχεις κλάψει, θὰ ἔχει κλάψει· θὰ ἔχουμε, -ομε κλάψει, θὰ ἔχετε κλάψει, θὰ ἔχουν κλάψει

Pres. Ind.	κλέβω, κλέβεις, κλέβει· κλέβουμε, -ομε, κλέβετε, κλέβουν
Pres. Sub.	νὰ κλέβω, νὰ κλέβεις, νὰ κλέβει· νὰ κλέβουμε, -ομε, νὰ κλέβετε, νὰ κλέβουν
Pres. Imp.	κλέβε· κλέβετε
Pres. Part.	κλέβοντας
Imp.	ἔκλεβα, ἔκλεβες, ἔκλεβε· κλέβαμε, κλέβατε, ἔκλεβαν
Fut. I	θὰ κλέβω, θὰ κλέβεις, θὰ κλέβει· θὰ κλέβουμε, -ομε, θὰ κλέβετε, θὰ κλέβουν
Fut. II	θὰ κλέψω, θὰ κλέψεις, θὰ κλέψει· θὰ κλέψουμε, -ομε, θὰ κλέψετε, θὰ κλέψουν
Aor. Ind.	ἔκλεψα, ἔκλεψες, ἔκλεψε· κλέψαμε, κλέψατε, ἔκλεψαν
Aor. Sub.	νὰ κλέψω, νὰ κλέψεις, νὰ κλέψει· νὰ κλέψουμε, -ομε, νὰ κλέψετε, νὰ κλέψουν
Aor. Imp.	κλέψε· κλέψτε
Aor. Inf.	κλέψει
Perf. Ind.	ἔχω κλέψει, ἔχεις κλέψει, ἔχει κλέψει ἢ ἔχω κτλ. κλεμμένο· ἔχουμε, -ομε κλέψει, ἔχετε κλέψει, ἔχουν κλέψει
Perf. Sub.	νὰ ἔχω κλέψει, νὰ ἔχεις κλέψει, νὰ ἔχει κλέψει ἢ νὰ ἔχω κτλ. κλεμμένο· νὰ ἔχουμε, -ομε κλέψει, νὰ ἔχετε κλέψει, νὰ ἔχουν κλέψει
P. P.	εἶχα κλέψει, εἶχες κλέψει, εἶχε κλέψει ἢ εἶχα κτλ. κλεμμένο· εἴχαμε κλέψει, εἴχατε κλέψει, εἶχαν κλέψει
F. P.	θὰ ἔχω κλέψει, θὰ ἔχεις κλέψει, θὰ ἔχει κλέψει ἢ θὰ ἔχω κτλ. κλεμμένο· θὰ ἔχουμε, -ομε κλέψει, θὰ ἔχετε κλέψει, θὰ ἔχουν κλέψει

Pres. Ind. κλειδώνω, κλειδώνεις, κλειδώνει·
κλειδώνουμε, -ομε, κλειδώνετε, κλειδώνουν

Pres. Sub. νά κλειδώνω, νά κλειδώνεις, νά κλειδώνει·
νά κλειδώνουμε, -ομε, νά κλειδώνετε, νά κλειδώνουν

Pres. Imp. κλείδωνε·
κλειδώνετε

Pres. Part. κλειδώνοντας

Imp. κλείδωνα, κλείδωνες, κλείδωνε·
κλειδώναμε, κλειδώνατε, κλείδωναν

Fut. I θά κλειδώνω, θά κλειδώνεις, θά κλειδώνει·
θά κλειδώνουμε, -ομε, θά κλειδώνετε, θά κλειδώνουν

Fut. II θά κλειδώσω, θά κλειδώσεις, θά κλειδώσει·
θά κλειδώσουμε, -ομε, θά κλειδώσετε, θά κλειδώσουν

Aor. Ind. κλείδωσα, κλείδωσες, κλείδωσε·
κλειδώσαμε, κλειδώσατε, κλείδωσαν

Aor. Sub. νά κλειδώσω, νά κλειδώσεις, νά κλειδώσει·
νά κλειδώσουμε, -ομε, νά κλειδώσετε, νά κλειδώσουν

Aor. Imp. κλείδωσε·
κλειδώσετε ή κλειδῶστε

Aor. Inf. κλειδώσει

Perf. Ind. έχω κλειδώσει, έχεις κλειδώσει, έχει κλειδώσει ή έχω
κτλ. κλειδωμένο·
έχουμε, -ομε κλειδώσει, έχετε κλειδώσει, έχουν κλει-
δώσει

Perf. Sub. νά έχω κλειδώσει, νά έχεις κλειδώσει, νά έχει κλει-
δώσει ή νά έχω κτλ. κλειδωμένο·
νά έχουμε, -ομε κλειδώσει, νά έχετε κλειδώσει, νά έ-
χουν κλειδώσει

P. P. είχα κλειδώσει, είχες κλειδώσει, είχε κλειδώσει ή είχα
κτλ. κλειδωμένο·
είχαμε κλειδώσει, είχατε κλειδώσει, είχαν κλειδώσει

F. P. θά έχω κλειδώσει, θά έχεις κλειδώσει, θά έχει κλειδώ-
σει ή θά έχω κτλ. κλειδωμένο·
θά έχουμε, -ομε κλειδώσει, θά έχετε κλειδώσει, θά έ-
χουν κλειδώσει

Pres. Ind.   κλωτσῶ, κλωτσᾶς, κλωτσᾶ ἤ κλωτσάει·
            κλωτσοῦμε ἤ κλωτσᾶμε, κλωτσᾶτε, κλωτσοῦν ἤ κλω-
              τσᾶν(ε)

Pres. Sub.   νὰ κλωτσῶ, νὰ κλωτσᾶς, νὰ κλωτσᾶ ἤ κλωτσάει·
            νὰ κλωτσοῦμε ἤ κλωτσᾶμε, νὰ κλωτσᾶτε, νὰ κλωτσοῦν
              ἤ κλωτσᾶν(ε)

Pres. Imp.   κλώτσα
            κλωτσᾶτε

Pres. Part.   κλωτσώντας

Imp.   κλωτσοῦσα, κλωτσοῦσες, κλωτσοῦσε·
            κλωτσούσαμε, κλωτσούσατε, κλωτσοῦσαν

Fut. I   θὰ κλωτσῶ, θὰ κλωτσᾶς, θὰ κλωτσᾶ ἤ κλωτσάει·
            θὰ κλωτσοῦμε ἤ κλωτσᾶμε, θὰ κλωτσᾶτε, θὰ κλωτσοῦν
              ἤ κλωτσᾶν(ε)

Fut. II   θὰ κλωτσήσω, θὰ κλωτσήσεις, θὰ κλωτσήσει·
            θὰ κλωτσήσουμε, -ομε, θὰ κλωτσήσετε, θὰ κλωτσήσουν

Aor. Ind.   κλώτσησα, κλώτσησες, κλώτσησε·
            κλωτσήσαμε, κλωτσήσατε, κλώτσησαν

Aor. Sub.   νὰ κλωτσήσω, νὰ κλωτσήσεις, νὰ κλωτσήσει·
            νὰ κλωτσήσουμε, -ομε, νὰ κλωτσήσετε, νὰ κλωτσήσουν

Aor. Imp.   κλώτσησε·
            κλωτσῆστε

Aor. Inf.   κλωτσήσει

Perf. Ind.   ἔχω κλωτσήσει, ἔχεις κλωτσήσει, ἔχει κλωτσήσει·
            ἔχουμε, ομε κλωτσήσει, ἔχετε κλωτσήσει, ἔχουν κλω-
              τσήσει

Perf. Sub.   νὰ ἔχω κλωτσήσει, νὰ ἔχεις κλωτσήσει, νὰ ἔχει κλω-
              τσήσει·
            νὰ ἔχουμε, -ομε κλωτσήσει, νὰ ἔχετε κλωτσήσει, νὰ ἔ-
              χουν κλωτσήσει

P. P.   εἶχα κλωτσήσει, εἶχες κλωτσήσει, εἶχε κλωτσήσει·
            εἴχαμε κλωτσήσει, εἴχατε κλωτσήσει, εἶχαν κλωτσήσει·

F. P.   θὰ ἔχω κλωτσήσει, θὰ ἔχεις κλωτσήσει, θὰ ἔχει κλω-
              τσήσει·
            θὰ ἔχουμε, -ομε κλωτσήσει, θὰ ἔχετε κλωτσήσει, θὰ ἔ-
              χουν κλωτσήσει

Pres. Ind.	κόβω, κόβεις, κόβει· κόβουμε, -ομε, κόβετε, κόβουν
Pres. Sub.	νὰ κόβω, νὰ κόβεις, νὰ κόβει· νὰ κόβουμε, -ομε, νὰ κόβετε, νὰ κόβουν
Pres. Imp.	κόβε· κόβετε
Pres. Part.	κόβοντας
Imp.	ἔκοβα, ἔκοβες, ἔκοβε· κόβαμε, κόβατε, ἔκοβαν
Fut. I	θὰ κόβω, θὰ κόβεις, θὰ κόβει· θὰ κόβουμε, -ομε, θὰ κόβετε, θὰ κόβουν
Fut. II	θὰ κόψω, θὰ κόψεις, θὰ κόψει· θὰ κόψουμε, -ομε, θὰ κόψετε, θὰ κόψουν
Aor. Ind.	ἔκοψα ἔκοψες, ἔκοψε· κόψαμε, κόψατε, ἔκοψαν
Aor. Sub.	νὰ κόψω, νὰ κόψεις, νὰ κόψει· νὰ κόψουμε, -ομε, νὰ κόψετε, νὰ κόψουν
Aor. Imp.	κόψε· κόψτε
Aor. Inf.	κόψει
Perf. Ind.	ἔχω κόψει, ἔχεις κόψει, ἔχει κόψει ἢ ἔχω κτλ. κομμένο· ἔχουμε, -ομε κόψει, ἔχετε κόψει, ἔχουν κόψει
Perf. Sub.	νὰ ἔχω κόψει, γὰ ἔχεις κόψει, νὰ ἔχει κόψει ἢ νὰ ἔχω κτλ. κομμένο· νὰ ἔχουμε, -ομε κόψει, νὰ ἔχετε κόψει, νὰ ἔχουν κόψει
P. P.	εἶχα κόψει, εἶχες κόψει, εἶχε κόψει ἢ εἶχα κτλ. κομμένο· εἴχαμε κόψει, εἴχατε κόψει, εἶχαν κόψει
F. P.	θὰ ἔχω κόψει, θὰ ἔχεις κόψει, θὰ ἔχει κόψει ἢ θὰ ἔχω κτλ. κομμένο· θὰ ἔχουμε, -ομε κόψει, θὰ ἔχετε κόψει, θὰ ἔχουν κόψει

Pres. Ind.   κοιμοῦμαι ἤ κοιμᾶμαι, κοιμᾶσαι, κοιμᾶται·
κοιμούμαστε, κοιμάστε, κοιμοῦνται

Pres. Sub.   νὰ κοιμοῦμαι ἤ κοιμᾶμαι, νὰ κοιμᾶσαι, νὰ κοιμᾶται·
νὰ κοιμούμαστε, νὰ κοιμάστε, νὰ κοιμοῦνται

Pres. Imp.   ————

Imp.   κοιμόμουν, κοιμόσουν, κοιμόταν·
κοιμόμαστε, κοιμόσαστε, κοιμόνταν ἤ κοιμοῦνταν

Fut. I   θὰ κοιμοῦμαι ἤ κοιμᾶμαι, θὰ κοιμᾶσαι, θὰ κοιμᾶται
θὰ κοιμούμαστε, θὰ κοιμάστε, θὰ κοιμοῦνται

Fut. II   θὰ κοιμηθῶ, θὰ κοιμηθεῖς, θὰ κοιμηθεῖ·
θὰ κοιμηθοῦμε, θὰ κοιμηθεῖτε, θὰ κοιμηθοῦν

Aor. Ind.   κοιμήθηκα, κοιμήθηκες, κοιμήθηκε·
κοιμηθήκαμε, κοιμηθήκατε, κοιμήθηκαν

Aor. Sub.   νὰ κοιμηθῶ, νὰ κοιμηθεῖς, νὰ κοιμηθεῖ·
νὰ κοιμηθοῦμε, νὰ κοιμηθεῖτε, νὰ κοιμηθοῦν

Aor. Imp.   κοιμήσου·
κοιμηθεῖτε

Aor. Inf.   κοιμηθεῖ

Perf. Ind.   ἔχω κοιμηθεῖ, ἔχεις κοιμηθεῖ, ἔχει κοιμηθεῖ ἤ εἶμαι κτλ.
κοιμισμένος·
ἔχουμε, -ομε κοιμηθεῖ, ἔχετε κοιμηθεῖ, ἔχουν κοιμηθεῖ
ἤ εἴμαστε κτλ. κοιμισμένοι

Perf. Sub.   νὰ ἔχω κοιμηθεῖ, νὰ ἔχεις κοιμηθεῖ, νὰ ἔχει κοιμηθεῖ ἤ
νὰ εἶμαι κτλ. κοιμισμένος·
νὰ ἔχουμε, -ομε κοιμηθεῖ, νὰ ἔχετε κοιμηθεῖ, νὰ ἔχουν
κοιμηθεῖ ἤ νὰ εἴμαστε κτλ. κοιμισμένοι

Perf. Part.   κοιμισμένος

P. P.   εἶχα κοιμηθεῖ, εἶχες κοιμηθεῖ, εἶχε κοιμηθεῖ ἤ ἤμουν
κτλ. κοιμισμένος·
εἴχαμε κοιμηθεῖ, εἴχατε κοιμηθεῖ, εἶχαν κοιμηθεῖ ἤ ἤ‑
μαστε κτλ. κοιμισμένοι

F. P.   θὰ ἔχω κοιμηθεῖ, θὰ ἔχεις κοιμηθεῖ, θὰ ἔχει κοιμηθεῖ ἤ
θὰ εἶμαι κτλ. κοιμισμένος·
θὰ ἔχουμε, -ομε κοιμηθεῖ, θὰ ἔχετε κοιμηθεῖ, θὰ ἔχουν
κοιμηθεῖ ἤ θὰ εἴμαστε κτλ. κοιμισμένοι

Pres. Ind. κουβεντιάζω, κουβεντιάζεις, κουβεντιάζει·
κουβεντιάζουμε, -ομε, κουβεντιάζετε κουβεντιάζουν

Pres. Sub. νὰ κουβεντιάζω, νὰ κουβεντιάζεις, νὰ κουβεντιάζει·
νὰ κουβεντιάζουμε, -ομε, νὰ κουβεντιάζετε, νὰ κουβεν-
τιάζουν

Pres. Imp. κουβέντιαζε·
κουβεντιάζετε

Pres. Part. κουβεντιάζοντας

Imp. κουβέντιαζα, κουβέντιαζες, κουβέντιαζε·
κουβεντιάζαμε, κουβεντιάζατε, κουβέντιαζαν

Fut. I θὰ κουβεντιάζω, θὰ κουβεντιάζεις, θὰ κουβεντιάζει·
θὰ κουβεντιάζουμε, -ομε, θὰ κουβεντιάζετε, θὰ κουβεν-
τιάζουν

Fut. II θὰ κουβεντιάσω, θὰ κουβεντιάσεις, θὰ κουβεντιάσει·
θὰ κουβεντιάσουμε, -ομε, θὰ κουβεντιάσετε, θὰ κουβεν-
τιάσουν

Aor. Ind. κουβέντιασα, κουβέντιασες, κουβέντιασε·
κουβεντιάσαμε, κουβεντιάσατε, κουβέντιασαν

Aor. Sub. νὰ κουβεντιάσω, νὰ κουβεντιάσεις, νὰ κουβεντιάσει·
νὰ κουβεντιάσουμε, -ομε, νὰ κουβεντιάσετε, νὰ κουβεν-
τιάσουν

Aor. Imp. κουβέντιασε·
κουβεντιάσετε ἢ κουβεντιάστε

Aor. Inf. κουβεντιάσει

Perf. Ind. ἔχω κουβεντιάσει ἔχεις κουβεντιάσει, ἔχει κουβεντιάσει·
ἔχουμε, -ομε κουβεντιάσει, ἔχετε κουβεντιάσει, ἔχουν
κουβεντιάσει

Perf. Sub. νὰ ἔχω κουβεντιάσει, νὰ ἔχεις κουβεντιάσει, νὰ ἔχει
κουβεντιάσει
νὰ ἔχουμε, -ομε κουβεντιάσει, νὰ ἔχετε κουβεντιάσει,
νὰ ἔχουν κουβεντιάσει

P. P. εἶχα κουβεντιάσει, εἶχες κουβεντιάσει, εἶχε κουβεντιά-
σει·
εἴχαμε κουβεντιάσει, εἴχατε κουβεντιάσει, εἶχαν κου-
βεντιάσει

F. P. θὰ ἔχω κουβεντιάσει, θὰ ἔχεις κουβεντιάσει, θὰ ἔχει
κουβεντιάσει·
θὰ ἔχουμε, -ομε κουβεντιάσει, θὰ ἔχετε κουβεντιάσει,
θὰ ἔχουν κουβεντιάσει

Pres. Ind. κουμπώνω, κουμπώνεις, κουμπώνει·
κουμπώνουμε, -ομε, κουμπώνετε, κουμπώνουν

Pres. Sub. νὰ κουμπώνω, νὰ κουμπώνεις, νὰ κουμπώνει·
νὰ κουμπώνουμε, -ομε, νὰ κουμπώνετε, νὰ κουμπώνουν

Pres. Imp. κούμπωνε·
κουμπώνετε

Pres. Part. κουμπώνοντας

Imp. κούμπωνα, κούμπωνες, κούμπωνε·
κουμπώναμε, κουμπώνατε, κούμπωναν

Fut. I θὰ κουμπώνω, θὰ κουμπώνεις, θὰ κουμπώνει·
θὰ κουμπώνουμε, -ομε, θὰ κουμπώνετε, θὰ κουμπώνουν

Fut. II θὰ κουμπώσω, θὰ κουμπώσεις, θὰ κουμπώσει·
θὰ κουμπώσουμε, -ομε, θὰ κουμπώσετε, θὰ κουμπώσουν

Aor. Ind. κούμπωσα, κούμπωσες, κούμπωσε·
κουμπώσαμε, κουμπώσατε, κούμπωσαν

Aor. Sub. νὰ κουμπώσω, νὰ κουμπώσεις, νὰ κουμπώσει·
νὰ κουμπώσουμε, -ομε, νὰ κουμπώσετε, νὰ κουμπώσουν

Aor. Imp. κούμπωσε·
κουμπώσετε ἢ κουμπῶστε

Aor. Inf. κουμπώσει

Perf. Ind. ἔχω κουμπώσει, ἔχεις κουμπώσει, ἔχει κουμπώσει ἢ ἔ-
χω κτλ. κουμπωμένο·
ἔχουμε, -ομε κουμπώσει, ἔχετε κουμπώσει, ἔχουν κουμ-
πώσει

Perf. Sub. νὰ ἔχω κουμπώσει, νὰ ἔχεις κουμπώσει, νὰ ἔχει κουμ-
πώσει ἢ νὰ ἔχω κτλ. κουμπωμένο·
νὰ ἔχουμε, -ομε κουμπώσει, νὰ ἔχετε κουμπώσει, νὰ ἔ·
χουν κουμπώσει

P. P. εἶχα κουμπώσει, εἶχες κουμπώσει, εἶχε κουμπώσει ἢ
εἶχα κτλ. κουμπωμένο·
εἴχαμε κουμπώσει, εἴχατε κουμπώσει, εἶχαν κουμπώσει

F. P. θὰ ἔχω κουμπώσει, θὰ ἔχεις κουμπώσει, θὰ ἔχει κουμ-
πώσει ἢ θὰ ἔχω κτλ. κουμπωμένο·
θὰ ἔχουμε, -ομε κουμπώσει, θὰ ἔχετε κουμπώσει, θὰ ἔ-
χουν κουμπώσει

Pres. Ind. κουρδίζω, κουρδίζεις, κουρδίζει·
κουρδίζουμε, -ομε κουρδίζετε, κουρδίζουν

Pres. Sub. νὰ κουρδίζω, νὰ κουρδίζεις, νὰ κουρδίζει·
νὰ κουρδίζουμε, -ομε, νὰ κουρδίζετε, νὰ κουρδίζουν

Pres. Imp. κούρδιζε·
κουρδίζετε

Pres. Part. κουρδίζοντας

Imp. κούρδιζα, κούρδιζες, κούρδιζε·
κουρδίζαμε, κουρδίζατε, κούρδιζαν

Fut. I θὰ κουρδίζω, θὰ κουρδίζεις, θὰ κουρδίζει·
θὰ κουρδίζουμε, -ομε, θὰ κουρδίζετε, θὰ κουρδίζουν

Fut. II θὰ κουρδίσω, θὰ κουρδίσεις, θὰ κουρδίσει·
θὰ κουρδίσουμε, -ομε, θὰ κουρδίσετε, θὰ κουρδίσουν

Aor. Ind. κούρδισα, κούρδισες, κούρδισε·
κουρδίσαμε, κουρδίσατε, κούρδισαν

Aor. Sub. νὰ κουρδίσω, νὰ κουρδίσεις, νὰ κουρδίσει·
νὰ κουρδίσουμε, -ομε, νὰ κουρδίσετε, νὰ κουρδίσουν

Aor. Imp. κούρδισε·
κουρδίστε

Aor. Inf. κουρδίσει

Perf. Ind. ἔχω κουρδίσει, ἔχεις κουρδίσει, ἔχει κουρδίσει ἤ ἔχω
κτλ. κουρδισμένο·
ἔχουμε, -ομε κουρδίσει, ἔχετε κουρδίσει, ἔχουν κουρ-
δίσει

Perf. Sub. νὰ ἔχω κουρδίσει, νὰ ἔχεις κουρδίσει, νὰ ἔχει κουρδί-
σει ἤ νὰ ἔχω κτλ. κουρδισμένο·
νὰ ἔχουμε, -ομε κουρδίσει, νὰ ἔχετε κουρδίσει, νὰ ἔ-
χουν κουρδίσει

P. P. εἶχα κουρδίσει, εἶχες κουρδίσει, εἶχε κουρδίσει ἤ εἶχα
κτλ. κουρδισμένο·
εἴχαμε κουρδίσει, εἴχατε κουρδίσει, εἶχαν κουρδίσει

F. P. θὰ ἔχω κουρδίσει, θὰ ἔχεις κουρδίσει, θὰ ἔχει κουρδίσει
ἤ θὰ ἔχω κτλ. κουρδισμένο·
θὰ ἔχουμε, -ομε κουρδίσει, θὰ ἔχετε κουρδίσει, θὰ ἔ-
χουν κουρδίσει

Pres. Ind.   κρατῶ, κρατᾶς, κρατᾶ ἤ κρατάει·
κρατοῦμε ἤ κρατᾶμε, κρατᾶτε, κρατοῦν ἤ κρατᾶν(ε)

Pres. Sub.   νὰ κρατῶ, νὰ κρατᾶς, νὰ κρατᾶ ἤ κρατάει·
νὰ κρατοῦμε ἤ κρατᾶμε, νὰ κρατᾶτε, νὰ κρατοῦν ἤ κρατᾶν(ε)

Pres. Imp   κράτα·
κρατᾶτε

Pres. Part.   κρατώντας

Imp.   κρατοῦσα, κρατοῦσες, κρατοῦσε·
κρατούσαμε, κρατούσατε, κρατοῦσαν

Fut. I   θὰ κρατῶ, θὰ κρατᾶς, θὰ κρατᾶ ἤ κρατάει·
θὰ κρατοῦμε ἤ κρατᾶμε, θὰ κρατᾶτε, θὰ κρατοῦν ἤ κρατᾶν(ε)

Fut. II   θὰ κρατήσω, θὰ κρατήσεις, θὰ κρατήσει·
θὰ κρατήσουμε, –ομε, θὰ κρατήσετε, θὰ κρατήσουν

Aor. Ind.   κράτησα, κράτησες, κράτησε·
κρατήσαμε, κρατήσατε, κράτησαν

Aor. Sub.   νὰ κρατήσω, νὰ κρατήσεις, νὰ κρατήσει·
νὰ κρατήσουμε. -ομε, νὰ κρατήσετε, νὰ κρατήσουν

Aor. Imp.   κράτησε·
κρατῆστε

Aor. Inf.   κρατήσει

Perf. Ind.   ἔχω κρατήσει, ἔχεις κρατήσει, ἔχει κρατήσει ἤ ἔχω
κτλ. κρατημένο·
ἔχουμε, -ομε κρατήσει, ἔχετε κρατήσει, ἔχουν κρατή-
σει

Perf. Sub.   νὰ ἔχω κρατήσει, νὰ ἔχεις κρατήσει, νὰ ἔχει κρατήσει
ἤ νὰ ἔχω κτλ. κρατημένο·
νὰ ἔχουμε, -ομε κρατήσει, νὰ ἔχετε κρατήσει, νὰ ἔχουν
κρατήσει

P. P.   εἶχα κρατήσει, εἶχες κρατήσει, εἶχε κρατήσει ἤ εἶχα
κτλ. κρατημένο·
εἴχαμε κρατήσει, εἴχατε κρατήσει, εἶχαν κρατήσει

F. P.   θὰ ἔχω κρατήσει, θὰ ἔχεις κρατήσει, θὰ ἔχει κρατήσει
ἤ θὰ ἔχω κτλ. κρατημένο·
θὰ ἔχουμε, –ομε κρατήσει, θὰ ἔχετε κρατήσει, θὰ ἔχουν
κρατήσει

Pres. Ind.	κρίνω, κρίνεις, κρίνει·
	κρίνουμε, -ομε, κρίνετε, κρίνουν
Pres. Sub.	νὰ κρίνω, νὰ κρίνεις, νὰ κρίνει·
	νὰ κρίνουμε, -ομε, νὰ κρίνετε, νὰ κρίνουν
Pres. Imp.	κρίνε·
	κρίνετε
Pres. Part.	κρίνοντας
Imp.	ἔκρινα, ἔκρινες, ἔκρινε·
	κρίναμε, κρίνατε, ἔκριναν
Fut. I	θὰ κρίνω, θὰ κρίνεις, θὰ κρίνει·
	θὰ κρίνουμε, -ομε, θὰ κρίνετε, θὰ κρίνουν
Fut. II	θὰ κρίνω, θὰ κρίνεις, θὰ κρίνει·
	θὰ κρίνουμε, -ομε, θὰ κρίνετε, θὰ κρίνουν
Aor. Ind.	ἔκρινα, ἔκρινες, ἔκρινε·
	κρίναμε, κρίνατε, ἔκριναν
Aor. Sub.	νὰ κρίνω, νὰ κρίνεις, νὰ κρίνει·
	νὰ κρίνουμε, -ομε, νὰ κρίνετε, νὰ κρίνουν
Aor. Imp.	κρίνε·
	κρίνετε
Aor. Inf.	κρίνει
Perf. Ind.	ἔχω κρίνει, ἔχεις κρίνει, ἔχει κρίνει·
	ἔχουμε, -ομε κρίνει, ἔχετε κρίνει, ἔχουν κρίνει
Perf. Sub.	νὰ ἔχω κρίνει, νὰ ἔχεις κρίνει, νὰ ἔχει κρίνει·
	νὰ ἔχουμε, -ομε κρίνει, νὰ ἔχετε κρίνει, νὰ ἔχουν κρίνει
P. P.	εἶχα κρίνει, εἶχες κρίνει, εἶχε κρίνει·
	εἴχαμε κρίνει, εἴχατε κρίνει, εἶχαν κρίνει
F. P.	θὰ ἔχω κρίνει, θὰ ἔχεις κρίνει, θὰ ἔχει κρίνει·
	θὰ ἔχουμε, -ομε κρίνει, θὰ ἔχετε κρίνει, θὰ ἔχουν κρίνει

Pres. Ind.	κυριεύω, κυριεύεις, κυριεύει· κυριεύουμε, -ομε, κυριεύετε, κυριεύουν
Pres. Sub.	νὰ κυριεύω, νὰ κυριεύεις, νὰ κυριεύει· νὰ κυριεύουμε, -ομε, νὰ κυριεύετε, νὰ κυριεύουν
Pres. Imp.	κυρίευε· κυριεύετε
Pres. Part.	κυριεύοντας
Imp.	κυρίευα, κυρίευες, κυρίευε· κυριεύαμε, κυριεύατε, κυρίευαν
Fut. I	θὰ κυριεύω, θὰ κυριεύεις, θὰ κυριεύει· θὰ κυριεύουμε, -ομε, θὰ κυριεύετε, θὰ κυριεύουν
Fut. II	θὰ κυριέψω, θὰ κυριέψεις, θὰ κυριέψει· θὰ κυριέψουμε, -ομε, θὰ κυριέψετε, θὰ κυριέψουν
Aor. Ind.	κυρίεψα, κυρίεψες, κυρίεψε· κυριέψαμε, κυριέψατε, κυρίεψαν
Aor. Sub.	νὰ κυριέψω, νὰ κυριέψεις, νὰ κυριέψει· νὰ κυριέψουμε, -ομε, νὰ κυριέψετε, νὰ κυριέψουν
Aor. Imp.	κυρίεψε· κυριέψτε
Aor. Inf.	κυριέψει
Perf. Ind.	ἔχω κυριέψει, ἔχεις κυριέψει, ἔχει κυριέψει ἢ ἔχω κτλ. κυριευμένο· ἔχουμε, -ομε κυριέψει, ἔχετε κυριέψει, ἔχουν κυριέψει
Perf. Sub.	νὰ ἔχω κυριέψει, νὰ ἔχεις κυριέψει, νὰ ἔχει κυριέψει ἢ νὰ ἔχω κτλ. κυριευμένο· νὰ ἔχουμε, -ομε κυριέψει, νὰ ἔχετε κυριέψει, νὰ ἔχουν κυριέψει
P. P.	εἶχα κυριέψει, εἶχες κυριέψει, εἶχε κυριέψει ἢ εἶχα κτλ. κυριευμένο· εἴχαμε κυριέψει, εἴχατε κυριέψει, εἶχαν κυριέψει
F. P.	θὰ ἔχω κυριέψει, θὰ ἔχεις κυριέψει, θὰ ἔχει κυριέψει ἢ θὰ ἔχω κτλ. κυριευμένο· θὰ ἔχουμε, -ομε κυριέψει, θὰ ἔχετε κυριέψει, θὰ ἔχουν κυριέψει

Pres. Ind.	λέ(γ)ω, λές, λέει· λέμε, λέτε, λέν(ε)
Pres. Sub	νὰ λέ(γ)ω, νὰ λές, νὰ λέει· νὰ λέμε, νὰ λέτε, νὰ λέν(ε)
Pres. Imp.	λέγε· λέγετε ἢ λέτε
Pres. Part.	λέγοντας
Imp.	ἔλεγα, ἔλεγες, ἔλεγε· λέγαμε, λέγατε, ἔλεγαν
Fut. I	θὰ λέ(γ)ω, θὰ λὲς, θὰ λέει· θὰ λέμε, θὰ λέτε, θὰ λέν(ε)
Fut. II	θὰ (εἰ)πῶ, θὰ (εἰ)πεῖς, θὰ (εἰ)πεῖ· θὰ (εἰ)ποῦμε, θὰ (εἰ)πεῖτε, θὰ (εἰ)ποῦν
Aor. Ind.	εἶπα, εἶπες, εἶπε· εἴπαμε, εἴπατε, εἶπαν
Aor. Sub.	νὰ (εἰ)πῶ, νὰ (εἰ)πεῖς, νὰ (εἰ)πεῖ· νὰ (εἰ)ποῦμε, νὰ (εἰ)πεῖτε, νὰ (εἰ)ποῦν
Aor. Imp.	πές· πεῖτε ἢ πέστε
Aor. Inf.	(εἰ)πεῖ
Perf. Ind.	ἔχω (εἰ)πεῖ, ἔχεις (εἰ)πεῖ, ἔχει (εἰ)πεῖ ἔχουμε, -ομε (εἰ)πεῖ, ἔχετε (εἰ)πεῖ, ἔχουν (εἰ)πεῖ
Perf. Sub.	νὰ ἔχω (εἰ)πεῖ, νὰ ἔχεις (εἰ)πεῖ, νὰ ἔχει (εἰ)πεῖ νὰ ἔχουμε, -ομε (εἰ)πεῖ, νὰ ἔχετε (εἰ)πεῖ, νὰ ἔχουν (εἰ)πεῖ
P. P.	εἶχα (εἰ)πεῖ, εἶχες (εἰ)πεῖ, εἶχε (εἰ)πεῖ εἴχαμε (εἰ)πεῖ, εἴχατε (εἰ)πεῖ, εἶχαν (εἰ)πεῖ
F. P.	θὰ ἔχω (εἰ)πεῖ, θὰ ἔχεις (εἰ)πεῖ, θὰ ἔχει (εἰ)πεῖ θὰ ἔχουμε, -ομε (εἰ)πεῖ, θὰ ἔχετε (εἰ)πεῖ, θὰ ἔχουν (εἰ)πεῖ

Pres. Ind.	λείπω, λείπεις, λείπει· λείπουμε, -ομε, λείπετε, λείπουν
Pres. Sub.	νὰ λείπω, νὰ λείπεις, νὰ λείπει· νὰ λείπουμε, -ομε, νὰ λείπετε, νὰ λείπουν
Pres. Imp.	λεῖπε· λείπετε
Pres. Part.	λείποντας
Imp.	ἔλειπα, ἔλειπες, ἔλειπε· λείπαμε, λείπατε, ἔλειπαν
Fut. I	θὰ λείπω, θὰ λείπεις, θὰ λείπει· θὰ λείπουμε, -ομε, θὰ λείπετε, θὰ λείπουν
Fut. II	θὰ λείψω, θὰ λείψεις, θὰ λείψει· θὰ λείψουμε, -ομε, θὰ λείψετε, θὰ λείψουν
Aor. Ind.	ἔλειψα, ἔλειψες, ἔλειψε· λείψαμε, λείψατε, ἔλειψαν
Aor. Sub.	νὰ λείψω, νὰ λείψεις, νὰ λείψει· νὰ λείψουμε, -ομε, νὰ λείψετε, νὰ λείψουν
Aor. Imp.	λεῖψε· λείψτε
Aor. Inf.	λείψει
Perf. Ind.	ἔχω λείψει, ἔχεις λείψει, ἔχει λείψει· ἔχουμε, -ομε λείψει, ἔχετε λείψει, ἔχουν λείψει
Perf. Sub.	νὰ ἔχω λείψει, νὰ ἔχεις λείψει, νὰ ἔχει λείψει· νὰ ἔχουμε, -ομε λείψει, νὰ ἔχετε λείψει, νὰ ἔχουν λείψει
P. P.	εἶχα λείψει, εἶχες λείψει, εἶχε λείψει· εἴχαμε λείψει, εἴχατε λείψει, εἶχαν λείψει
F. P.	θὰ ἔχω λείψει, θὰ ἔχεις λείψει, θὰ ἔχει λείψει· θὰ ἔχουμε, -ομε λείψει, θὰ ἔχετε λείψει, θὰ ἔχουν λείψει

Pres. Ind. λειτουργῶ, λειτουργεῖς, λειτουργεῖ·
λειτουργοῦμε, λειτουργεῖτε, λειτουργοῦν

Pres. Sub. νὰ λειτουργῶ, νὰ λειτουργεῖς, νὰ λειτουργεῖ·
νὰ λειτουργοῦμε, νὰ λειτουργεῖτε, νὰ λειτουργοῦν

Pres. Imp. ──────
λειτουργεῖτε

Pres. Part. λειπουργώντας

Imp. λειτουργοῦσα, λειτουργοῦσ:ς, λειτουργοῦσε·
λειτουργούσαμε, λειπουργούσατε, λειπουργοῦσαν

Fut. I θὰ λειπουργῶ, θὰ λειτουργεῖς, θὰ λειπουργεῖ·
θὰ λειτουργοῦμε, θὰ λειτουργεῖτε, θὰ λειτουργοῦν

Fut. II θὰ λειτουργήσω, θὰ λειπουργήσεις, θὰ λειτουργήσει·
θὰ λητουργήσουμε, -ομε, θὰ λειτουργήσετε, θὰ λειτουρ-
γήσουν

Aor. Ind. λειτούργησα, λειτούργησες, λειτούργησε·
λειτουργήσαμε, λειτουργήσατε, λειτούργησαν

Aor. Sub. νὰ λειτουργήσω, νὰ λειτουργήσεις, νὰ λειτουργήσει·
νὰ λειτουργήσουμε, -ομε, νὲ λειτουργήσετε, νὰ λειτουρ-
γήσουν

Aor. Imp. λειτούργησε·
λειτουργῆστε

Aor. Inf. λειτουργήσει

Perf. Ind. ἔχω λειτουργήσει, ἔχεις λειτουργήσει, ἔχει λειτουρ-
γήσει·
ἔχουμε, -ομε λειτουργήσει, ἔχετε λειτουργήσει, ἔχουν
λειτουργήσει

Perf. Sub. νὰ ἔχω λειτουργήσει, νὰ ἔχεις λειτουργήσει, νὰ ἔχει
λειτουργήσει
νὰ ἔχουμε, -ομε λειτουργήσει, νὰ ἔχετε λειτουργήσει,
νὰ ἔχουν λειτουργήσει

P. P. εἶχα λειτουργήσει, εἶχες λειτουργήσει, εἶχε λειτουργή-
σει·
εἴχαμε λειτουργήσει, εἴχατε λειτουργήσει, εἶχαν λει-
τουργήσει

F. P. θὰ ἔχω λειτουργήσει, θὰ ἔχεις λειτουργήσει, θὰ ἔχει
λειτουργήσει
θὰ ἔχουμε, -ομε λειτουργήσει, θὰ ἔχετε λειτουργήσει,
θὰ ἔχουν λειτουργήσει

Pres. Ind.	λογαριάζω, λογαριάζεις, λογαριάζει· λογαριάζουμε, -ομε, λογαριάζετε, λογαριάζουν
Pres. Sub.	νὰ λογαριάζω, νὰ λογαριάζεις, νὰ λογαριάζει· νὰ λογαριάζουμε, -ομε, νὰ λογαριάζετε, νὰ λογαριάζουν
Pres. Imp.	λογάριαζε· λογαριάζετε
Pres. Part.	λογαριάζοντας
Imp.	λογάριαζα, λογάριαζες λογάριαζε· λογαριάζαμε, λογαριάζατε, λογάριαζαν
Fut. I	θὰ λογαριάζω, θὰ λογαριάζεις, θὰ λογαριάζει· θὰ λογαριάζουμε, -ομε, θὰ λογαριάζετε, θὰ λογαριάζουν
Fut. II	θὰ λογαριάσω, θὰ λογαριάσεις, θὰ λογαριάσει· θὰ λογαριάσουμε, -ομε, θὰ λογαριάσετε, θὰ λογαριάσουν
Aor. Ind.	λογάριασα, λογάριασες, λογάριασε· λογαριάσαμε, λογαριάσατε, λογάριασαν
Aor. Sub.	νὰ λογαριάσω, νὰ λογαριάσεις, νὰ λογαριάσει· νὰ λογαριάσουμε, -ομε, νὰ λογαριάσετε, νὰ λογαριάσουν
Aor. Imp.	λογάριασε· λογαριάστε
Aor. Inf.	λογαριάσει
Perf. Ind.	ἔχω λογαριάσει, ἔχεις λογαριάσει, ἔχει λογαριάσει· ἔχουμε, -ομε λογαριάσει, ἔχετε λογαριάσει, ἔχουν λο- γαριάσει
Perf. Sub.	νὰ ἔχω λογαριάσει, νὰ ἔχεις λογαριάσει, νὰ ἔχει λογα- ριάσει· νὰ ἔχουμε, -ομε λογαριάσει, νὰ ἔχετε λογαριάσει, νὰ ἔχουν λογαριάσει
P. P.	εἶχα λογαριάσει, εἶχες λογαριάσει, εἶχε λογαριάσει· εἴχαμε λογαριάσει, εἴχατε λογαριάσει, εἶχαν λογαριάσει
F. P.	θὰ ἔχω λογαριάσει, θὰ ἔχεις λογαριάσει, θὰ ἔχει λογα- ριάσει· θὰ ἔχουμε, -ομε λογαριάσει, θὰ ἔχετε λογαριάσει θὰ ἔ- χουν λογαριάσει

Pres. Ind.   λούζομαι, λούζεσαι, λούζεται·
λουζόμαστε, λούζεστε, λούζονται

Pres. Sub.   νὰ λούζομαι, νὰ λούζεσαι, νὰ λούζεται·
νὰ λουζόμαστε, νὰ λούζεστε, νὰ λούζονται

Pres. Imp.   ———
λούζεστε

Imp.   λουζόμουν, λουζόσουν, λουζόταν·
λουζόμαστε, λουζόσαστε, λούζονταν

Fut. I   θὰ λούζομαι, θὰ λούζεσαι, θὰ λούζεται·
θὰ λουζόμαστε, θὰ λούζεστε, θὰ λούζονται

Fut. II   θὰ λουστῶ, θὰ λουστεῖς θὰ λουστεῖ·
θὰ λουστοῦμε, θὰ λουστεῖτε, θὰ λουστοῦν

Aor. Ind.   λούστηκα, λούστηκες, λούστηκε·
λουστήκαμε, λουστήκατε, λούστηκαν

Aor. Sub.   νὰ λουστῶ, νὰ λουστεῖς, νὰ λουστεῖ·
νὰ λουστοῦμε, νὰ λουστεῖτε, νὰ λουστοῦν

Aor. Imp.   λούσου
λουστεῖτε

Aor. Inf.   λουστεῖ

Perf. Ind.   ἔχω λουστεῖ, ἔχεις λουστεῖ, ἔχει λουστεῖ ἢ εἶμαι κτλ.
λουσμένος·
ἔχουμε, -ομε λουστεῖ, ἔχετε λουστεῖ, ἔχουν λουστεῖ ἢ
εἴμαστε κτλ. λουσμένοι

Perf. Sub.   νὰ ἔχω λουστεῖ, νὰ ἔχεις λουστεῖ, νὰ ἔχει λουστεῖ ἢ νὰ
εἶμαι κτλ. λουσμένος·
νὰ ἔχουμε, -ομε λουστεῖ· νὰ ἔχετε λουστεῖ, νὰ ἔχουν
λουστεῖ ἢ νὰ εἴμαστε κτλ. λουσμένοι

Perf. Part   λουσμένος

P. P.   εἶχα λουστεῖ, εἶχες λουστεῖ, εἶχε λουστεῖ ἢ ἤμουν κτλ.
λουσμένος·
εἴχαμε λουστεῖ, εἴχατε λουστεῖ, εἶχαν λουστεῖ ἢ ἤμαστε
κτλ. λουσμένοι

F. P.   θὰ ἔχω λουστεῖ, θὰ ἔχεις λουστεῖ, θὰ ἔχει λουστεῖ ἢ
θὰ εἶμαι κτλ. λουσμένος·
θὰ ἔχουμε, -ομε λουστεῖ, θὰ ἔχετε λουστεῖ, θὰ ἔχουν
λουστεῖ ἢ θὰ εἴμαστε κτλ. λουσμένοι

Pres. Ind.	λούζω, λούζεις, λούζει· λούζουμε, -ομε, λούζετε, λούζουν
Pres. Sub.	νὰ λούζω, νὰ λούζεις, νὰ λούζει· νὰ λούζουμε, -ομε, νὰ λούζετε, νὰ λούζουν
Pres. Imp.	λοῦζε· λούζετε
Pres. Part.	λούζοντας
Imp.	ἔλουζα, ἔλουζες, ἔλουζε· λούζαμε, λούζατε, ἔλουζαν
Fut. I	θὰ λούζω, θὰ λούζεις, θὰ λούζει· θὰ λούζουμε, -ομε, θὰ λούζετε, θὰ λούζουν
Fut. II	θὰ λούσω, θὰ λούσεις, θὰ λούσει· θὰ λούσουμε, -ομε, θὰ λούσετε, θὰ λούσουν
Aor. Ind.	ἔλουσα, ἔλουσες, ἔλουσε· λούσαμε, λούσατε, ἔλουσαν
Aor. Sub.	νὰ λούσω, νὰ λούσεις, νὰ λούσει· νὰ λούσουμε, -ομε, νὰ λούσετε, νὰ λούσουν
Aor. Imp.	λοῦσε· λοῦστε
Aor. Inf.	λούσει
Perf. Ind.	ἔχω λούσει, ἔχεις λούσει, ἔχει λούσει ἢ ἔχω κτλ. λου-σμένο· ἔχουμε, -ομε λούσει, ἔχετε λούσει, ἔχουν λούσει
Perf. Sub.	νὰ ἔχω λούσει, νὰ ἔχεις λούσει, νὰ ἔχει λούσει ἢ νὰ ἔχω κτλ. λουσμένο· νὰ ἔχουμε, -ομε λούσει, νὰ ἔχετε λούσει, νὰ ἔχουν λούσει
P. P.	εἶχα λούσει, εἶχες λούσει, εἶχε λούσει ἢ εἶχα κτλ. λουσμένο· εἴχαμε λούσει, εἴχατε λούσει, εἶχαν λούσει
F. P.	θὰ ἔχω λούσει, θὰ ἔχεις λούσει, θὰ ἔχει λούσει ἢ θὰ ἔχω κτλ. λουσμένο θὰ ἔχουμε, -ομε λούσει, θὰ ἔχετε λούσει, θὰ ἔχουν λού-σει

Aor. Ind. λυγίζω, λυγίζεις, λυγίζει·
λυγίζουμε, -ομε, λυγίζετε, λυγίζουν

Pres. Sub. νὰ λυγίζω, νὰ λυγίζεις, νὰ λυγίζει·
νὰ λυγίζουμε, -ομε, νὰ λυγίζετε, νὰ λυγίζουν

Pres. Imp. λύγιζε·
λυγίζετε

Pres. Part. λυγίζοντας

Imp. λύγιζα, λύγιζες, λύγιζε·
λυγίζαμε, λυγίζατε, λύγιζαν·

Fut. I θὰ λυγίζω, θὰ λυγίζεις, θὰ λυγίζει·
θὰ λυγίζουμε, -ομε, θὰ λυγίζετε, θὰ λυγίζουν

Fut. II θὰ λυγίσω, θὰ λυγίσεις, θὰ λυγίσει·
θὰ λυγίσουμε, -ομε, θὰ λυγίσετε, θὰ λυγίσουν

Aor. Ind. λύγισα, λύγισες, λύγισε·
λυγίσαμε, λυγίσατε, λύγισαν

Aor. Sub. νὰ λυγίσω, νὰ λυγίσεις, νὰ λυγίσει·
νὰ λυγίσουμε, -ομε, νὰ λυγίσετε, νὰ λυγίσουν

Aor. Imp. λύγισε·
λυγίστε

Aor. Inf. λυγίσει

Perf. Ind. ἔχω λυγίσει, ἔχεις λυγίσει, ἔχει λυγίσει ἢ ἔχω κτλ. λυγισμένο·
ἔχουμε, -ομε λυγίσει, ἔχετε λυγίσει, ἔχουν λυγίσει

Perf. Sub. νὰ ἔχω λυγίσει, νὰ ἔχεις λυγίσει, νὰ ἔχει λυγίσει ἢ νὰ ἔχω κτλ. λυγισμένο·
νὰ ἔχουμε, -ομε λυγίσει, νὰ ἔχετε λυγίσει, νὰ ἔχουν λυγίσει

P. P. εἶχα λυγίσει, εἶχες λυγίσει, εἶχε λυγίσει ἢ εἶχα κτλ. λυγισμένο·
εἴχαμε λυγίσει, εἴχατε λυγίσει, εἶχαν λυγίσει

F. P. θὰ ἔχω λυγίσει, θὰ ἔχεις λυγίσει, θὰ ἔχει λυγίσει ἢ θὰ ἔχω κτλ. λυγισμένο·
θὰ ἔχουμε, -ομε λυγίσει, θὰ ἔχετε λυγίσει, θὰ ἔχουν λυγίσει

Pres. Ind.	λύνω, λύνεις λύνει· λύνουμε, -ομε, λύνετε, λύνουν
Pres. Sub.	νὰ λύνω, νὰ λύνεις, νὰ λύνει· νὰ λύνουμε, -ομε, νὰ λύνετε, νὰ λύνουν
Pres. Imp.	λύνε· λύνετε
Pres. Part.	λύνοντας
Imp.	ἔλυνα, ἔλυνες, ἔλυνε· λύναμε, λύνατε, ἔλυναν
Fut. I	θὰ λύνω, θὰ λύνεις, θὰ λύνει· θὰ λύνουμε, -ομε, θὰ λύνετε, θὰ λύνουν
Fut. II	θὰ λύσω, θὰ λύσεις, θὰ λύσει· θὰ λύσουμε, -ομε, θὰ λύσετε, θὰ λύσουν
Aor. Ind.	ἔλυσα, ἔλυσες, ἔλυσε· λύσαμε, λύσατε, ἔλυσαν
Aor. Sub.	νὰ λύσω, νὰ λύσεις, νὰ λύσει· νὰ λύσουμε, -ομε, νὰ λύσετε, νὰ λύσουν
Aor. Imp.	λύσε· λύσετε ἢ λύστε
Aor. Inf.	λύσει
Perf. Ind.	ἔχω λύσει, ἔχεις λύσει, ἔχει λύσει ἢ ἔχω κτλ. λυμένο· ἔχουμε, -ομε λύσει, ἔχετε λύσει, ἔχουν λύσει
Perf. Sub.	νὰ ἔχω λύσει, νὰ ἔχεις λύσει, νὰ ἔχει λύσει ἢ νὰ ἔχω κτλ. λυμένο· νὰ ἔχουμε, -ομε λύσει, νὰ ἔχετε λύσει, νὰ ἔχουν λύσει
P. P.	εἶχα λύσει, εἶχες λύσει, εἶχε λύσει ἢ εἶχα κτλ. λυμένο· εἴχαμε λύσει, εἴχατε λύσει, εἶχαν λύσει
F. P.	θὰ ἔχω λύσει, θὰ ἔχεις λύσει, θὰ ἔχει λύσει ἢ θὰ ἔχω κτλ. λυμένο· θὰ ἔχουμε, -ομε λύσει, θὰ ἔχετε λύσει, θὰ ἔχουν λύσει

Pres. Ind.	λυπῶ, λυπεῖς, λυπεῖ· λυποῦμε, λυπεῖτε, λυποῦν
Pres. Sub.	νὰ λυπῶ, νὰ λυπεῖς, νὰ λυπεῖ· νὰ λυποῦμε, νὰ λυπεῖτε, νὰ λυποῦν
Pres. Imp.	————
Pres. Part.	λυπώντας
Imp.	λυποῦσα, λυποῦσες, λυποῦσε· λυπούσαμε, λυπούσατε, λυποῦσαν
Fut. I	θὰ λυπῶ, θὰ λυπεῖς, θὰ λυπεῖ· θὰ λυποῦμε, θὰ λυπεῖτε, θὰ λυποῦν
Fut. II	θὰ λυπήσω, θὰ λυπήσεις, θὰ λυπήσει· θὰ λυπήσουμε, -ομε, θὰ λυπήσετε, θὰ λυπήσουν
Aor. Ind.	λύπησα, λύπησες, λύπησε· λυπήσαμε, λυπήσατε, λύπησαν
Aor. Sub.	νὰ λυπήσω, νὰ λυπήσεις, νὰ λυπήσει· νὰ λυπήσουμε, -ομε, νὰ λυπήσετε, νὰ λυπήσουν
Aor. Imp.	————
Aor. Inf.	λυπήσει
Perf. Ind.	ἔχω λυπήσει, ἔχεις λυπήσει, ἔχει λυπήσει· ἔχουμε, -ομε, λυπήσει, ἔχετε λυπήσει, ἔχουν λυπήσει
Perf. Sub.	νὰ ἔχω λυπήσει, νὰ ἔχεις λυπήσει, νὰ ἔχει λυπήσει· νὰ ἔχουμε, -ομε λυπήσει, νὰ ἔχετε λυπήσει, νὰ ἔχουν λυπήσει
P. P.	εἶχα λυπήσει, εἶχες λυπήσει, εἶχε λυπήσει· εἴχαμε λυπήσει, εἴχατε λυπήσει, εἶχαν λυπήσει·
F. P.	θὰ ἔχω λυπήσει, θὰ ἔχεις λυπήσει, θὰ ἔχει λυπήσει· θὰ ἔχουμε, -ομε λυπήσει, θὰ ἔχετε λυπήσει, θὰ ἔχουν λυπήσει

Pres. Ind. μαγεύω, μαγεύεις, μαγεύει·
μαγεύουμε, -ομε, μαγεύετε, μαγεύουν

Pres. Sub. νὰ μαγεύω, νὰ μαγεύεις, νὰ μαγεύει·
νὰ μαγεύουμε, -ομε, νὰ μαγεύετε, νὰ μαγεύουν

Pres. Imp. μάγευε·
μαγεύετε

Pres. Part. μαγεύοντας

Imp. μάγευα, μάγευες, μάγευε·
μαγεύαμε, μαγεύατε, μάγευαν

Fut. I θὰ μαγεύω, θὰ μαγεύεις, θὰ μαγεύει·
θὰ μαγεύουμε, -ομε, θὰ μαγεύετε, θὰ μαγεύουν

Fut. II θὰ μαγέψω, θὰ μαγέψεις, θὰ μαγέψει·
θὰ μαγέψουμε, -ομε, θὰ μαγέψετε, θὰ μαγέψουν

Aor. Ind. μάγεψα, μάγεψες, μάγεψε·
μαγέψαμε, μαγέψατε, μάγεψαν

Aor. Sub. νὰ μαγέψω, νὰ μαγέψεις, νὰ μαγέψει·
νὰ μαγέψουμε, -ομε, νὰ μαγέψετε, νὰ μαγέψουν

Aor. Imp. μάγεψε·
μαγέψτε

Aor. Inf. μαγέψει

Perf. Ind. ἔχω μαγέψει, ἔχεις μαγέψει, ἔχει μαγέψει ἢ ἔχω κτλ.
μαγεμένο·
ἔχουμε, -ομε μαγέψει, ἔχετε μαγέψει, ἔχουν μαγέψει

Perf. Sub. νὰ ἔχω μαγέψει, νὰ ἔχεις μαγέψει, νὰ ἔχει μαγέψει ἢ
νὰ ἔχω κτλ. μαγεμένο·
νὰ ἔχουμε, -ομε μαγέψει, νὰ ἔχετε μαγέψει, νὰ ἔχουν
μαγέψει

P. P. εἶχα μαγέψει, εἶχες μαγέψει, εἶχε μαγέψει ἢ εἶχα κτλ.
μαγεμένο·
εἴχαμε μαγέψει, εἴχατε μαγέψει, εἶχαν μαγέψει

F. P. θὰ ἔχω μαγέψει, θὰ ἔχεις μαγέψει, θὰ ἔχει μαγέψει ἢ
θὰ ἔχω κτλ. μαγεμένο
θὰ ἔχουμε, -ομε μαγέψει, θὰ ἔχετε μαγέψει, θὰ ἔχουν
μαγέψει

Pres. Ind.	μαζεύω, μαζεύεις, μαζεύει· μαζεύουμε, -ομε, μαζεύετε, μαζεύουν
Pres. Sub.	νὰ μαζεύω, νὰ μαζεύεις, νὰ μαζεύει· νὰ μαζεύουμε, -ομε, νὰ μαζεύετε, νὰ μαζεύουν
Pres. Imp.	μάζευε· μαζεύετε
Pres. Part.	μαζεύοντας
Imp.	μάζευα, μάζευες, μάζευε· μαζεύαμε, μαζεύατε, μάζευαν
Fut. I	θὰ μαζεύω, θὰ μαζεύεις, θὰ μαζεύει· θὰ μαζεύουμε, -ομε, θὰ μαζεύετε, θὰ μαζεύουν
Fut. II	θὰ μαζέψω, θὰ μαζέψεις, θὰ μαζέψει· θὰ μαζέψουμε, -ομε, θὰ μαζέψετε, θὰ μαζέψουν
Aor. Ind.	μάζεψα, μάζεψες, μάζεψε· μαζέψαμε, μαζέψατε, μάζεψαν
Aor. Sub.	νὰ μαζέψω, νὰ μαζέψεις, νὰ μαζέψει· νὰ μαζέψουμε, -ομε, νὰ μαζέψετε, νὰ μαζέψουν
Aor. Imp.	μάζεψε· μαζέψτε
Aor. Inf.	μαζέψει
Perf. Ind.	ἔχω μαζέψει, ἔχεις μαζέψει, ἔχει μαζέψει ἢ ἔχω κτλ. μαζεμένο· ἔχουμε, -ομε μαζέψει, ἔχετε μαζέψει, ἔχουν μαζέψει
Perf. Sub.	νὰ ἔχω μαζέψει, νὰ ἔχεις μαζέψει, νὰ ἔχει μαζέψει ἢ νὰ ἔχω κτλ. μαζεμένο· νὰ ἔχουμε, -ομε μαζέψει, νὰ ἔχετε μαζέψει, νὰ ἔχουν μαζέψει
P. P.	εἶχα μαζέψει, εἶχες μαζέψει, εἶχε μαζέψει ἢ εἶχα κτλ. μαζεμένο· εἴχαμε μαζέψει, εἴχατε μαζέψει, εἶχαν μαζέψει
F. P.	θὰ ἔχω μαζέψει, θὰ ἔχεις μαζέψει, θὰ ἔχει μαζέψει ἢ θὰ ἔχω κτλ. μαζεμένο· θὰ ἔχουμε, -ομε μαζέψει, θὰ ἔχετε μαζέψει, θὰ ἔχουν μαζέψει

Pres. Ind.   μαθαίνω, μαθαίνεις, μαθαίνει·
                   μαθαίνουμε, -ομε, μαθαίνετε, μαθαίνουν

Pres. Sub.   νὰ μαθαίνω, νὰ μαθαίνεις, νὰ μαθαίνει·
                   νὰ μαθαίνουμε, -ομε, νὰ μαθαίνετε, νὰ μαθαίνουν

Pres. Imp.   μάθαινε·
                   μαθαίνετε

Pres. Part.   μαθαίνοντας

Imp.   μάθαινα μάθαινες, μάθαινε·
                   μαθαίναμε, μαθαίνατε, μάθαιναν

Fut. I   θὰ μαθαίνω, θὰ μαθαίνεις, θὰ μαθαίνει·
                   θὰ μαθαίνουμε, -ομε, θὰ μαθαίνετε, θὰ μαθαίνουν

Fut. II   θὰ μάθω, θὰ μάθεις, θὰ μάθει·
                   θὰ μάθουμε, -ομε, θὰ μάθετε, θὰ μάθουν

Aor. Ind.   ἔμαθα, ἔμαθες, ἔμαθε·
                   μάθαμε, μάθατε, ἔμαθαν

Aor. Sub.   νὰ μάθω, νὰ μάθεις, νὰ μάθει·
                   νὰ μάθουμε, -ομε, νὰ μάθετε, νὰ μάθουν

Aor. Imp.   μάθε·
                   μάθετε

Aor. Inf.   μάθει

Perf. Ind.   ἔχω μάθει, ἔχεις μάθει, ἔχει μάθει ἢ ἔχω κτλ. μαθημένο·
                   ἔχουμε, -ομε, μάθει, ἔχετε μάθει, ἔχουν μάθει

Perf. Sub.   νὰ ἔχω μάθει, νὰ ἔχεις μάθει νὰ ἔχει μάθει ἢ νὰ ἔχω
                   κτλ. μαθημένο·
                   νὰ ἔχουμε, -ομε μάθει, νὰ ἔχετε μάθει, νὰ ἔχουν μάθει

P. P.   εἶχα μάθει, εἶχες μάθει εἶχε μάθει ἢ εἶχα κτλ. μαθημέ-
                   νο·
                   εἴχαμε μάθει, εἴχατε μάθει, εἶχαν μάθει

F. P.   θὰ ἔχω μάθει, θὰ ἔχεις μάθει, θὰ ἔχει μάθει ἢ θὰ ἔχω
                   κτλ. μαθημένο·
                   θὰ ἔχουμε, -ομε μάθει, θὰ ἔχετε μάθει, θὰ ἔχουν μάθει

Active Voice	ΜΑΡΤΥΡΩ	bear witness to, betray

Pres. Ind. μαρτυρῶ, μαρτυρᾶς, μαρτυρᾶ ἢ μαρτυράει·
μαρτυροῦμε ἢ μαρτυρᾶμε, μαρτυρᾶτε, μαρτυροῦν ἢ μαρ·
τυρᾶν(ε)

Pres. Sub. νὰ μαρτυρῶ, νὰ μαρτυρᾶς, νὰ μαρτυρᾶ ἢ μαρτυράει·
νὰ μαρτυροῦμε, ἢ μαρτυρᾶμε, νὰ μαρτυρᾶτε, νὰ μαρ-
τυροῦν ἢ μαρτυρᾶν(ε)

Pres. Imp. μαρτύρα·
μαρτυρᾶτε

Pres. Part. μαρτυρώντας

Imp. μαρτυροῦσα, μαρτυροῦσες, μαρτυροῦσε·
μαρτυρούσαμε, μαρτυρούσατε, μαρτυροῦσαν

Fut. I θὰ μαρτυρῶ, θὰ μαρτυρᾶς, θὰ μαρτυρᾶ ἢ μαρτυράει·
θὰ μαρτυροῦμε ἢ μαρτυρᾶμε, θὰ μαρτυρᾶτε, θὰ μαρτυ-
ροῦν ἢ μαρτυρᾶν(ε)

Fut. II θὰ μαρτυρήσω, θὰ μαρτυρήσεις, θὰ μαρτυρήσει·
θὰ μαρτυρήσουμε, -ομε, θὰ μαρτυρήσετε, θὰ μαρτυρή-
σουν

Aor. Ind. μαρτύρησα, μαρτύρησες, μαρτύρησε·
μαρτυρήσαμε, μαρτυρήσατε μαρτύρησαν

Aor. Sub. νὰ μαρτυρήσω, νὰ μαρτυρήσεις, νὰ μαρτυρήσει·
νὰ μαρτυρήσουμε, -ομε, νὰ μαρτυρήσετε νὰ μαρτυρή-
σουν

Aor. Imp. μαρτύρησε·
μαρτυρῆστε

Aor. Inf. μαρτυρήσει

Perf. Ind. ἔχω μαρτυρήσει, ἔχεις μαρτυρήσει, ἔχει μαρτυρήσει ἢ
ἔχω κτλ. μαρτυρημένο·
ἔχουμε, -ομε μαρτυρήσει, ἔχετε μαρτυρήσει, ἔχουν μαρ-
τυρήσει·

Perf. Sub. νὰ ἔχω μαρτυρήσει, νὰ ἔχεις μαρτυρήσει, νὰ ἔχει μαρ-
τυρήσει ἢ νὰ ἔχω κτλ. μαρτυρημένο·
νὰ ἔχουμε, -ομε μαρτυρήσει, νὰ ἔχετε μαρτυρήσει, νὰ
ἔχουν μαρτυρήσει

P. P. εἶχα μαρτυρήσει, εἶχες μαρτυρήσει, εἶχε μαρτυρήσει ἢ
εἶχα κτλ. μαρτυρημένο·
εἴχαμε μαρτυρήσει, εἴχατε μαρτυρήσει, εἶχαν μαρτυ-
ρήσει

F. P. θὰ ἔχω μαρτυρήσει. θὰ ἔχεις μαρτυρήσει, θὰ ἔχει μαρ-
τυρήσει ἢ θὰ ἔχω κτλ. μαρτυρημένο·
θὰ ἔχουμε, -ομε μαρτυρήσει, θὰ ἔχετε μαρτυρήσει, θὰ
ἔχουν μαρτυρήσει

Pres. Ind.	μαλώνω, μαλώνεις, μαλώνει· μαλώνουμε, -ομε, μαλώνετε, μαλώνουν
Ρres. Sub.	νὰ μαλώνω, νὰ μαλώνεις, νὰ μαλώνει· νὰ μαλώνουμε, -ομε, νὰ μαλώνετε, νὰ μαλώνουν
Pres. Imp.	μάλωνε· μαλώνετε
Pres. Part.	μαλώνοντας
Imp.	μάλωνα, μάλωνες, μάλωνε· μαλώναμε, μαλώνατε, μάλωναν
Fut. I	θὰ μαλώνω, θὰ μαλώνεις, θὰ μαλώνει· θὰ μαλώνουμε, -ομε, θὰ μαλώνετε, θὰ μαλώνουν
Fut. II	θὰ μαλώσω, θὰ μαλώσεις, θὰ μαλώσει· θὰ μαλώσουμε, -ομε, θὰ μαλώσετε, θὰ μαλώσουν
Aor. Ind.	μάλωσα, μάλωσες, μάλωσε· μαλώσαμε, μαλώσατε, μάλωσαν
Aor. Sub.	νὰ μαλώσω, νὰ μαλώσεις, νὰ μαλώσει· νὰ μαλώσουμε, -ομε, νὰ μαλώσετε, νὰ μαλώσουν
Aor. Imp.	μάλωσε· μαλώσετε ἢ μαλῶστε
Aor. Inf	μαλώσει
Perf. Ind.	ἔχω μαλώσει, ἔχεις μαλώσει, ἔχει μαλώσει· ἔχουμε, -ομε μαλώσει, ἔχετε μαλώσει, ἔχουν μαλώσει
Perf. Sub.	νὰ ἔχω μαλώσει, νὰ ἔχεις μαλώσει, νὰ ἔχει μαλώσει· νὰ ἔχουμε, -ομε μαλώσει, νὰ ἔχετε μαλώσει, νὰ ἔχουν μαλώσει
P. P.	εἶχα μαλώσει, εἶχες μαλώσει, εἶχε μαλώσει· εἴχαμε μαλώσει, εἴχατε μαλώσει, εἶχαν μαλώσει
F. P.	θὰ ἔχω μαλώσει, θὰ ἔχεις μαλώσει, θὰ ἔχει μαλώσει· θὰ ἔχουμε, -ομε μαλώσει, θὰ ἔχετε μαλώσει, θὰ ἔχουν μαλώσει

Pres. Ind. μαυρίζω, μαυρίζεις, μαυρίζει·
μαυρίζουμε, -ομε, μαυρίζετε, μαυρίζουν

Pres. Sub. νὰ μαυρίζω, νὰ μαυρίζεις, νὰ μαυρίζει·
νὰ μαυρίζουμε, -ομε, νὰ μαυρίζετε, νὰ μαυρίζουν

Pres. Imp. μαύριζε·
μαυρίζετε·

Pres. Part. μαυρίζοντας

Imp. μαύριζα, μαύριζες, μαύριζε·
μαυρίζαμε, μαυρίζατε, μαύριζαν

Fut. I θὰ μαυρίζω, θὰ μαυρίζεις, θὰ μαυρίζει·
θὰ μαυρίζουμε, -ομε, θὰ μαυρίζετε, θὰ μαυρίζουν

Fut. II θὰ μαυρίσω, θὰ μαυρίσεις, θὰ μαυρίσει·
θὰ μαυρίσουμε, -ομε, θὰ μαυρίσετε, θὰ μαυρίσουν

Aor. Ind. μαύρισα, μαύρισες, μαύρισε·
μαυρίσαμε, μαυρίσατε, μαύρισαν

Aor. Sub. νὰ μαυρίσω, νὰ μαυρίσεις, νὰ μαυρίσει·
νὰ μαυρίσουμε, -ομε, νὰ μαυρίσετε, νὰ μαυρίσουν

Aor. Imp. μαύρισε·
μαυρίστε·

Aor. Inf. μαυρίσει

Perf. Ind. ἔχω μαυρίσει, ἔχεις μαυρίσει, ἔχει μαυρίσει·
ἔχουμε, -ομε μαυρίσει, ἔχετε μαυρίσει, ἔχουν μαυρίσει

Perf. Sub. νὰ ἔχω μαυρίσει, νὰ ἔχεις μαυρίσει, νὰ ἔχει μαυρίσει·
νὰ ἔχουμε, -ομε μαυρίσει, νὰ ἔχετε μαυρίσει, νὰ ἔχουν
μαυρίσει

P. P. εἶχα μαυρίσει, εἶχες μαυρίσει, εἶχε μαυρίσει·
εἴχαμε μαυρίσει, εἴχατε μαυρίσει, εἶχαν μαυρίσει

F. P. θὰ ἔχω μαυρίσει, θὰ ἔχεις μαυρίσει, θὰ ἔχει μαυρίσει·
θὰ ἔχουμε, -ομε μαυρίσει, θὰ ἔχετε μαυρίσει, θὰ ἔχουν
μαυρίσει

Active Voice	ΜΕΓΑΛΩΝΩ to grow, make taller (bigger, greater)

Pres. Ind.   μεγαλώνω, μεγαλώνεις, μεγαλώνει·
μεγαλώνουμε, -ομε, μεγαλώνετε, μεγαλώνουν

Pres. Sub.   νὰ μεγαλώνω, νὰ μεγαλώνεις, νὰ μεγαλώνει·
νὰ μεγαλώνουμε, -ομε, νὰ μεγαλώνετε, νὰ μεγαλώνουν

Pres. Imp.   μεγάλωνε·
μεγαλώνετε

Pres. Part.   μεγαλώνοντας

Imp.   μεγάλωνα, μεγάλωνες, μεγάλωνε·
μεγαλώναμε, μεγαλώνατε, μεγάλωναν

Fut. I   θὰ μεγαλώνω, θὰ μεγαλώνεις, θὰ μεγαλώνει·
θὰ μεγαλώνουμε, -ομε, θὰ μεγαλώνετε, θὰ μεγαλώνουν

Fut. II   θὰ μεγαλώσω, θὰ μεγαλώσεις, θὰ μεγαλώσει
θὰ μεγαλώσουμε, -ομε, θὰ μεγαλώσετε, θὰ μεγαλώσουν

Aor. Ind.   μεγάλωσα, μεγάλωσες, μεγάλωσε·
μεγαλώσαμε, μεγαλώσατε μεγάλωσαν

Aor. Sub.   νὰ μεγαλώσω, νὰ μεγαλώσεις νὰ μεγαλώσει·
νὰ μεγαλώσουμε, -ομε, νὰ μεγαλώσετε, νὰ μεγαλώσουν

Aor. Imp.   μεγάλωσε·
μεγαλώσετε ἢ μεγαλῶστε

Aor. Inf.   μεγαλώσει

Perf. Ind.   ἔχω μεγαλώσει, ἔχεις μεγαλώσει, ἔχει μεγαλώσει·
ἔχουμε, -ομε μεγαλώσει, ἔχετε μεγαλώσει, ἔχουν με-
γαλώσει

Perf. Sub.   νὰ ἔχω μεγαλώσει, νὰ ἔχεις μεγαλώσει, νὰ ἔχει μεγα-
λώσει·
νὰ ἔχουμε, -ομε μεγαλώσει, νὰ ἔχετε μεγαλώσει, νὰ
ἔχουν μεγαλώσει

P. P.   εἶχα μεγαλώσει, εἶχες μεγαλώσει, εἶχε μεγαλώσει·
εἴχαμε μεγαλώσει, εἴχατε μεγαλώσει, εἶχαν μεγαλώσει

F. P.   θὰ ἔχω μεγαλώσει, θὰ ἔχεις μεγαλώσει, θὰ ἔχει μεγα-
λώσει·
θὰ ἔχουμε, -ομε μεγαλώσει, θὰ ἔχετε μεγαλώσει, θὰ
ἔχουν μεγαλώσει

| Active Voice | ΜΕΘΩ | to make drunk, get drunk, elate, be elated |

Pres. Ind. μεθῶ, μεθᾶς μεθᾶ ἢ μεθάει·
μεθοῦμε ἢ μεθᾶμε, μεθᾶτε, μεθοῦν ἢ μεθᾶν(ε)

Pres. Sub. νὰ μεθῶ, νὰ μεθᾶς, νὰ μεθᾶ ἢ μεθάει·
νὰ μεθοῦμε ἢ μεθᾶμε, νὰ μεθᾶτε, νὰ μεθοῦν ἢ μεθᾶν(ε)

Pres. Imp. μέθα·
μεθᾶτε

Pres. Part. μεθώντας

Imp. μεθοῦσα, μεθοῦσες, μεθοῦσε·
μεθούσαμε, μεθούσατε, μεθοῦσαν

Fut. I θὰ μεθῶ, θὰ μεθᾶς, θὰ μεθᾶ ἢ μεθάει·
θὰ μεθοῦμε ἢ μεθᾶμε, θὰ μεθᾶτε, θὰ μεθοῦν ἢ μεθᾶν(ε)

Fut. II θὰ μεθύσω, θὰ μεθύσεις, θὰ μεθύσει·
θὰ μεθύσουμε, -ομε, θὰ μεθύσετε, θὰ μεθύσουν

Aor. Ind. μέθυσα, μέθυσες, μέθυσε·
μεθύσαμε, μεθύσατε, μέθυσαν

Aor. Sub. νὰ μεθύσω, νὰ μεθύσεις, νὰ μεθύσει·
νὰ μεθύσουμε, -ομε, νὰ μεθύσετε, νὰ μεθύσουν

Aor. Imp. μέθυσε·
μεθύστε

Aor. Inf. μεθύσει

Perf. Ind. ἔχω μεθύσει, ἔχεις μεθύσει, ἔχει μεθύσει·
ἔχουμε, -ομε μεθύσει, ἔχετε μεθύσει, ἔχουν μεθύσει

Perf. Sub. νὰ ἔχω μεθύσει, νὰ ἔχεις μεθύσει, νὰ ἔχει μεθύσει·
νὰ ἔχουμε, -ομε μεθύσει, νὰ ἔχετε μεθύσει, νὰ ἔχουν
μεθύσει

P. P. εἶχα μεθύσει, εἶχες μεθύσει, εἶχε μεθύσει·
εἴχαμε μεθύσει, εἴχατε μεθύσει, εἶχαν μεθύσει

F. P. θὰ ἔχω μεθύσει, θὰ ἔχεις μεθύσει, θὰ ἔχει μεθύσει·
θὰ ἔχουμε, -ομε μεθύσει, θὰ ἔχετε μεθύσει, θὰ ἔχουν
μεθύσει

Pres. Ind.	μένω, μένεις, μένει· μένουμε, -ομε, μένετε, μένουν
Pres. Sub.	νὰ μένω, νὰ μένεις, νὰ μένει· νὰ μένουμε, -ομε, νὰ μένετε, νὰ μένουν
Pres. Imp.	μένε· μένετε
Pres. Part.	μένοντας
Imp.	ἔμενα, ἔμενες, ἔμενε· μέναμε, μένατε, ἔμεναν
Fut. I	θὰ μένω, θὰ μένεις, θὰ μένει· θὰ μένουμε, -ομε, θὰ μένετε, θὰ μένουν
Fut. II	θὰ μείνω, θὰ μείνεις, θὰ μείνει· θὰ μείνουμε, -ομε, θὰ μείνετε, θὰ μείνουν
Aor. Ind.	ἔμεινα, ἔμεινες, ἔμεινε· μείναμε, μείνατε, ἔμειναν
Aor. Sub.	νὰ μείνω, νὰ μείνεις, νὰ μείνει· νὰ μείνουμε, -ομε, νὰ μείνετε, νὰ μείνουν
Aor. Imp.	μεῖνε· μείνετε
Aor. Inf.	μείνει
Perf. Ind.	ἔχω μείνει, ἔχεις μείνει, ἔχει μείνει· ἔχουμε, -ομε μείνει, ἔχετε μείνει, ἔχουν μείνει
Perf. Sub.	νὰ ἔχω μείνει, νὰ ἔχεις μείνει, νὰ ἔχει μείνει· νὰ ἔχουμε, -ομε μείνει, νὰ ἔχετε μείνει, νὰ ἔχουν μείνει
P. P.	εἶχα μείνει, εἶχες μείνει, εἶχε μείνει· εἴχαμε μείνει, εἴχατε μείνει, εἶχαν μείνει
F. P.	θὰ ἔχω μείνει, θὰ ἔχεις μείνει, θὰ ἔχει μείνει· θὰ ἔχουμε, -ομε μείνει, θὰ ἔχετε μείνει, θὰ ἔχουν μείνει

Pres. Ind.	μεταδίδω, μεταδίδεις, μεταδίδει μεταδίδουμε, -ομε, μεταδίδετε, μεταδίδουν
Pres. Sub.	νὰ μεταδίδω, νὰ μεταδίδεις, νὰ μεταδίδει νὰ μεταδίδουμε, -ομε, νὰ μεταδίδετε, νὰ μεταδίδουν
Pres. Imp.	μετάδιδε· μεταδίδετε
Pres. Part.	μεταδίδοντας
Imp.	μετάδιδα, μετάδιδες, μετάδιδε· μεταδίδαμε, μεταδίδατε, μετάδιδαν
Fut. I	θὰ μεταδίδω, θὰ μεταδίδεις, θὰ μεταδίδει· θὰ μεταδίδουμε, -ομε, θὰ μεταδίδετε, θὰ μεταδίδουν
Fut. II	θὰ μεταδώσω, θὰ μεταδώσεις, θὰ μεταδώσει· θὰ μεταδώσουμε, -ομε, θὰ μεταδώσετε, θὰ μεταδώσουν
Aor. Ind.	μετάδωσα, μετάδωσες, μετάδωσε· μεταδώσαμε, μεταδώσατε, μετάδωσαν
Aor. Sub.	νὰ μεταδώσω, νὰ μεταδώσεις, νὰ μεταδώσει· νὰ μεταδώσουμε, -ομε, νὰ μεταδώσετε, νὰ μεταδώσουν
Aor. Imp.	μετάδωσε· μεταδώσετε ἢ μεταδῶστε
Aor. Inf.	μεταδώσει
Perf. Ind.	ἔχω μεταδώσει, ἔχεις μεταδώσει, ἔχει μεταδώσει· ἔχουμε, -ομε μεταδώσει, ἔχετε μεταδώσει, ἔχουν μετα- δώσει
Perf. Sub.	νὰ ἔχω μεταδώσει, νὰ ἔχεις μεταδώσει, νὰ ἔχει μετα- δώσει· νὰ ἔχουμε, -ομε μεταδώσει, νὰ ἔχετε μεταδώσει, νὰ ἔ- χουν μεταδώσει
P. P.	εἶχα μεταδώσει, εἶχες μεταδώσει, εἶχε μεταδώσει· εἴχαμε μεταδώσει, εἴχατε μεταδώσει, εἶχαν μεταδώσει
F. P.	θὰ ἔχω μεταδώσει, θὰ ἔχεις μεταδώσει, θὰ ἔχει μετα- δώσει θὰ ἔχουμε, -ομε μεταδώσει, θὰ ἔχετε μεταδώσει, θὰ ἔ- χουν μεταδώσει

Pres. Ind.	μετακομίζω, μετακομίζεις, μετακομίζει· μετακομίζουμε, -ομε, μετακομίζετε, μετακομίζουν
Pres. Sub.	νὰ μετακομίζω, νὰ μετακομίζεις, νὰ μετακομίζει· νὰ μετακομίζουμε, -ομε, νὰ μετακομίζετε, νὰ μετακομίζουν
Pres. Imp	μετακόμιζε· μετακομίζετε
Pres. Part.	μετακομίζοντας
Imp.	μετακόμιζα, μετακόμιζες, μετακόμιζε· μετακομίζαμε, μετακομίζατε, μετακόμιζαν
Fut. I	θὰ μετακομίζω, θὰ μετακομίζεις, θὰ μετακομίζει· θὰ μετακομίζουμε, -ομε, θὰ μετακομίζετε, θὰ μετακομίζουν
Fut. II	θὰ μετακομίσω, θὰ μετακομίσεις, θὰ μετακομίσει· θὰ μετακομίσουμε, -ομε, θὰ μετακομίσετε, θὰ μετακομίσουν
Aor. Ind.	μετακόμισα, μετακόμισες, μετακόμισε· μετακομίσαμε, μετακομίσατε, μετακόμισαν
Aor. Sub.	νὰ μετακομίσω, νὰ μετακομίσεις, νὰ μετακομίσει· νὰ μετακομίσουμε, -ομε, νὰ μετακομίσετε, νὰ μετακομίσουν
Aor. Imp.	μετακόμισε· μετακομίστε
Aor. Inf.	μετακομίσει
Perf. Ind.	ἔχω μετακομίσει, ἔχεις μετακομίσει, ἔχει μετακομίσει· ἔχουμε, -ομε μετακομίσει, ἔχετε μετακομίσει, ἔχουν μετακομίσει
Perf. Sub.	νὰ ἔχω μετακομίσει, νὰ ἔχεις μετακομίσει, νὰ ἔχει μετακομίσει· νὰ ἔχουμε, -ομε μετακομίσει, νὰ ἔχετε μετακομίσει, νὰ ἔχουν μετακομίσει
P. P.	εἶχα μετακομίσει, εἶχες μετακομίσει, εἶχε μετακομίσει· εἴχαμε μετακομίσει, εἴχατε μετακομίσει, εἶχαν μετακομίσει
F. P.	θὰ ἔχω μετακομίσει, θὰ ἔχεις μετακομίσει, θὰ ἔχει μετακομίσει· θὰ ἔχουμε, -ομε μετακομίσει, θὰ ἔχετε μετακομίσει, θὰ ἔχουν μετακομίσει

Pres. Ind.	μετρῶ, μετρᾷς, μετρᾷ ἢ μετράει· μετροῦμε ἢ μετρᾶμε, μετρᾶτε, μετροῦν ἢ μετρᾶν(ε)
Pres. Sub.	νὰ μετρῶ νὰ μετρᾷς, νὰ μετρᾷ ἢ μετράει· νὰ μετροῦμε ἢ μετρᾶμε, νὰ μετρᾶτε, νὰ μετροῦν ἢ με- τρᾶν(ε)
Pres. Imp.	μέτρα· μετρᾶτε
Pres. Part.	μετρώντας
Imp.	μετροῦσα, μετροῦσες, μετροῦσε· μετρούσαμε, μετρούσατε, μετροῦσαν
Fut. I	θὰ μετρῶ, θὰ μετρᾷς, θὰ μετρᾷ ἢ μετράει· θὰ μετροῦμε ἢ μετρᾶμε, θὰ μετρᾶτε, θὰ μετροῦν ἢ με- τρᾶν(ε)
Fut. II	θὰ μετρήσω, θὰ μετρήσεις, θὰ μετρήσει· θὰ μετρήσουμε, -ομε, θὰ μετρήσετε, θὰ μετρήσουν
Aor. Ind.	μέτρησα, μέτρησες, μέτρησε· μετρήσαμε, μετρήσατε, μέτρησαν
Aor. Sub.	νὰ μετρήσω, νὰ μετρήσεις, νὰ μετρήσει· νὰ μετρήσουμε, -ομε, νὰ μετρήσετε, νὰ μετρήσουν
Aor. Imp.	μέτρησε· μετρῆστε
Aor. Inf.	μετρήσει
Perf. Ind.	ἔχω μετρήσει, ἔχεις μετρήσει, ἔχει μετρήσει ἢ ἔχω κτλ. μετρημένο· ἔχουμε, -ομε μετρήσει, ἔχετε μετρήσει, ἔχουν μετρήσει
Perf. Sub.	νὰ ἔχω μετρήσει, νὰ ἔχεις μετρήσει, νὰ ἔχει μετρήσει ἢ νὰ ἔχω κτλ. μετρημένο· νὰ ἔχουμε, -ομε μετρήσει, νὰ ἔχετε μετρήσει, νὰ ἔχουν μετρήσει
P. P.	εἶχα μετρήσει, εἶχες μετρήσει, εἶχε μετρήσει ἢ εἶχα κτλ. μετρημένο· εἴχαμε μετρήσει, εἴχατε μετρήσει, εἶχαν μετρήσει
F. P.	θὰ ἔχω μετρήσει, θὰ ἔχεις μετρήσει, θὰ ἔχει μετρήσει ἢ θὰ ἔχω κτλ. μετρημένο· θὰ ἔχουμε, -ομε μετρήσει, θὰ ἔχετε μετρήσει, θὰ ἔχουν μετρήσει

Pres. Ind.	μιλῶ, μιλᾶς, μιλᾶ ἢ μιλάει·
	μιλοῦμε ἢ μιλᾶμε, μιλᾶτε, μιλοῦν ἢ μιλᾶν(ε)
Pres. Sub.	νὰ μιλῶ, νὰ μιλᾶς, νὰ μιλᾶ ἢ μιλάει·
	νὰ μιλοῦμε ἢ μιλᾶμε, νὰ μιλᾶτε, νὰ μιλοῦν ἢ μιλᾶν(ε)
Pres. Imp.	μίλα·
	μιλᾶτε
Pres. Part.	μιλώντας
Imp.	μιλοῦσα, μιλοῦσες, μιλοῦσε
	μιλούσαμε, μιλούσατε, μιλοῦσαν
Fut. I	θὰ μιλῶ, θὰ μιλᾶς, θὰ μιλᾶ ἢ μιλάει·
	θὰ μιλοῦμε ἢ μιλᾶμε, θὰ μιλᾶτε, θὰ μιλοῦν ἢ μιλᾶν(ε)
Fut. II	θὰ μιλήσω, θὰ μιλήσεις, θὰ μιλήσει·
	θὰ μιλήσουμε, -ομε, θὰ μιλήσετε, θὰ μιλήσουν
Aor. Ind.	μίλησα, μίλησες, μίλησε·
	μιλήσαμε, μιλήσατε, μίλησαν
Aor. Sub.	νὰ μιλήσω, νὰ μιλήσεις. νὰ μιλήσει·
	νὰ μιλήσουμε, -ομε, νὰ μιλήσετε, νὰ μιλήσουν
Aor. Imp.	μίλησε·
	μιλῆστε
Aor. Inf.	μιλήσει
Perf. Ind.	ἔχω μιλήσει, ἔχεις μιλήσει, ἔχει μιλήσει·
	ἔχουμε, -ομε μιλήσει, ἔχετε μιλήσει, ἔχουν μιλήσει
Perf. Sub.	νὰ ἔχω μιλήσει, νὰ ἔχεις μιλήσει, νὰ ἔχει μιλήσει·
	νὰ ἔχουμε, -ομε μιλήσει. νὰ ἔχετε μιλήσει, νὰ ἔχουν μι-
	λήσει·
P. P.	εἶχα μιλήσει, εἶχες μιλήσει. εἶχε μιλήσει·
	εἴχαμε μιλήσει, εἴχατε μιλήσει, εἶχαν μιλήσει
F. P.	θὰ ἔχω μιλήσει, θὰ ἔχεις μιλήσει, θὰ ἔχει μιλήσει·
	θὰ ἔχουμε, -ομε. μιλήσει, θὰ ἔχετε μιλήσει, θὰ ἔχουν
	μιλήσει

Pres. Ind.	μοιράζω, μοιράζεις, μοιράζει· μοιράζουμε, -ςμε, μοιράζετε, μοιράζουν
Pres. Sub.	νὰ μοιράζω, νὰ μοιράζεις, νὰ μοιράζει· νὰ μοιράζουμε, -ομε, νὰ μοιράζετε, νὰ μοιράζουν
Pres. Imp.	μοίραζε· μοιράζετε
Pres. Part.	μοιράζοντας
Imp.	μοίραζα, μοίραζες, μοίραζε· μοιράζαμε μοιράζατε, μοίραζαν
Fut. I	θὰ μοιράζω, θὰ μοιράζεις, θὰ μοιράζει· θὰ μοιράζουμε, –ομε, θὰ μοιράζετε, θὰ μοιράζουν
Fut. II	θὰ μοιράσω, θὰ μοιράσεις, θὰ μοιράσει· θὰ μοιράσουμε, -ςμε, θὰ μοιράσετε, θὰ μοιράσουν
Aor. Ind.	μοίρασα, μοίρασες, μοίρασε· μοιράσαμε, μοιράσατε, μοίρασαν
Aor. Sub.	νὰ μοιράσω, νὰ μοιράσεις, νὰ μοιράσει· νὰ μοιράσουμε, -ομε, νὰ μοιράσετε, νὰ μοιράσουν
Aor. Imp.	μοίρασε· μοιράστε
Aor. Inf.	μοιράσει
Perf. Ind.	ἔχω μοιράσει, ἔχεις μοιράσει, ἔχει μοιράσει ἢ ἔχω κτλ. μοιρασμένο· ἔχουμε, -ομε μοιράσει, ἔχετε μοιράσει, ἔχουν μοιράσει
Perf. Sub.	νὰ ἔχω μοιράσει, νὰ ἔχεις μοιράσει, νὰ ἔχει μοιράσει ἢ νὰ ἔχω κτλ. μοιρασμένο· νὰ ἔχουμε, -ομε μοιράσει, νὰ ἔχετε μοιράσει, νὰ ἔχουν μοιράσει
P. P.	εἶχα μοιράσει, εἶχες μοιράσει, εἶχε μοιράσει ἢ εἶχα κτλ. μοιρασμένο· εἴχαμε μοιράσει, εἴχατε μοιράσει, εἶχαν μοιράσει
F. P.	θὰ ἔχω μοιράσει, θὰ ἔχεις μοιράσει, θὰ ἔχει μοιράσει ἢ θὰ ἔχω κτλ. μοιρασμένο· θὰ ἔχουμε, -ομε μοιράσει, θὰ ἔχετε μοιράσει, θὰ ἔχουν μοιράσει

Pres. Ind. μορφώνω, μορφώνεις, μορφώνει·
μορφώνουμε, -ομε, μορφώνετε, μορφώνουν

Pres. Sub. νὰ μορφώνω, νὰ μορφώνεις, νὰ μορφώνει·
νὰ μορφώνουμε -ομε, νὰ μορφώνετε, νὰ μορφώνουν

Pres. Imp. μόρφωνε·
μορφώνετε

Pres. Part. μορφώνοντας

Imp. μόρφωνα, μόρφωνες, μόρφωνε·
μορφώναμε, μορφώνατε, μόρφωναν

Fut. I θὰ μορφώνω, θὰ μορφώνεις, θὰ μορφώνει·
θὰ μορφώνουμε, -ομε, θὰ μορφώνετε, θὰ μορφώνουν

Fut. II θὰ μορφώσω, θὰ μορφώσεις, θὰ μορφώσει·
θὰ μορφώσουμε, -ομε, θὰ μορφώσετε, θὰ μορφώσουν

Aor. Ind. μόρφωσα, μόρφωσες, μόρφωσε·
μορφώσαμε, μορφώσατε, μόρφωσαν

Aor. Sub. νὰ μορφώσω, νὰ μορφώσεις, νὰ μορφώσει·
νὰ μορφώσουμε, -ομε, νὰ μορφώσετε, νὰ μορφώσουν

Aor. Imp. μόρφωσε·
μορφώσετε ἢ μορφῶστε

Aor. Inf. μορφώσει

Perf. Ind. ἔχω μορφώσει, ἔχεις μορφώσει, ἔχει μορφώσει·
ἔχουμε, -ομε μορφώσει, ἔχετε μορφώσει, ἔχουν μορφώσει

Perf. Sub. νὰ ἔχω μορφώσει, νὰ ἔχεις μορφώσει, νὰ ἔχει μορφώσει·
νὰ ἔχουμε, -ομε μορφώσει, νὰ ἔχετε μορφώσει, νὰ ἔχουν μορφώσει

P. P. εἶχα μορφώσει, εἶχες μορφώσει, εἶχε μορφώσει·
εἴχαμε μορφώσει, εἴχατε μορφώσει, εἶχαν μορφώσει

F. P. θὰ ἔχω μορφώσει, θὰ ἔχεις μορφώσει, θὰ ἔχει μορφώσει·
θὰ ἔχουμε, -ομε μορφώσει, θὰ ἔχετε μορφώσει, θὰ ἔχουν μορφώσει

151

Pres. Ind.	μπαίνω, μπαίνεις, μπαίνει· μπαίνουμε, -ομε, μπαίνετε, μπαίνουν
Pres. Sub.	νὰ μπαίνω, νὰ μπαίνεις, νὰ μπαίνει· νὰ μπαίνουμε, -ομε, νὰ μπαίνετε, νὰ μπαίνουν
Pres. Imp.	μπαῖνε· μπαίνετε
Pres. Part.	μπαίνοντας
Imp.	ἔμπαινα, ἔμπαινες, ἔμπαινε· μπαίναμε, μπαίνατε, ἔμπαιναν
Fut. I	θὰ μπαίνω, θὰ μπαίνεις, θὰ μπαίνει· θὰ μπαίνουμε, -ομε, θὰ μπαίνετε, θὰ μπαίνουν
Fut. II	θὰ μπῶ, θὰ μπεῖς, θὰ μπεῖ ἢ θὰ 'μπω κτλ· θὰ μποῦμε, θὰ μπεῖτε, θὰ μποῦν
Aor. Ind.	μπῆκα, μπῆκες, μπῆκε· μπήκαμε, μπήκατε, μπῆκαν
Aor. Sub.	νὰ μπῶ, νὰ μπεῖς, νὰ μπεῖ ἢ νὰ 'μπω κτλ.· νὰ μποῦμε, νὰ μπεῖτε, νὰ μποῦν
Aor. Imp.	μπές ἢ ἔμπα· μπεῖτε
Aor. Inf.	μπεῖ
Perf. Ind.	ἔχω μπεῖ, ἔχεις μπεῖ, ἔχει μπεῖ· ἔχουμε, -ομε μπεῖ, ἔχετε μπεῖ, ἔχουν μπεῖ
Perf. Sub.	νὰ ἔχω μπεῖ, νὰ ἔχεις μπεῖ, νὰ ἔχει μπεῖ νὰ ἔχουμε, -ομε μπεῖ, νὰ ἔχετε μπεῖ, νὰ ἔχουν μπεῖ
P. P.	εἶχα μπεῖ, εἶχες μπεῖ, εἶχε μπεῖ· εἴχαμε μπεῖ, εἴχατε μπεῖ, εἶχαν μπεῖ
F. P.	θὰ ἔχω μπεῖ, θὰ ἔχεις μπεῖ, θὰ ἔχει μπεῖ· θὰ ἔχουμε, -ομε μπεῖ, θὰ ἔχετε μπεῖ, θὰ ἔχουν μπεῖ

Pres. Ind.	ντρέπομαι, ντρέπεσαι, ντρέπεται· ντρεπόμαστε, ντρέπεστε, ντρέπονται
Pres. Sub.	νὰ ντρέπομαι, νὰ ντρέπεσαι, νὰ ντρέπεται· νὰ ντρεπόμαστε νὰ ντρέπεστε νὰ ντρέπονται
Pres. Imp.	————
Imp.	ντρεπόμουν, ντρεπόσουν ντρεπόταν· ντρεπόμαστε, ντρεπόσαστε, ντρέπονταν
Fut. I	θὰ ντρέπομαι, θὰ ντρέπεσαι, θὰ ντρέπεται· θὰ ντρεπόμαστε, θὰ ντρέπεστε, θὰ ντρέπονται
Fut. II	θὰ ντραπῶ, θὰ ντραπεῖς, θὰ ντραπεῖ· θὰ ντραπούμε, θὰ ντραπεῖτε, θὰ ντραπούν
Aor. Ind.	ντράπηκα, ντράπηκες, ντράπηκε· ντραπήκαμε, ντραπήκατε, ντράπηκαν
Aor. Sub.	νὰ ντραπῶ, νὰ ντραπεῖς, νὰ ντραπεῖ· νὰ ντραπούμε, νὰ ντραπεῖτε, νὰ ντραπούν
Aor. Imp.	———— ντραπεῖτε
Aor. Inf.	ντραπεῖ
Perf. Ind.	ἔχω ντραπεῖ, ἔχεις ντραπεῖ, ἔχει ντραπεῖ· ἔχουμε, -ομε ντραπεῖ, ἔχετε ντραπεῖ, ἔχουν ντραπεῖ
Perf. Sub.	νὰ ἔχω ντραπεῖ, νὰ ἔχεις ντραπεῖ, νὰ ἔχει ντραπεῖ· νὰ ἔχουμε, -ομε ντραπεῖ, νὰ ἔχετε ντραπεῖ, νὰ ἔχουν ντραπεῖ
Perf. Part.	————
P. P.	εἶχα ντραπεῖ, εἶχες ντραπεῖ, εἶχε ντραπεῖ· εἴχαμε ντραπεῖ, εἴχατε ντραπεῖ, εἶχαν ντραπεῖ
F. P.	θὰ ἔχω ντραπεῖ, θὰ ἔχεις ντραπεῖ, θὰ ἔχει ντραπεῖ· θὰ ἔχουμε, -ομε ντραπεῖ, θὰ ἔχετε ντραπεῖ, θὰ ἔχουν ντραπεῖ

Pres. Ind.	μπορῶ, μπορεῖς, μπορεῖ· μποροῦμε, μπορεῖτε, μποροῦν
Pres. Sub.	νὰ μπορῶ, νὰ μπορεῖς, νὰ μπορεῖ· νὰ μποροῦμε, νὰ μπορεῖτε, νὰ μποροῦν
Pres. Imp.	————————
Pres. Part.	μπορώντας
Imp.	μποροῦσα, μποροῦσες, μποροῦσε· μπορούσαμε, μπορούσατε, μποροῦσαν
Fut. I	θὰ μπορῶ, θὰ μπορεῖς, θὰ μπορεῖ· θὰ μποροῦμε, θὰ μπορεῖτε, θὰ μποροῦν
Fut. II	θὰ μπορέσω, θὰ μπορέσεις, θὰ μπορέσει· θὰ μπορέσουμε, -ομε, θὰ μπορέσετε, θὰ μπορέσουν
Aor. Ind.	μπόρεσα, μπόρεσες, μπόρεσε· μπορέσαμε, μπορέσατε, μπόρεσαν
Aor. Sub.	νὰ μπορέσω, νὰ μπορέσεις, νὰ μπορέσει· νὰ μπορέσουμε, –ομε, νὰ μπορέσετε, νὰ μπορέσουν
Aor. Imp.	μπόρεσε· μπορέστε
Aor. Inf.	μπορέσει
Perf. Ind.	ἔχω μπορέσει, ἔχεις μπορέσει, ἔχει μπορέσει· ἔχουμε, -ομε μπορέσει, ἔχετε μπορέσει, ἔχουν μπορέσει
Perf. Sub.	νὰ ἔχω μπορέσει, νὰ ἔχεις μπορέσει, νὰ ἔχει μπορέσει· νὰ ἔχουμε, -ομε μπορέσει, νὰ ἔχετε μπορέσει, νὰ ἔχουν μπορέσει
P. P.	εἶχα μπορέσει, εἶχες μπορέσει, εἶχε μπορέσει· εἴχαμε μπορέσει, εἴχατε μπορέσει, εἶχαν μπορέσει
F. P.	θὰ ἔχω μπορέσει, θὰ ἔχεις μπορέσει, θὰ ἔχει μπορέσει· θὰ ἔχουμε, -ομε μπορέσει, θὰ ἔχετε μπορέσει, θὰ ἔχουν μπορέσει

Pres. Ind.   νικῶ, νικᾶς νικᾶ ἢ νικάει·
νικοῦμε ἢ νικᾶμε, νικᾶτε, νικοῦν ἢ νικᾶν(ε)

Pres. Sub.   νὰ νικῶ, νὰ νικᾶς, νὰ νικᾶ, ἢ νικάει·
νὰ νικοῦμε ἢ νικᾶμε, νὰ νικᾶτε, νὰ νικοῦν ἢ νικᾶν(ε)

Pres. Imp.   νίκα·
νικᾶτε

Pres. Part.   νικώντας

Imp.   νικοῦσα, νικοῦσες, νικοῦσε·
νικούσαμε, νικούσατε, νικοῦσαν

Fut. I   θὰ νικῶ, θὰ νικᾶς, θὰ νικᾶ ἢ νικάει·
θὰ νικοῦμε ἢ νικᾶμε, θὰ νικᾶτε, θὰ νικοῦν ἢ νίκᾶν(ε)

Fut. II   θὰ νικήσω, θὰ νικήσεις, θὰ νικήσει·
θὰ νικήσουμε, -ομε, θὰ νικήσετε, θὰ νικήσουν

Aor. Ind.   νίκησα, νίκησες, νίκησε·
νικήσαμε, νικήσατε, νίκησαν

Aor. Sub.   θὰ νικήσω, θὰ νικήσεις, θὰ νικήσει·
θὰ νικήσουμε, -ομε, θὰ νικήσετε, θὰ νικήσουν

Aor. Imp.   νίκησε·
νικῆστε

Aor. Inf.   νικήσει

Perf. Ind.   ἔχω νικήσει, ἔχεις νικήσει, ἔχει νικήσει ἢ ἔχω κτλ. νι-
κημένο·
ἔχουμε, -ομε νικήσει, ἔχετε νικήσει, ἔχουν νικήσει

Perf. Sub.   νὰ ἔχω νικήσει, νὰ ἔχεις νικήσει, νὰ ἔχει νικήσει ἢ νὰ
ἔχω κτλ. νικημένο·
νὰ ἔχουμε, -ομε νικήσει, νὰ ἔχετε νικήσει, νὰ ἔχουν
νικήσει

P. P.   εἶχα νικήσει, εἶχες νικήσει, εἶχε νικήσει ἢ εἶχα κτλ.
νικημένο·
εἴχαμε νικήσει, εἴχατε νικήσει, εἶχαν νικήσει

F. P.   θὰ ἔχω νικήσει, θὰ ἔχεις νικήσει, θὰ ἔχει νικήσει ἢ θὰ
ἔχω κτλ. νικημένο·
θὰ ἔχουμε, -ομε νικήσει, θὰ ἔχετε νικήσει, θὰ ἔχουν
νικήσει

Pres. Ind.	ντύνομαι, ντύνεσαι, ντύνεται· ντυνόμαστε, ντύνεστε, ντύνονται
Pres. Sub.	νὰ ντύνομαι, νὰ ντύνεσαι, νὰ ντύνεται· νὰ ντυνόμαστε, νὰ ντύνεστε, νὰ ντύνονται
Pres. Imp.	ντύνου· ντύνεστε
Imp.	ντυνόμουν, ντυνόσουν, ντυνόταν· ντυνόμαστε, ντυνόσαστε, ντύνονταν
Fut. I	θὰ ντύνομαι, θὰ ντύνεσαι, θὰ ντύνεται· θὰ ντυνόμαστε, θὰ ντύνεστε, θὰ ντύνονται
Fut. II	θὰ ντυθῶ, θὰ ντυθεῖς, θὰ ντυθεῖ· θὰ ντυθοῦμε, θὰ ντυθεῖτε, θὰ ντυθοῦν
Aor. Ind.	ντύθηκα, ντύθηκες, ντύθηκε· ντυθήκαμε, ντυθήκατε, ντύθηκαν
Aor. Sub.	νὰ ντυθῶ, νὰ ντυθεῖς, νὰ ντυθεῖ· νὰ ντυθοῦμε, νὰ ντυθεῖτε, νὰ ντυθοῦν
Aor. Imp.	ντύσου· ντυθεῖτε
Aor. Inf.	ντυθεῖ
Perf. Ind.	ἔχω ντυθεῖ, ἔχεις ντυθεῖ, ἔχει ντυθεῖ ἢ εἶμαι κτλ. ντυμένος· ἔχουμε, -ομε ντυθεῖ, ἔχετε ντυθεῖ, ἔχουν τυθεῖ ἢ εἴμαστε κτλ. ντυμένοι
Perf. Sub.	νὰ ἔχω ντυθεῖ, νὰ ἔχεις ντυθεῖ, νὰ ἔχει ντυθεῖ ἢ νὰ εἶμαι κτλ. ντυμένος· νὰ ἔχουμε, -ομε ντυθεῖ, νὰ ἔχετε ντυθεῖ, νὰ ἔχουν ντυθεῖ ἢ νὰ εἴμαστε κτλ. ντυμένοι
Perf. Part.	ντυμένος
P. P.	εἶχα ντυθεῖ, εἶχες ντυθεῖ εἶχε ντυθεῖ ἢ ἤμουν κτλ. ντυμένος· εἴχαμε ντυθεῖ, εἴχατε ντυθεῖ, εἶχαν ντυθεῖ ἢ ἤμαστε κτλ. ντυμένοι·
F. P.	θὰ ἔχω ντυθεῖ, θὰ ἔχεις ντυθεῖ, θὰ ἔχει ντυθεῖ ἢ θὰ εἶμαι κτλ. ντυμένος· θὰ ἔχουμε, -ομε ντυθεῖ, θὰ ἔχετε ντυθεῖ, θὰ ἔχουν ντυθεῖ ἢ θὰ εἴμαστε κτλ. ντυμένοι

Pres. Ind. ντύνω, ντύνεις, ντύνει·
ντύνουμε, -ομε, ντύνετε, ντύνουν

Pres. Sub. νὰ ντύνω, νὰ ντύνεις, νὰ ντύνει·
νὰ ντύνουμε, -ομε, νὰ ντύνετε, νὰ ντύνουν

Pres. Imp. ντύνε·
ντύνετε

Pres. Part. ντύνοντας

Imp. ἔντυνα, ἔντυνες, ἔντυνε·
ντύναμε, ντύνατε, ἔντυναν

Fut. I θὰ ντύνω θὰ ντύνεις, θὰ ντύνει·
θὰ ντύνουμε, -ομε, θὰ ντύνετε, θὰ ντύνουν

Fut. II θὰ ντύσω, θὰ ντύσεις θὰ ντύσει·
θὰ ντύσουμε, -ομε, θὰ ντύσετε, θὰ ντύσουν

Aor. Ind. ἔντυσα, ἔντυσες, ἔντυσε·
ντύσαμε, ντύσατε, ἔντυσαν

Aor. Sub. νὰ ντύσω, νὰ ντύσεις, νὰ ντύσει·
νὰ ντύσουμε, -ομε, νὰ ντύσετε, νὰ ντύσουν

Aor. Imp. ντύσε·
ντύσετε ἢ ντύστε

Aor. Inf. ντύσει

Perf. Ind. ἔχω ντύσει, ἔχεις ντύσει, ἔχει ντύσει ἢ ἔχω κτλ. ντυμένο·
ἔχουμε, -ομε ντύσει, ἔχετε ντύσει, ἔχουν ντύσει

Perf. Sub. νὰ ἔχω ντύσει, νὰ ἔχεις ντύσει, νὰ ἔχει ντύσει ἢ νὰ ἔχω κτλ. ντυμένο·
νὰ ἔχουμε, -ομε ντύσει, νὰ ἔχετε ντύσει, νὰ ἔχουν ντύσει

P. P. εἶχα ντύσει, εἶχες ντύσει, εἶχε ντύσει ἢ εἶχα κτλ. ντυμένο·
εἴχαμε ντύσει, εἴχατε ντύσει, εἶχαν ντύσει

F. P. θὰ ἔχω ντύσει, θὰ ἔχεις ντύσει, θὰ ἔχει ντύσει ἢ θὰ ἔχω κτλ. ντυμένο·
θὰ ἔχουμε, -ομε ντύσει, θὰ ἔχετε ντύσει, θὰ ἔχουν ντύσει

Active Voice	ΞΑΠΛΩΝΩ to lie down, spread out, stretch
Pres. Ind.	ξαπλώνω, ξαπλώνεις, ξαπλώνει· ξαπλώνουμε, -ομε, ξαπλώνετε, ξαπλώνουν
Pres. Sub.	νὰ ξαπλώνω, νὰ ξαπλώνεις, νὰ ξαπλώνει· νὰ ξαπλώνουμε. -ομε, νὰ ξαπλώνετε, νὰ ξαπλώνουν
Pres. Imp.	ξάπλωνε· ξαπλώνετε
Pres. Part.	ξαπλώνοντας
Imp.	ξάπλωνα, ξάπλωνες, ξάπλωνε· ξαπλώναμε, ξαπλώνατε, ξάπλωναν
Fut. I	θὰ ξαπλώνω, θὰ ξαπλώνεις, θὰ ξαπλώνει· θὰ ξαπλώνουμε, -ομε, θὰ ξαπλώνετε, θὰ ξαπλώνουν
Fut. II	θὰ ξαπλώσω, θὰ ξαπλώσεις, θὰ ξαπλώσει· θὰ ξαπλώσουμε, -ομε, θὰ ξαπλώσετε, θὰ ξαπλώσουν
Aor. Ind.	ξάπλωσα, ξάπλωσες, ξάπλωσε· ξαπλώσαμε, ξαπλώσατε, ξάπλωσαν
Aor. Sub.	νὰ ξαπλώσω, νὰ ξαπλώσεις, νὰ ξαπλώσει· νὰ ξαπλώσουμε, -ομε, νὰ ξαπλώσετε, νὰ ξαπλώσουν
Aor. Imp.	ξάπλωσε· ξαπλώσετε ἢ ξαπλῶστε
Aor. Inf.	ξαπλώσει
Perf. Ind.	ἔχω ξαπλώσει, ἔχεις ξαπλώσει, ἔχει ξαπλώσει· ἔχουμε, -ομε ξαπλώσει, ἔχετε ξαπλώσει, ἔχουν ξαπλώσει
Perf. Sub.	νὰ ἔχω ξαπλώσει, νὰ ἔχεις ξαπλώσει, νὰ ἔχει ξαπλώσει· νὰ ἔχουμε, -ομε ξαπλώσει, νὰ ἔχετε ξαπλώσει, νὰ ἔχουν ξαπλώσει
P. P.	εἶχα ξαπλώσει, εἶχες ξαπλώσει, εἶχε ξαπλώσει· εἴχαμε ξαπλώσει, εἴχατε ξαπλώσει, εἶχαν ξαπλώσει
F. P.	θὰ ἔχω ξαπλώσει, θὰ ἔχεις ξαπλώσει, θὰ ἔχει ξαπλώσει· θὰ ἔχουμε, -ομε ξαπλώσει, θὰ ἔχετε ξαπλώσει, θὰ ἔχουν ξαπλώσει

Pres. Ind. ξαφνιάζω, ξαφνιάζεις, ξαφνιάζει·
ξαφνιάζουμε, -ομε, ξαφνιάζετε, ξαφνιάζουν

Pres. Sub. νὰ ξαφνιάζω, νὰ ξαφνιάζεις, νὰ ξαφνιάζει·
νὰ ξαφνιάζουμε, -ομε, νὰ ξαφνιάζετε, νὰ ξαφνιάζουν

Pres. Imp. ξάφνιαζε·
ξαφνιάζετε·

Pres. Part. ξαφνιάζοντας

Imp. ξάφνιαζα, ξάφνιαζες, ξάφνιαζε·
ξαφνιάζαμε, ξαφνιάζατε, ξάφνιαζαν

Fut. I θὰ ξαφνιάζω, θὰ ξαφνιάζεις, θὰ ξαφνιάζει·
θὰ ξαφνιάζουμε, -ομε, θὰ ξαφνιάζετε, θὰ ξαφνιάζουν

Fut. II θὰ ξαφνιάσω, θὰ ξαφνιάσεις, θὰ ξαφνιάσει·
θὰ ξαφνιάσουμε, -ομε, θὰ ξαφνιάσετε, θὰ ξαφνιάσουν

Aor. Ind. ξάφνιασα, ξάφνιασες, ξάφνιασε·
ξαφνιάσαμε, ξαφνιάσατε, ξάφνιασαν

Aor. Sub. νὰ ξαφνιάσω, νὰ ξαφνιάσεις, νὰ ξαφνιάσει·
νὰ ξαφνιάσουμε, -ομε, νὰ ξαφνιάσετε, νὰ ξαφνιάσουν

Aor. Imp. ξάφνιασε·
ξαφνιάστε

Aor. Inf ξαφνιάσει

Perf. Ind. ἔχω ξαφνιάσει, ἔχεις ξαφνιάσει, ἔχει ξαφνιάσει·
ἔχουμε, -ομε ξαφνιάσει, ἔχετε ξαφνιάσει, ἔχουν ξαφνιά-
σει·

Perf. Sub. νὰ ἔχω ξαφνιάσει, νὰ ἔχεις ξαφνιάσει, νὰ ἔχει ξαφνιά-
σει,
νὰ ἔχουμε, -ομε ξαφνιάσει, νὰ ἔχετε ξαφνιάσει, νὰ ἔ-
χουν ξαφνιάσει

P. P. εἶχα ξαφνιάσει, εἶχες ξαφνιάσει, εἶχε ξαφνιάσει·
εἴχαμε ξαφνιάσει, εἴχατε ξαφνιάσει, εἶχαν ξαφνιάσει

F. P. θὰ ἔχω ξαφνιάσει, θὰ ἔχεις ξαφνιάσει, θὰ ἔχει ξαφνιά-
σει·
θὰ ἔχουμε, -ομε ξαφνιάσει, θὰ ἔχετε ξαφνιάσει, θὰ ἔ-
χουν ξαφνιάσει

| Active Voice | ΞΕΡΩ | to know, be acquainted with |

Pres. Ind. ξέρω, ξέρεις, ξέρει·
ξέρουμε, -ομε, ξέρετε, ξέρουν

Pres. Sub. νὰ ξέρω, νὰ ξέρεις, νὰ ξέρει·
νὰ ξέρουμε, -ομε, νὰ ξέρετε, νὰ ξέρουν

Pres. Imp. ξέρε·
ξέρετε

Pres. Part. ξέροντας

Imp. ἤξερα, ἤξερες, ἤξερε·
ξέραμε, ξέρατε, ἤξεραν

Fut. I θὰ ξέρω, θὰ ξέρεις, θὰ ξέρει·
θὰ ξέρουμε, -ομε, θὰ ξέρετε, θὰ ξέρουν

Fut. II ⸺

Aor. Ind. ⸺

Aor. Sub. ⸺

Aor. Imp. ⸺

Aor. Inf. ⸺

Perf. Ind. ⸺

Perf. Sub. ⸺

P. P. ⸺

F. P. ⸺

Pres. Ind.	ξεχνῶ, ξεχνᾶς, ξεχνᾶ ἢ ξεχνάει· ξεχνοῦμε ἢ ξεχνᾶμε, ξεχνᾶτε, ξεχνοῦν ἢ ξεχνᾶν(ε)
Pres. Sub.	νὰ ξεχνῶ, νὰ ξεχνᾶς, νὰ ξεχνᾶ ἢ ξεχνάει· νὰ ξεχνοῦμε ἢ ξεχνᾶμε, νὰ ξεχνᾶτε, νὰ ξεχνοῦν ἢ ξε- χνᾶν(ε)
Pres. Imp.	ξέχνα· ξεχνᾶτε
Pres. Part.	ξεχνώντας
Imp.	ξεχνοῦσα, ξεχνοῦσες, ξεχνοῦσε· ξεχνούσαμε, ξεχνούσατε, ξεχνοῦσαν
Fut. I	θὰ ξεχνῶ, θὰ ξεχνᾶς, θὰ ξεχνᾶ ἢ ξεχνάει· θὰ ξεχνοῦμε ἢ ξεχνᾶμε, θὰ ξεχνᾶτε, θὰ ξεχνοῦν ἢ ξε- χνᾶν(ε)
Fut. II	θὰ ξεχάσω, θὰ ξεχάσεις, θὰ ξεχάσει· θὰ ξεχάσουμε, -ομε, θὰ ξεχάσετε, θὰ ξεχάσουν
Aor. Ind.	ξέχασα, ξέχασες, ξέχασε· ξεχάσαμε, ξεχάσατε, ξέχασαν
Aor. Sub.	νὰ ξεχάσω, νὰ ξεχάσεις, νὰ ξεχάσει· νὰ ξεχάσουμε, -ομε, νὰ ξεχάσετε, νὰ ξεχάσουν
Aor. Imp.	ξέχασε· ξεχάστε
Aor. Inf.	ξεχάσει
Perf. Ind.	ἔχω ξεχάσει, ἔχεις ξεχάσει, ἔχει ξεχάσει ἢ ἔχω κτλ. ξεχασμένο· ἔχουμε, -ομε ξεχάσει, ἔχετε ξεχάσει, ἔχουν ξεχάσει
Perf. Sub.	νὰ ἔχω ξεχάσει, νὰ ἔχεις ξεχάσει, νὰ ἔχει ξεχάσει ἢ νὰ ἔχω κτλ. ξεχασμένο· νὰ ἔχουμε, -ομε ξεχάσει, νὰ ἔχετε ξεχάσει, νὰ ἔχουν ξεχάσει
P. P.	εἶχα ξεχάσει, εἶχες ξεχάσει, εἶχε ξεχάσει ἢ εἶχα κτλ. ξεχασμένο· εἴχαμε ξεχάσει, εἴχατε ξεχάσει, εἶχαν ξεχάσει
F. P.	θὰ ἔχω ξεχάσει, θὰ ἔχεις ξεχάσει, θὰ ἔχει ξεχάσει ἢ θὰ ἔχω κτλ. ξεχασμένο· θὰ ἔχουμε, -ομε ξεχάσει, θὰ ἔχετε ξεχάσει, θὰ ἔχουν ξεχάσει

Active Voice	ΞΟΔΕΥΩ	to spend, consume

Pres. Ind.	ξοδεύω, ξοδεύεις, ξοδεύει· ξοδεύουμε, -ομε, ξοδεύετε, ξοδεύουν
Pres. Sub.	νὰ ξοδεύω, νὰ ξοδεύεις, νὰ ξοδεύει· νὰ ξοδεύουμε, -ομε, νὰ ξοδεύετε, νὰ ξοδεύουν
Pres. Imp.	ξόδευε· ξοδεύετε
Pres. Part.	ξοδεύοντας
Imp.	ξόδευα, ξόδευες, ξόδευε· ξοδεύαμε, ξοδεύατε, ξόδευαν
Fut. I	θὰ ξοδεύω, θὰ ξοδεύεις, θὰ ξοδεύει· θὰ ξοδεύουμε, -ομε, θὰ ξοδεύετε, θὰ ξοδεύουν
Fut. II	θὰ ξοδέψω, θὰ ξοδέψεις, θὰ ξοδέψει· θὰ ξοδέψουμε, -ομε, θὰ ξοδέψετε, θὰ ξοδέψουν
Aor. Ind.	ξόδεψα, ξόδεψες, ξόδεψε· ξοδέψαμε, ξοδέψατε, ξόδεψαν
Aor. Sub.	νὰ ξοδέψω, νὰ ξοδέψεις, νὰ ξοδέψει· νὰ ξοδέψουμε, -ομε, νὰ ξοδέψετε, νὰ ξοδέψουν
Aor. Imp.	ξόδεψε· ξοδέψτε
Aor. Inf.	ξοδέψει·
Perf. Ind.	ἔχω ξοδέψει, ἔχεις ξοδέψει, ἔχει ξοδέψει· ἔχουμε, -ομε ξοδέψει, ἔχετε ξοδέψει, ἔχουν ξοδέψει
Perf. Sub.	νὰ ἔχω ξοδέψει, νὰ ἔχεις ξοδέψει, νὰ ἔχει ξοδέψει· νὰ ἔχουμε, -ομε ξοδέψει, νὰ ἔχετε ξοδέψει, νὰ ἔχουν ξοδέψει
P. P.	εἶχα ξοδέψει, εἶχες ξοδέψει, εἶχε ξοδέψει· εἴχαμε ξοδέψει, εἴχατε ξοδέψει, εἶχαν ξοδέψει
F. P.	θὰ ἔχω ξοδέψει, θὰ ἔχεις ξοδέψει, θὰ ἔχει ξοδέψει· θὰ ἔχουμε, -ομε ξοδέψει, θὰ ἔχετε ξοδέψει, θὰ ἔχουν ξοδέψει

Pres. Ind.   ξύνω, ξύνεις, ξύνει·
ξύνουμε, -ομε, ξύνετε, ξύνουν

Pres. Sub.   νὰ ξύνω, νὰ ξύνεις, νὰ ξύνει·
νὰ ξύνουμε, –ομε, νὰ ξύνετε, νὰ ξύνουν

Pres. Imp.   ξύνε·
ξύνετε

Pres. Part.   ξύνοντας

Imp.   ἔξυνα, ἔξυνες, ἔξυνε·
ξύναμε, ξύνατε, ἔξυναν

Fut. I   θὰ ξύνω, θὰ ξύνεις, θὰ ξύνει·
θὰ ξύνουμε, -ομε, θὰ ξύνετε, θὰ ξύνουν

Fut. II   θὰ ξύσω, θὰ ξύσεις, θὰ ξύσει·
θὰ ξύσουμε, -ομε, θὰ ξύσετε, θὰ ξύσουν

Aor. Ind.   ἔξυσα, ἔξυσες, ἔξυσε·
ξύσαμε, ξύσατε, ἔξυσαν

Aor. Sub.   νὰ ξύσω, νὰ ξύσεις, νὰ ξύσει·
νὰ ξύσουμε, -ομε, νὰ ξύσετε, νὰ ξύσουν

Aor. Imp.   ξύσε·
ξύστε

Aor. Inf.   ξύσει

Perf. Ind.   ἔχω ξύσει, ἔχεις ξύσει, ἔχει ξύσει·
ἔχουμε, –ομε ξύσει, ἔχετε ξύσει, ἔχουν ξύσει·

Perf. Sub.   νὰ ἔχω ξύσει, νὰ ἔχεις ξύσει, νὰ ἔχει ξύσει·
νὰ ἔχουμε, -ομε ξύσει, νὰ ἔχετε ξύσει, νὰ ἔχουν ξύσει

P. P.   εἶχα ξύσει, εἶχες ξύσει, εἶχε ξύσει·
εἴχαμε ξύσει, εἴχατε ξύσει, εἶχαν ξύσει

F. P.   θὰ ἔχω ξύσει, θὰ ἔχεις ξύσει, θὰ ἔχει ξύσει·
θὰ ἔχουμε, -ομε ξύσει, θὰ ἔχετε ξύσει, θὰ ἔχουν ξύσει

Pres. Ind. ξυπνῶ, ξυπνᾶς, ξυπνᾶ ἢ ξυπνάει·
ξυπνοῦμε ἢ ξυπνᾶμε, ξυπνᾶτε, ξυπνοῦν ἢ ξυπνᾶν(ε)

Pres. Sub. νὰ ξυπνῶ, νὰ ξυπνᾶς, νὰ ξυπνᾶ ἢ ξυπνάει·
νὰ ξυπνοῦμε ἢ ξυπνᾶμε, νὰ ξυπνᾶτε, νὰ ξυπνοῦν ἢ
ξυπνᾶν(ε)

Pres. Imp. ξύπνα·
ξυπνᾶτε

Pres. Part. ξυπνώντας

Imp. ξυπνοῦσα, ξυπνοῦσες, ξυπνοῦσε·
ξυπνούσαμε, ξυπνούσατε, ξυπνοῦσαν

Fut. I θὰ ξυπνῶ, θὰ ξυπνᾶς, θὰ ξυπνᾶ ἢ ξυπνάει·
θὰ ξυπνοῦμε ἢ ξυπνᾶμε, θὰ ξυπνᾶτε, θὰ ξυπνοῦν ἢ ξυ-
πνᾶν(ε)

Fut. II θὰ ξυπνήσω, θὰ ξυπνήσεις, θὰ ξυπνήσει·
θὰ ξυπνήσουμε, -ομε, θὰ ξυπνήσετε, θὰ ξυπνήσουν

Aor. Ind. ξύπνησα, ξύπνησες, ξύπνησε·
ξυπνήσαμε, ξυπνήσατε, ξύπνησαν

Aor. Sub. νὰ ξυπνήσω, νὰ ξυπνήσεις, νὰ ξυπνήσει·
νὰ ξυπνήσουμε, -ομε, νὰ ξυπνήσετε, νὰ ξυπνήσουν

Aor. Imp. ξύπνησε·
ξυπνῆστε

Aor. Inf. ξυπνήσει

Perf. Ind. ἔχω ξυπνήσει, ἔχεις ξυπνήσει, ἔχει ξυπνήσει·
ἔχουμε, -ομε, ξυπνήσει, ἔχετε ξυπνήσει, ἔχουν ξυπνήσει

Perf. Sub. νὰ ἔχω ξυπνήσει, νὰ ἔχεις ξυπνήσει, νὰ ἔχει ξυπνήσει·
νὰ ἔχουμε, -ομε ξυπνήσει, νὰ ἔχετε ξυπνήσει, νὰ ἔχουν
ξυπνήσει

P. P. εἶχα ξυπνήσει, εἶχες ξυπνήσει, εἶχε ξυπνήσει·
εἴχαμε ξυπνήσει, εἴχατε ξυπνήσει, εἶχαν ξυπνήσει

F. P. θὰ ἔχω ξυπνήσει, θὰ ἔχεις ξυπνήσει, θὰ ἔχει ξυπνήσει·
θὰ ἔχουμε, -ομε ξυπνήσει, θὰ ἔχετε ξυπνήσει, θὰ ἔχουν
ξυπνήσει

Pres. Ind.	ὁδηγῶ, ὁδηγεῖς, ὁδηγεῖ ὁδηγοῦμε, ὁδηγεῖτε, ὁδηγοῦν
Pres. Sub.	νὰ ὁδηγῶ, νὰ ὁδηγεῖς, νὰ ὁδηγεῖ· νὰ ὁδηγοῦμε, νὰ ὁδηγεῖτε, νὰ ὁδηγοῦν
Pres. Imp.	—————— ὁδηγεῖτε
Pres. Part.	ὁδηγώντας
Imp.	ὁδηγοῦσα, ὁδηγοῦσες, ὁδηγοῦσε· ὁδηγούσαμε, ὁδηγούσατε, ὁδηγοῦσαν
Fut. I	θὰ ὁδηγῶ, θὰ ὁδηγεῖς, θὰ ὁδηγεῖ· θὰ ὁδηγοῦμε, θὰ ὁδηγεῖτε, θὰ ὁδηγοῦν
Fut. II	θὰ ὁδηγήσω, θὰ ὁδηγήσεις, θὰ ὁδηγήσει· θὰ ὁδηγήσουμε, -ομε, θὰ ὁδηγήσετε, θὰ ὁδηγήσουν
Aor. Ind. ·	ὁδήγησα, ὁδήγησες, ὁδήγησε· ὁδηγήσαμε, ὁδηγήσατε, ὁδήγησαν
Aor. Sub.	νὰ ὁδηγήσω, νὰ ὁδηγήσεις, νὰ ὁδηγήσει· νὰ ὁδηγήσουμε, -ομε, νὰ ὁδηγήσετε, νὰ ὁδηγήσουν
Aor. Imp.	ὁδήγησε· ὁδηγῆστε
Aor. Inf.	ὁδηγήσει
Perf. Ind.	ἔχω ὁδηγήσει, ἔχεις ὁδηγήσει, ἔχει ὁδηγήσει· ἔχουμε, -ομε ὁδηγήσει, ἔχετε ὁδηγήσει, ἔχουν ὁδηγήσει
Perf. Sub.	νὰ ἔχω ὁδηγήσει, νὰ ἔχεις ὁδηγήσει, νὰ ἔχει ὁδηγήσει· νὰ ἔχουμε, -ομε ὁδηγήσει, νὰ ἔχετε ὁδηγήσει, νὰ ἔχουν ὁδηγήσει
P. P.	εἶχα ὁδηγήσει, εἶχες ὁδηγήσει, εἶχε ὁδηγήσει· εἴχαμε ὁδηγήσει, εἴχατε ὁδηγήσει, εἶχαν ὁδηγήσει
F. P.	θὰ ἔχω ὁδηγήσει, θὰ ἔχεις ὁδηγήσει, θὰ ἔχει ὁδηγήσει· θὰ ἔχουμε, -ομε ὁδηγήσει, θὰ ἔχετε ὁδηγήσει, θὰ ἔχουν ὁδηγήσει

Pres. Ind.	ὁμολογῶ, ὁμολογεῖς ὁμολογεῖ· ὁμολογοῦμε, ὁμολογεῖτε, ὁμολογοῦν
Pres. Sub.	νὰ ὁμολογῶ, νὰ ὁμολογεῖς, νὰ ὁμολογεῖ· νὰ ὁμολογοῦμε, νὰ ὁμολογεῖτε, νὰ ὁμολογοῦν
Pres. Imp	———— ὁμολογεῖτε
Pres. Part.	ὁμολογώντας
Imp.	ὁμολογοῦσα, ὁμολογοῦσες, ὁμολογοῦσε· ὁμολογούσαμε, ὁμολογούσατε, ὁμολογοῦσαν
Fut. I	θὰ ὁμολογῶ, θὰ ὁμολογεῖς, θὰ ὁμολογεῖ· θὰ ὁμολογοῦμε, θὰ ὁμολογεῖτε, θὰ ὁμολογοῦν
Fut. II	θὰ ὁμολογήσω, θὰ ὁμολογήσεις, θὰ ὁμολογήσει· θὰ ὁμολογήσουμε, -ομε, θὰ ὁμολογήσετε, θὰ ὁμολογήσουν
Aor. Ind.	ὁμολόγησα, ὁμολόγησες, ὁμολόγησε· ὁμολογήσαμε, ὁμολογήσατε, ὁμολόγησαν
Aor. Sub.	νὰ ὁμολογήσω, νὰ ὁμολογήσεις, νὰ ὁμολογήσει· νὰ ὁμολογήσουμε, -ομε, νὰ ὁμολογήσετε, νὰ ὁμολογήσουν
Aor. Imp.	ὁμολόγησε· ὁμολογῆστε
Aor. Inf.	ὁμολογήσει
Perf. Ind.	ἔχω ὁμολογήσει, ἔχεις ὁμολογήσει, ἔχει ὁμολογήσει ἢ ἔχω κτλ. ὁμολογημένο· ἔχουμε, -ομε ὁμολογήσει, ἔχετε ὁμολογήσει, ἔχουν ὁμολογήσει
Perf. Sub.	νὰ ἔχω ὁμολογήσει, νὰ ἔχεις ὁμολογήσει, νὰ ἔχει ὁμολογήσει ἢ νὰ ἔχω κτλ. ὁμολογημένο· νὰ ἔχουμε, -ομε ὁμολογήσει, νὰ ἔχετε ὁμολογήσει, νὰ ἔχουν ὁμολογήσει
P. P.	εἶχα ὁμολογήσει, εἶχες ὁμολογήσει, εἶχε ὁμολογήσει ἢ εἶχα κτλ. ὁμολογημένο· εἴχαμε ὁμολογήσει, εἴχατε ὁμολογήσει, εἶχαν ὁμολογήσει
F. P.	θὰ ἔχω ὁμολογήσει, θὰ ἔχεις ὁμολογήσει, θὰ ἔχει ὁμολογήσει ἢ θὰ ἔχω κτλ. ὁμολογημένο· θὰ ἔχουμε, -ομε ὁμολογήσει, θὰ ἔχετε ὁμολογήσει, θὰ ἔχουν ὁμολογήσει

Pres. Ind.	ὀνομάζω, ὀνομάζεις. ὀνομάζει·
	ὀνομάζουμε, -ομε, ὀνομάζετε, ὀνομάζουν
Pres. Sub.	νὰ ὀνομάζω, νὰ ὀνομάζεις, νὰ ὀνομάζει·
	νὰ ὀνομάζουμε, -ομε, νὰ ὀνομάζετε, νὰ ὀνομάζουν
Pres. Imp.	ὀνόμαζε·
	ὀνομάζετε
Pres. Part.	ὀνομάζοντας
Imp.	ὀνόμαζα, ὀνόμαζες, ὀνόμαζε·
	ὀνομάζαμε, ὀνομάζατε, ὀνόμαζαν
Fut. I	θὰ ὀνομάζω, θὰ ὀνομάζεις, θὰ ὀνομάζει·
	θὰ ὀνομάζουμε, -ομε, θὰ ὀνομάζετε, θὰ ὀνομάζουν
Fut. II	θὰ ὀνομάσω θὰ ὀνομάσεις, θὰ ὀνομάσει·
	θὰ ὀνομάσουμε, -ομε, θὰ ὀνομάσετε, θὰ ὀνομάσουν
Aor. Ind.	ὀνόμασα, ὀνόμασες, ὀνόμασε·
	ὀνομάσαμε, ὀνομάσατε, ὀνόμασαν
Aor. Sub.	νὰ ὀνομάσω, νὰ ὀνομάσεις, νὰ ὀνομάσει·
	νὰ ὀνομάσουμε, -ομε, νὰ ὀνομάσετε, νὰ ὀνομάσουν
Aor. Imp.	ὀνόμασε·
	ὀνομάστε
Aor. Inf.	ὀνομάσει
Perf. Ind.	ἔχω ὀνομάσει, ἔχεις ὀνομάσει, ἔχει ὀνομάσει ἢ ἔχω
	κτλ. ὀνομασμένο·
	ἔχουμε, -ομε ὀνομάσει, ἔχετε ὀνομάσει, ἔχουν ὀνομάσει
Perf. Sub.	νὰ ἔχω ὀνομάσει, νὰ ἔχεις ὀνομάσει, νὰ ἔχει ὀνομάσει
	ἢ νὰ ἔχω κτλ. ὀνομασμένο·
	νὰ ἔχουμε, -ομε ὀνομάσει, νὰ ἔχετε ὀνομάσει, νὰ ἔχουν
	ὀνομάσει
P. P.	εἶχα ὀνομάσει, εἶχες ὀνομάσει, εἶχε ὀνομάσει ἢ εἶχα
	κτλ. ὀνομασμένο·
	εἴχαμε ὀνομάσει, εἴχατε ὀνομάσει, εἶχαν ὀνομάσει
F. P.	θὰ ἔχω ὀνομάσει, θὰ ἔχεις ὀνομάσει, θὰ ἔχει ὀνομάσει
	ἢ θὰ ἔχω κτλ. ὀνομασμένο·
	θὰ ἔχουμε, -ομε ὀνομάσει, θὰ ἔχετε ὀνομάσει, θὰ ἔχουν
	ὀνομάσει

Pres. Ind.	ὁρίζω, ὁρίζεις, ὁρίζει· ὁρίζουμε, -ομε, ὁρίζετε, ὁρίζουν
Pres. Sub.	νὰ ὁρίζω, νὰ ὁρίζεις, νὰ ὁρίζει· νὰ ὁρίζουμε, -ομε, νὰ ὁρίζετε, νὰ ὁρίζουν
Pres. Imp.	ὅριζε· ὁρίζετε
Pres. Part.	ὁρίζοντας
Imp.	ὅριζα, ὅριζες, ὅριζε· ὁρίζαμε, ὁρίζατε, ὅριζαν
Fut. I	θὰ ὁρίζω, θὰ ὁρίζεις, θὰ ὁρίζει· θὰ ὁρίζουμε, -ομε, θὰ ὁρίζετε, θὰ ὁρίζουν
Fut. II	θὰ ὁρίσω, θὰ ὁρίσεις, θὰ ὁρίσει· θὰ ὁρίσουμε, -ομε, θὰ ὁρίσετε, θὰ ὁρίσουν
Aor. Ind.	ὅρισα, ὅρισες, ὅρισε· ὁρίσαμε, ὁρίσατε, ὅρισαν
Aor. Sub	νὰ ὁρίσω, νὰ ὁρίσεις, νὰ ὁρίσει· νὰ ὁρίσουμε, -ομε, νὰ ὁρίσετε, νὰ ὁρίσουν
Aor. Imp.	ὅρισε· ὁρίστε
Aor. Inf.	ὁρίσει
Perf. Ind.	ἔχω ὁρίσει, ἔχεις ὁρίσει, ἔχει ὁρίσει ἢ ἔχω κτλ. ὁρισμένο· ἔχουμε, -ομε ὁρίσει, ἔχετε ὁρίσει, ἔχουν ὁρίσει
Perf. Sub.	νὰ ἔχω ὁρίσει, νὰ ἔχεις ὁρίσει, νὰ ἔχει ὁρίσει ἢ νὰ ἔχω κτλ. ὁρισμένο· νὰ ἔχουμε, -ομε ὁρίσει, νὰ ἔχετε ὁρίσει, νὰ ἔχουν ὁ- ρίσει
P. P.	εἶχα ὁρίσει, εἶχες ὁρίσει, εἶχε ὁρίσει ἢ εἶχα κτλ. ὁρι- σμένο· εἴχαμε ὁρίσει, εἴχατε ὁρίσει, εἶχαν ὁρίσει
F. P.	θὰ ἔχω ὁρίσει, θὰ ἔχεις ὁρίσει, θὰ ἔχει ὁρίσει ἢ θὰ ἔχω κτλ. ὁρισμένο· θὰ ἔχουμε, -ομε ὁρίσει, θὰ ἔχετε ὁρίσει, θὰ ἔχουν ὁρί- σει

Pres. Ind.	παγώνω, παγώνεις, παγώνει· παγώνουμε, -ομε, παγώνετε, παγώνουν
Pres. Sub.	νὰ παγώνω, νὰ παγώνεις, νὰ παγώνει· νὰ παγώνουμε, -ομε, νὰ παγώνετε, νὰ παγώνουν
Pres. Imp.	πάγωνε· παγώνετε
Pres. Part.	παγώνοντας
Imp.	πάγωνα, πάγωνες, πάγωνε· παγώναμε, παγώνατε, πάγωναν
Fut. I	θὰ παγώνω, θὰ παγώνεις, θὰ παγώνει· θὰ παγώνουμε, -ομε, θὰ παγώνετε, θὰ παγώνουν
Fut. II	θὰ παγώσω, θὰ παγώσεις, θὰ παγώσει· θὰ παγώσουμε, -ομε, θὰ παγώσετε, θὰ παγώσουν
Aor. Ind.	πάγωσα, πάγωσες, πάγωσε· παγώσαμε, παγώσατε, πάγωσαν
Aor. Sub.	νὰ παγώσω, νὰ παγώσεις, νὰ παγώσει· νὰ παγώσουμε, -ομε, νὰ παγώσετε, νὰ παγώσουν
Aor. Imp.	πάγωσε· παγώσετε ἢ παγῶστε
Aor. Inf.	παγώσει
Perf. Ind.	ἔχω παγώσει, ἔχεις παγώσει, ἔχει παγώσει· ἔχουμε, -ομε παγώσει, ἔχετε παγώσει, ἔχουν παγώσει
Perf. Sub.	νὰ ἔχω παγώσει, νὰ ἔχεις παγώσει, νὰ ἔχει παγώσει· νὰ ἔχουμε, -ομε παγώσει, νὰ ἔχετε παγώσει, νὰ ἔχουν παγώσει
P. P.	εἶχα παγώσει, εἶχες παγώσει, εἶχε παγώσει· εἴχαμε παγώσει, εἴχατε παγώσει, εἶχαν παγώσει
F. P.	θὰ ἔχω παγώσει, θὰ ἔχεις παγώσει, θὰ ἔχει παγώσει· θὰ ἔχουμε, -ομε παγώσει, θὰ ἔχετε παγώσει, θὰ ἔχουν παγώσει

Pres. Ind.	παθαίνω, παθαίνεις, παθαίνει· παθαίνουμε, -ομε, παθαίνετε, παθαίνουν
Pres. Sub.	νὰ παθαίνω, νὰ παθαίνεις, νὰ παθαίνει· νὰ παθαίνουμε, -ομε, νὰ παθαίνετε, νὰ παθαίνουν
Pres. Imp.	πάθαινε· παθαίνετε
Pres. Part.	παθαίνοντας
Imp.	πάθαινα, πάθαινες, πάθαινε παθαίναμε, παθαίνατε, πάθαιναν
Fut. I	θὰ παθαίνω, θὰ παθαίνεις, θὰ παθαίνει· θὰ παθαίνουμε, -ομε, θὰ παθαίνετε, θὰ παθαίνουν
Fut. II	θὰ πάθω, θὰ πάθεις, θὰ πάθει· θὰ πάθουμε, -ομε, θὰ πάθετε, θὰ πάθουν
Aor. Ind.	ἔπαθα, ἔπαθες, ἔπαθε· πάθαμε, πάθατε, ἔπαθαν
Aor. Sub.	νὰ πάθω, νὰ πάθεις, νὰ πάθει· νὰ πάθουμε, -ομε, νὰ πάθετε, νὰ πάθουν
Aor. Imp.	πάθε· πάθετε
Aor. Inf.	πάθει
Perf. Ind.	ἔχω πάθει, ἔχεις πάθει, ἔχει πάθει· ἔχουμε, -ομε πάθει, ἔχετε πάθει, ἔχουν πάθει
Perf. Sub.	νὰ ἔχω πάθει, νὰ ἔχεις πάθει, νὰ ἔχει πάθει· νὰ ἔχουμε, -ομε πάθει, νὰ ἔχετε πάθει, νὰ ἔχουν πάθει
P. P.	εἶχα πάθει, εἶχες πάθει, εἶχε πάθει· εἴχαμε πάθει, εἴχατε πάθει, εἶχαν πάθει
F. P.	θὰ ἔχω πάθει, θὰ ἔχεις πάθει, θὰ ἔχει πάθει· θὰ ἔχουμε, -ομε πάθει, θὰ ἔχετε πάθει, θὰ ἔχουν πάθει

Pres. Ind.	παλεύω, παλεύεις, παλεύει· παλεύουμε, -ομε, παλεύετε, παλεύουν
Pres. Sub.	νὰ παλεύω, νὰ παλεύεις, νὰ παλεύει· νὰ παλεύουμε, -ομε, νὰ παλεύετε, νὰ παλεύουν
Pres. Imp.	πάλευε· παλεύετε
Pres. Part.	παλεύοντας
Imp.	πάλευα, πάλευες, πάλευε· παλεύαμε, παλεύατε, πάλευαν
Fut. I	θὰ παλεύω, θὰ παλεύεις, θὰ παλεύει· θὰ παλεύουμε, -ομε θὰ παλεύετε, θὰ παλεύουν
Fut. II	θὰ παλέψω, θὰ παλέψεις, θὰ παλέψει· θὰ παλέψουμε, -ομε, θὰ παλέψετε, θὰ παλέψουν
Aor. Ind.	πάλεψα, πάλεψες, πάλεψε· παλέψαμε παλέψατε, πάλεψαν
Aor. Sub.	νὰ παλέψω, νὰ παλέψεις, νὰ παλέψει· νὰ παλέψουμε, -ομε, νὰ παλέψετε, νὰ παλέψουν
Aor. Imp.	πάλεψε παλέψτε
Aor. Inf.	παλέψει
Perf. Ind.	ἔχω παλέψει, ἔχεις παλέψει, ἔχει παλέψει· ἔχουμε -ομε παλέψει, ἔχετε παλέψει, ἔχουν παλέψει
Perf. Sub.	νὰ ἔχω παλέψει, νὰ ἔχεις παλέψει, νὰ ἔχει παλέψει· νὰ ἔχουμε, -ομε παλέψει, νὰ ἔχετε παλέψει, νὰ ἔχουν παλέψει
P. P.	εἶχα παλέψει, εἶχες παλέψει, εἶχε παλέψει· εἴχαμε παλέψει, εἴχατε παλέψει εἶχαν παλέψει
F. P.	θὰ ἔχω παλέψει, θὰ ἔχεις παλέψει, θὰ ἔχει παλέψει· θὰ ἔχουμε, -ομε, παλέψει, θὰ ἔχετε παλέψει, θὰ ἔχουν παλέψει

Pres. Ind.	παίρνω, παίρνεις, παίρνει· παίρνουμε, -ομε, παίρνετε, παίρνουν
Pres. Sub.	νὰ παίρνω, νὰ παίρνεις, νὰ παίρνει· νὰ παίρνουμε, -ομε, νὰ παίρνετε, νὰ παίρνουν
Pres. Imp.	παῖρνε· παίρνετε
Pres. Part.	παίρνοντας
Imp.	ἔπαιρνα, ἔπαιρνες, ἔπαιρνε· παίρναμε, παίρνατε, ἔπαιρναν
Fut. I	θὰ παίρνω, θὰ παίρνεις, θὰ παίρνει· θὰ παίρνουμε, -ομε, θὰ παίρνετε, θὰ παίρνουν
Fut. II	θὰ πάρω, θὰ πάρεις, θὰ πάρει· θὰ πάρουμε, -ομε, θὰ πάρετε, θὰ πάρουν
Aor. Ind.	πῆρα, πῆρες, πῆρε· πήραμε, πήρατε, πῆραν
Aor. Sub.	νὰ πάρω, νὰ πάρεις, νὰ πάρει· νὰ πάρουμε, -ομε, νὰ πάρετε, νὰ πάρουν
Aor. Imp.	πάρε· πάρετε ἤ πάρτε
Aor. Inf.	πάρει
Perf. Ind.	ἔχω πάρει, ἔχεις πάρει ἔχει πάρει· ἔχουμε, -ομε πάρει, ἔχετε πάρει, ἔχουν πάρει
Perf. Sub.	νὰ ἔχω πάρει, νὰ ἔχεις πάρει, νὰ ἔχει πάρει· νὰ ἔχουμε, -ομε, πάρει, νὰ ἔχετε πάρει, νὰ ἔχουν πάρει
P. P.	εἶχα πάρει, εἶχες πάρει, εἶχε πάρει· εἴχαμε πάρει, εἴχατε πάρει, εἶχαν πάρει
F. P.	θὰ ἔχω πάρει, θὰ ἔχεις πάρει, θὰ ἔχει πάρει· θὰ ἔχουμε, -ομε πάρει, θὰ ἔχετε πάρει, θὰ ἔχουν πάρει

Pres. Ind.	παίζω, παίζεις, παίζει· παίζουμε, -ομε, παίζετε, παίζουν
Pres. Sub.	νὰ παίζω, νὰ παίζεις, νὰ παίζει· νὰ παίζουμε, -ομε, νὰ παίζετε, νὰ παίζουν
Pres. Imp.	παῖζε παίζετε
Pres. Part.	παίζοντας
Imp.	ἔπαιζα, ἔπαιζες, ἔπαιζε· παίζαμε, παίζατε, ἔπαιζαν
Fut. I	θὰ παίζω, θὰ παίζεις, θὰ παίζει· θὰ παίζουμε, -ομε, θὰ παίζετε, θὰ παίζουν
Fut. II	θὰ παίξω, θὰ παίξεις, θὰ παίξει· θὰ παίξουμε, -ομε, θὰ παίξετε, θὰ παίξουν
Aor. Ind.	ἔπαιξα, ἔπαιξες, ἔπαιξε· παίξαμε, παίξατε, ἔπαιξαν
Aor. Sub.	νὰ παίξω, νὰ παίξεις, νὰ παίξει· νὰ παίξουμε, -ομε, νὰ παίξετε, νὰ παίξουν
Aor. Imp.	παῖξε· παῖξτε
Aor. Inf.	παίξει
Perf. Ind.	ἔχω παίξει, ἔχεις παίξει, ἔχει παίξει· ἔχουμε, -ομε παίξει, ἔχετε παίξει, ἔχουν παίξει
Perf. Sub.	νὰ ἔχω παίξει, νὰ ἔχεις παίξει, νὰ ἔχει παίξει· νὰ ἔχουμε, -ομε παίξει, νὰ ἔχετε παίξει, νὰ ἔχουν παίξει
P. P.	εἶχα παίξει, εἶχες παίξει, εἶχε παίξει· εἴχαμε παίξει, εἴχατε παίξει, εἶχαν παίξει
F. P.	θὰ ἔχω παίξει, θὰ ἔχεις παίξει, θὰ ἔχει παίξει· θὰ ἔχουμε, -ομε παίξει, θὰ ἔχετε παίξει, θὰ ἔχουν παίξει

Pres. Ind.	πατῶ, πατᾶς, πατᾶ ἢ πατάει· πατοῦμε ἢ πατᾶμε, πατᾶτε, πατοῦν ἢ πατᾶν(ε)
Pres. Sub.	νὰ πατῶ, νὰ πατᾶς, νὰ πατᾶ ἢ πατάει· νὰ πατοῦμε ἢ πατᾶμε, νὰ πατᾶτε, νὰ πατοῦν ἢ πατᾶν(ε)
Pres. Imp.	πάτα· πατᾶτε
Pres. Part.	πατώντας
Imp.	πατοῦσα, πατοῦσες, πατοῦσε· πατούσαμε, πατούσατε, πατοῦσαν
Fut. I	θὰ πατῶ, θὰ πατᾶς, θὰ πατᾶ ἢ πατάει· θὰ πατοῦμε ἢ πατᾶμε, θὰ πατᾶτε, θὰ πατοῦν ἢ πατᾶν(ε)
Fut. II	θὰ πατήσω, θὰ πατήσεις, θὰ πατήσει· θὰ πατήσουμε, -ομε, θὰ πατήσετε, θὰ πατήσουν
Aor. Ind.	πάτησα, πάτησες, πάτησε· πατήσαμε, πατήσατε, πάτησαν
Aor. Sub	νὰ πατήσω, νὰ πατήσεις, νὰ πατήσει· νὰ πατήσουμε, -ομε, νὰ πατήσετε, νὰ πατήσουν
Aor. Imp.	πάτησε· πατῆστε
Aor. Inf.	πατήσει
Perf. Ind.	ἔχω πατήσει, ἔχεις πατήσει, ἔχει πατήσει· ἔχουμε, -ομε πατήσει, ἔχετε πατήσει, ἔχουν πατήσει
Perf. Sub.	νὰ ἔχω πατήσει, νὰ ἔχεις πατήσει, νὰ ἔχει πατήσει· νὰ ἔχουμε, -ομε πατήσει, νὰ ἔχετε πατήσει, νὰ ἔχουν πατήσει
P. P.	εἶχα πατήσει, εἶχες πατήσει, εἶχε πατήσει· εἴχαμε πατήσει, εἴχατε πατήσει, εἶχαν πατήσει
F. P.	θὰ ἔχω πατήσει, θὰ ἔχεις πατήσει, θὰ ἔχει πατήσει· θὰ ἔχουμε, -ομε πατήσει, θὰ ἔχετε πατήσει, θὰ ἔχουν πατήσει

Pres. Ind.	πεθαίνω, πεθαίνεις, πεθαίνει· πεθαίνουμε, -ομε πεθαίνετε, πεθαίνουν
Pres. Sub.	νὰ πεθαίνω, νὰ πεθαίνεις, νὰ πεθαίνει· νὰ πεθαίνουμε, -ομε, νὰ πεθαίνετε, νὰ πεθαίνουν
Pres. Imp.	πέθαινε· πεθαίνετε
Pres. Part.	πεθαίνοντας
Imp.	πέθαινα, πέθαινες, πέθαινε· πεθαίναμε, πεθαίνατε, πέθαιναν
Fut. I	θὰ πεθαίνω, θὰ πεθαίνεις, θὰ πεθαίνει· θὰ πεθαίνουμε, -ομε, θὰ πεθαίνετε, θὰ πεθαίνουν
Fut. II	θὰ πεθάνω, θὰ πεθάνεις, θὰ πεθάνει· θὰ πεθάνουμε, -ομε, θὰ πεθάνετε, θὰ πεθάνουν
Aor. Ind.	πέθανα, πέθανες, πέθανε· πεθάναμε, πεθάνατε, πέθαναν
Aor. Sub.	νὰ πεθάνω, νὰ πεθάνεις, νὰ πεθάνει· νὰ πεθάνουμε, -ομε, νὰ πεθάνετε, νὰ πεθάνουν
Aor. Imp.	πέθανε· πεθάνετε
Aor. Inf.	πεθάνει
Perf. Ind.	ἔχω πεθάνει, ἔχεις πεθάνει, ἔχει πεθάνει· ἔχουμε, -ομε πεθάνει, ἔχετε πεθάνει, ἔχουν πεθάνει
Perf. Sub.	νὰ ἔχω πεθάνει, νὰ ἔχεις πεθάνει, νὰ ἔχει πεθάνει· νὰ ἔχουμε, -ομε πεθάνει, νὰ ἔχετε πεθάνει, νὰ ἔχουν πεθάνει
P. P.	εἶχα πεθάνει, εἶχες πεθάνει, εἶχε πεθάνει· εἴχαμε πεθάνει, εἴχατε πεθάνει, εἶχαν πεθάνει
F. P.	θὰ ἔχω πεθάνει, θὰ ἔχεις πεθάνει, θὰ ἔχει πεθάνει· θὰ ἔχουμε, -ομε πεθάνει, θὰ ἔχετε πεθάνει, θὰ ἔχουν πεθάνει

Pres. Ind. πεινῶ, πεινᾶς, πεινᾶ ἢ πεινάει·
πεινοῦμε ἢ πεινᾶμε, πεινᾶτε, πεινοῦν ἢ πεινᾶν(ε)

Pres. Sub. νὰ πεινῶ, νὰ πεινᾶς, νὰ πεινᾶ ἢ πεινάει·
νὰ πεινοῦμε ἢ πεινᾶμε, νὰ πεινᾶτε, νὰ πεινοῦν ἢ πει-
νᾶν(ε)

Pres. Imp. πείνα·
πεινᾶτε

Pres. Part. πεινώντας

Imp. πεινοῦσα, πεινοῦσες, πεινοῦσε·
πεινούσαμε, πεινούσατε, πεινοῦσαν

Fut. I θὰ πεινῶ, θὰ πεινᾶς, θὰ πεινᾶ ἢ πεινάει·
θὰ πεινοῦμε ἢ πεινᾶμε, θὰ πεινᾶτε, θὰ πεινοῦν ἢ πει-
νᾶν(ε)

Fut. II θὰ πεινάσω, θὰ πεινάσεις, θὰ πεινάσει·
θὰ πεινάσουμε, -ομε, θὰ πεινάσετε, θὰ πεινάσουν

Aor. Ind. πείνασα, πείνασες, πείνασε·
πεινάσαμε, πεινάσατε, πείνασαν

Aor. Sub. νὰ πεινάσω, νὰ πεινάσεις, νὰ πεινάσει·
νὰ πεινάσουμε, -ομε, νὰ πεινάσετε, νὰ πεινάσουν

Aor. Imp. πείνασε·
πεινάστε

Aor. Inf. πεινάσει

Perf. Ind. ἔχω πεινάσει, ἔχεις πεινάσει, ἔχει πεινάσει·
ἔχουμε, -ομε πεινάσει, ἔχετε πεινάσει, ἔχουν πεινάσει

Perf. Sub. νὰ ἔχω πεινάσει, νὰ ἔχεις πεινάσει, νὰ ἔχει πεινάσει·
νὰ ἔχουμε, -ομε πεινάσει, νὰ ἔχετε πεινάσει, νὰ ἔχουν
πεινάσει

P. P. εἶχα πεινάσει, εἶχες πεινάσει, εἶχε πεινάσει·
εἴχαμε πεινάσει, εἴχατε πεινάσει, εἶχαν πεινάσει

F. P. θὰ ἔχω πεινάσει, θὰ ἔχεις πεινάσει, θὰ ἔχει πεινάσει·
θὰ ἔχουμε, -ομε πεινάσει, θὰ ἔχετε πεινάσει, θὰ ἔχουν
πεινάσει

Pres. Ind.   περιορίζω, περιορίζεις, περιορίζει·
περιορίζουμε, -ομε, περιορίζετε, περιορίζουν

Pres. Sub.   νὰ περιορίζω, νὰ περιορίζεις, νὰ περιορίζει·
νὰ περιορίζουμε, -ομε, νὰ περιορίζετε, νὰ περιορίζουν

Pres. Imp.   περιόριζε·
περιορίζετε

Pres. Part.   περιορίζοντας

Imp.   περιόριζα, περιόριζες, περιόριζε·
περιορίζαμε, περιορίζατε, περιόριζαν

Fut. I   θὰ περιορίζω, θὰ περιορίζεις, θὰ περιορίζει·
θὰ περιορίζουμε, -ομε, θὰ περιορίζετε, θὰ περιορίζουν

Fut. II   θὰ περιορίσω, θὰ περιορίσεις, θὰ περιορίσει·
θὰ περιορίσουμε, -ομε, θὰ περιορίσετε, θὰ περιορίσουν

Aor. Ind.   περιόρισα, περιόρισες, περιόρισε·
περιορίσαμε, περιορίσατε, περιόρισαν

Aor. Sub.   νὰ περιορίσω, νὰ περιορίσεις, νὰ περιορίσει·
νὰ περιορίσουμε, -ομε, νὰ περιορίσετε, νὰ περιορίσουν

Aor. Imp.   περιόρισε·
περιορίστε

Aor. Inf.   περιορίσει

Perf. Ind.   ἔχω περιορίσει, ἔχεις περιορίσει, ἔχει περιορίσει ἢ ἔ-
χω κτλ. περιορισμένο
ἔχουμε, -ομε περιορίσει, ἔχετε περιορίσει, ἔχουν πε-
ριορίσει

Perf. Sub.   νὰ ἔχω περιορίσει, νὰ ἔχεις περιορίσει, νὰ ἔχει περιο-
ρίσει ἢ νὰ ἔχω κτλ. περιορισμένο·
νὰ ἔχουμε, -ομε περιορίσει, νὰ ἔχετε περιορίσει, νὰ
ἔχουν περιορίσει

P. P.   εἶχα περιορίσει, εἶχες περιορίσει, εἶχε περιορίσει ἢ εἶ-
χα κτλ. περιορισμένο·
εἴχαμε περιορίσει, εἴχατε περιορίσει, εἶχαν περιορίσει

F. P.   θὰ ἔχω περιορίσει, θὰ ἔχεις περιορίσει, θὰ ἔχει περιο-
ρίσει ἢ θὰ ἔχω κτλ. περιορισμένο·
θὰ ἔχουμε, -ομε περιορίσει, θὰ ἔχετε περιορίσει, θὰ ἔ-
χουν περιορίσει

Pres. Ind.	περνῶ, περνᾶς, περνᾶ ἢ περνάει·
	περνοῦμε ἢ περνᾶμε, περνᾶτε, περνοῦν ἢ περνᾶν(ε)
Pres. Sub.	νὰ περνῶ, νὰ περνᾶς, νὰ περνᾶ ἢ περνάει·
	νὰ περνοῦμε ἢ περνᾶμε, νὰ περνᾶτε, νὰ περνοῦν ἢ
	περνᾶν(ε)
Pres. Imp.	πέρνα·
	περνᾶτε
Pres. Part.	περνώντας
Imp.	περνοῦσα, περνοῦσες, περνοῦσε·
	περνούσαμε, περνούσατε, περνοῦσαν
Fut. I	θὰ περνῶ, θὰ περνᾶς, θὰ περνᾶ ἢ περνάει·
	θὰ περνοῦμε ἢ περνᾶμε, θὰ περνᾶτε, θὰ περνοῦν ἢ
	περνᾶν(ε)
Fut. II	θὰ περάσω, θὰ περάσεις, θὰ περάσει·
	θὰ περάσουμε, -ομε, θὰ περάσετε, θὰ περάσουν
Aor. Ind.	πέρασα, πέρασες, πέρασε·
	περάσαμε, περάσατε, πέρασαν
Aor. Sub.	νὰ περάσω, νὰ περάσεις, νὰ περάσει·
	νὰ περάσουμε, -ομε, νὰ περάσετε, νὰ περάσουν
Aor. Imp.	πέρασε·
	περάστε
Aor. Inf.	περάσει
Perf. Ind.	ἔχω περάσει, ἔχεις περάσει, ἔχει περάσει·
	ἔχουμε, -ομε περάσει, ἔχετε περάσει, ἔχουν περάσει
Perf. Sub.	νὰ ἔχω περάσει, νὰ ἔχεις περάσει, νὰ ἔχει περάσει·
	νὰ ἔχουμε, -ομε περάσει, νὰ ἔχετε περάσει, νὰ ἔχουν
	περάσει
P. P.	εἶχα περάσει, εἶχες περάσει, εἶχε περάσει·
	εἴχαμε περάσει, εἴχατε περάσει, εἶχαν περάσει
F. P.	θὰ ἔχω περάσει, θὰ ἔχεις περάσει, θὰ ἔχει περάσει·
	θὰ ἔχουμε, -ομε περάσει, θὰ ἔχετε περάσει, θὰ ἔχουν
	περάσει

Pres. Ind.	πετυχαίνω, πετυχαίνεις, πετυχαίνει· πετυχαίνουμε, -ομε, πετυχαίνετε, πετυχαίνουν
Pres. Sub.	νά πετυχαίνω, νά πετυχαίνεις, νά πετυχαίνει· νά πετυχαίνουμε, -ομε, νά πετυχαίνετε, νά πετυχαίνουν
Pres. Imp.	πετύχαινε· πετυχαίνετε
Pres. Part.	πετυχαίνοντας
Imp.	πετύχαινα, πετύχαινες, πετύχαινε· πετυχαίναμε, πετυχαίνατε, πετύχαιναν
Fut. I	θά πετυχαίνω, θά πετυχαίνεις, θά πετυχαίνει· θά πετυχαίνουμε, -ομε, θά πετυχαίνετε, θά πετυχαίνουν
Fut. II	θά πετύχω, θά πετύχεις, θά πετύχει· θά πετύχουμε, -ομε, θά πετύχετε, θά πετύχουν
Aor. Ind.	πέτυχα, πέτυχες, πέτυχε· πετύχαμε, πετύχατε, πέτυχαν
Aor. Sub.	νά πετύχω, νά πετύχεις, νά πετύχει· νά πετύχουμε, -ομε, νά πετύχετε, νά πετύχουν
Aor. Imp.	πέτυχε· πετύχετε
Aor. Inf.	πετύχει
Perf. Ind.	ἔχω πετύχει, ἔχεις πετύχει, ἔχει πετύχει· ἔχουμε, -ομε πετύχει, ἔχετε πετύχει, ἔχουν πετύχει
Perf. Sub.	νά ἔχω πετύχει, νά ἔχεις πετύχει, νά ἔχει πετύχει· νά ἔχουμε, -ομε πετύχει, νά ἔχετε πετύχει, νά ἔχουν πετύχει
P. P.	εἶχα πετύχει, εἶχες πετύχει, εἶχε πετύχει· εἴχαμε πετύχει, εἴχατε πετύχει, εἶχαν πετύχει
F. P.	θά ἔχω πετύχει, θά ἔχεις πετύχει, θά ἔχει πετύχει· θά ἔχουμε, -ομε, πετύχει, θά ἔχετε πετύχει, θά ἔχουν πετύχει

Active Voice	ΠΕΤΩ	to fly, throw away

Pres. Ind.   πετῶ, πετᾶς, πετᾶ ἢ πετάει·
πετοῦμε ἢ πετᾶμε, πετᾶτε, πετοῦν ἢ πετᾶν(ε)

Pres. Sub.   νὰ πετῶ, νὰ πετᾶς, νὰ πετᾶ ἢ πετάει·
νὰ πετοῦμε ἢ πετᾶμε, νὰ πετᾶτε, νὰ πετοῦν ἢ πετᾶν(ε)

Pres. Imp.   πέτα·
πετᾶτε

Pres. Part.   πετώντας

Imp.   πετοῦσα, πετοῦσες, πετοῦσε·
πετούσαμε, πετούσατε, πετοῦσαν

Fut. I   θὰ πετῶ, θὰ πετᾶς, θὰ πετᾶ ἢ πετάει·
θὰ πετοῦμε ἢ πετᾶμε, θὰ πετᾶτε, θὰ πετοῦν ἢ πετᾶν(ε)

Fut. II   θὰ πετάξω, θὰ πετάξεις, θὰ πετάξει·
θὰ πετάξουμε, -ομε, θὰ πετάξετε, θὰ πετάξουν

Aor. Ind.   πέταξα, πέταξες, πέταξε·
πετάξαμε, πετάξατε, πέταξαν

Aor. Sub.   νὰ πετάξω, νὰ πετάξεις, νὰ πετάξει·
νὰ πετάξουμε, -ομε, νὰ πετάξετε, νὰ πετάξουν

Aor. Imp.   πέταξε·
πετάξτε

Aor. Inf.   πετάξει

Perf. Ind.   ἔχω πετάξει, ἔχεις πετάξει, ἔχει πετάξει·
ἔχουμε, -ομε πετάξει, ἔχετε πετάξει, ἔχουν πετάξει

Perf. Sub.   νὰ ἔχω πετάξει, νὰ ἔχεις πετάξει, νὰ ἔχει πετάξει·
νὰ ἔχουμε, -ομε πετάξει, νὰ ἔχετε πετάξει νὰ ἔχουν
πετάξει

P. P.   εἶχα πετάξει, εἶχες πετάξει, εἶχε πετάξει·
εἴχαμε πετάξει, εἴχατε πετάξει, εἶχαν πετάξει

F. P.   θὰ ἔχω πετάξει, θὰ ἔχεις πετάξει, θὰ ἔχει πετάξει·
θὰ ἔχουμε, -ομε πετάξει, θὰ ἔχετε πετάξει, θὰ ἔχουν
πετάξει

Pres. Ind.	πέφτω, πέφτεις, πέφτει· πέφτουμε, -ομε, πέφτετε, πέφτουν
Pres. Sub.	νὰ πέφτω, νὰ πέφτεις, νὰ πέφτει· νὰ πέφτουμε, -ομε, νὰ πέφτετε, νὰ πέφτουν
Pres. Imp.	πέφτε· πέφτετε
Pres. Part.	πέφτοντας
Imp.	ἔπεφτα, ἔπεφτες, ἔπεφτε· πέφταμε, πέφτατε, ἔπεφταν
Fut. I	θὰ πέφτω, θὰ πέφτεις, θὰ πέφτει· θὰ πέφτουμε, -ομε, θὰ πέφτετε, θὰ πέφτουν
Fut. II	θὰ πέσω, θὰ πέσεις, θὰ πέσει· θὰ πέσουμε, -ομε, θὰ πέσετε, θὰ πέσουν
Aor. Ind.	ἔπεσα, ἔπεσες, ἔπεσε· πέσαμε, πέσατε, ἔπεσαν
Aor. Sub.	νὰ πέσω, νὰ πέσεις, νὰ πέσει· νὰ πέσουμε, -ομε, νὰ πέσετε, νὰ πέσουν
Aor. Imp.	πέσε· πέσετε ἢ πέστε
Aor. Inf.	πέσει
Perf. Ind.	ἔχω πέσει, ἔχεις πέσει, ἔχει πέσει· ἔχουμε, -ομε πέσει, ἔχετε πέσει, ἔχουν πέσει
Perf. Sub.	νὰ ἔχω πέσει, νὰ ἔχεις πέσει, νὰ ἔχει πέσει· νὰ ἔχουμε, -ομε πέσει, νὰ ἔχετε πέσει, νὰ ἔχουν πέσει
P. P.	εἶχα πέσει, εἶχες πέσει, εἶχε πέσει· εἴχαμε πέσει, εἴχατε πέσει, εἶχαν πέσει
F. P.	θὰ ἔχω πέσει, θὰ ἔχεις πέσει, θὰ ἔχει πέσει· θὰ ἔχουμε, -ομε πέσει, θὰ ἔχετε πέσει, θὰ ἔχουν πέσει

Pres. Ind.　πηγαίνω, πηγαίνεις, πηγαίνει·
πηγαίνουμε, -ομε, πηγαίνετε, πηγαίνουν

Pres. Sub.　νὰ πηγαίνω, νὰ πηγαίνεις, νὰ πηγαίνει·
νὰ πηγαίνουμε, -ομε, νὰ πηγαίνετε, νὰ πηγαίνουν

Pres. Imp.　πήγαινε·
πηγαίνετε

Pres. Part.　πηγαίνοντας

Imp.　πήγαινα, πήγαινες, πήγαινε·
πηγαίναμε, πηγαίνατε, πήγαιναν

Fut. I　θὰ πηγαίνω, θὰ πηγαίνεις, θὰ πηγαίνει·
θὰ πηγαίνουμε, -ομε, θὰ πηγαίνετε, θὰ πηγαίνουν

Fut. II　θὰ πάω, θὰ πᾶς, θὰ πάει·
θὰ πᾶμε, θὰ πᾶτε, θὰ πᾶν(ε)

Aor. Ind.　πῆγα, πῆγες, πῆγε·
πήγαμε, πήγατε, πῆγαν

Aor. Sub.　νὰ πάω, νὰ πᾶς, νὰ πάει·
νὰ πᾶμε, νὰ πᾶτε, νὰ πᾶν(ε)

Aor. Imp.　————

Aor. Inf.　πάει

Perf. Ind.　ἔχω πάει, ἔχεις πάει, ἔχει πάει·
ἔχουμε, -ομε πάει, ἔχετε πάει, ἔχουν πάει

Perf. Sub.　θὰ ἔχω πάει, θὰ ἔχεις πάει, θὰ ἔχει πάει·
θὰ ἔχουμε, -ομε πάει, θὰ ἔχετε πάει, θὰ ἔχουν πάει

P. P.　εἶχα πάει, εἶχες πάει, εἶχε πάει·
εἴχαμε πάει, εἴχατε πάει, εἶχαν πάει

F. P.　θὰ ἔχω πάει, θὰ ἔχεις πάει, θὰ ἔχει πάει·
θὰ ἔχουμε, -ομε πάει, θὰ ἔχετε πάει, θὰ ἔχουν πάει

Pres. Ind.   πιάνω, πιάνεις, πιάνει·
πιάνουμε, -ομε, πιάνετε, πιάνουν

Pres. Sub.   νὰ πιάνω, νὰ πιάνεις, νὰ πιάνει·
νὰ πιάνουμε, -ομε, νὰ πιάνετε, νὰ πιάνουν

Pres. Imp.   πιάνε·
πιάνετε

Pres. Part.   πιάνοντας

Imp.   ἔπιανα, ἔπιανες, ἔπιανε·
πιάναμε, πιάνατε, ἔπιαναν

Fut. I   θὰ πιάνω, θὰ πιάνεις, θὰ πιάνει·
θὰ πιάνουμε, -ομε, θὰ πιάνετε, θὰ πιάνουν

Fut. II   θὰ πιάσω, θὰ πιάσεις, θὰ πιάσει·
θὰ πιάσουμε, -ομε, θὰ πιάσετε, θὰ πιάσουν

Aor. Ind.   ἔπιασα, ἔπιασες, ἔπιασε·
πιάσαμε, πιάσατε, ἔπιασαν

Aor. Sub.   νὰ πιάσω, νὰ πιάσεις, νὰ πιάσει·
νὰ πιάσουμε, -ομε, νὰ πιάσετε, νὰ πιάσουν

Aor. Imp.   πιάσε·
πιάσετε ἢ πιάστε

Aor. Inf.   πιάσει

Perf. Ind.   ἔχω πιάσει, ἔχεις πιάσει, ἔχει πιάσει ἢ ἔχω κτλ. πιασμένο·
ἔχουμε, -ομε πιάσει, ἔχετε πιάσει, ἔχουν πιάσει

Perf. Sub.   νὰ ἔχω πιάσει, νὰ ἔχεις πιάσει, νὰ ἔχει πιάσει ἢ νὰ ἔχω κτλ. πιασμένο·
νὰ ἔχουμε, -ομε πιάσει, νὰ ἔχετε πιάσει, νὰ ἔχουν πιάσει

P. P.   εἶχα πιάσει, εἶχες πιάσει, εἶχε πιάσει ἢ εἶχα κτλ. πιασμένο·
εἴχαμε πιάσει, εἴχατε πιάσει, εἶχαν πιάσει

F. P.   θὰ ἔχω πιάσει, θὰ ἔχεις πιάσει, θὰ ἔχει πιάσει ἢ θὰ ἔχω κτλ. πιασμένο·
θὰ ἔχουμε, -ομε πιάσει, θὰ ἔχετε πιάσει, θὰ ἔχουν πιάσει

Pres. Ind.	πίνω, πίνεις, πίνει· πίνουμε, -ομε, πίνετε, πίνουν
Pres. Sub.	νὰ πίνω, νὰ πίνεις, νὰ πίνει· νὰ πίνουμε, -ομε, νὰ πίνετε, νὰ πίνουν
Pres. Imp.	πίνε· πίνετε
Pres. Part.	πίνοντας
Imp.	ἔπινα, ἔπινες, ἔπινε· πίναμε, πίνατε, ἔπιναν
Fut. I	θὰ πίνω, θὰ πίνεις, θὰ πίνει· θὰ πίνουμε, -ομε, θὰ πίνετε, θὰ πίνουν
Fut. II	θὰ πιῶ, θὰ πιεῖς, θὰ πιεῖ· θὰ πιοῦμε, θὰ πιεῖτε, θὰ πιοῦν
Aor. Ind.	ἤπια, ἤπιες, ἤπιε· ἤπιαμε, ἤπιατε, ἤπιαν
Aor. Sub.	νὰ πιῶ, νὰ πιεῖς, νὰ πιεῖ· νὰ πιοῦμε, νὰ πιεῖτε, νὰ πιοῦν
Aor. Imp.	πιὲς ἢ πιέ· πιεῖτε ἢ πιέ(σ)τε
Aor. Inf.	πιεῖ
Perf. Ind.	ἔχω πιεῖ, ἔχεις πιεῖ, ἔχει πιεῖ· ἔχουμε, -ομε πιεῖ, ἔχετε πιεῖ, ἔχουν πιεῖ
Perf. Sub.	νὰ ἔχω πιεῖ, νὰ ἔχεις πιεῖ, νὰ ἔχει πιεῖ· νὰ ἔχουμε, -ομε πιεῖ, νὰ ἔχετε πιεῖ, νὰ ἔχουν πιεῖ
P. P.	εἶχα πιεῖ, εἶχες πιεῖ, εἶχε πιεῖ· εἴχαμε πιεῖ, εἴχατε πιεῖ, εἶχαν πιεῖ
F. P.	θὰ ἔχω πιεῖ, θὰ ἔχεις πιεῖ, θὰ ἔχει πιεῖ· θὰ ἔχουμε, -ομε πιεῖ, θὰ ἔχετε πιεῖ, θὰ ἔχουν πιεῖ

Pres. Ind.   πιστεύω, πιστεύεις, πιστεύει·
πιστεύουμε, -ομε, πιστεύετε, πιστεύουν

Pres. Sub.   νὰ πιστεύω, νὰ πιστεύεις, νὰ πιστεύει·
νὰ πιστεύουμε, -ομε, νὰ πιστεύετε, νὰ πιστεύουν

Pres. Imp.   πίστευε·
πιστεύετε

Pres. Part.   πιστεύοντας

Imp.   πίστευα, πίστευες, πίστευε·
πιστεύαμε, πιστεύατε, πίστευαν

Fut. I   θὰ πιστεύω, θὰ πιστεύεις, θὰ πιστεύει·
θὰ πιστεύουμε, -ομε, θὰ πιστεύετε, θὰ πιστεύουν

Fut. II   θὰ πιστέψω, θὰ πιστέψεις, θὰ πιστέψει·
θὰ πιστέψουμε, -ομε, θὰ πιστέψετε, θὰ πιστέψουν

Aor. Ind.   πίστεψα, πίστεψες, πίστεψε·
πιστέψαμε, πιστέψατε, πίστεψαν

Aor. Sub.   νὰ πιστέψω, νὰ πιστέψεις, νὰ πιστέψει·
νὰ πιστέψουμε, -ομε, νὰ πιστέψετε, νὰ πιστέψουν

Aor. Imp.   πίστεψε·
πιστέψτε

Aor. Inf.   πιστέψει

Perf. Ind.   ἔχω πιστέψει, ἔχεις πιστέψει, ἔχει πιστέψει·
ἔχουμε, -ομε πιστέψει, ἔχετε πιστέψει, ἔχουν πιστέψει

Perf. Sub.   νὰ ἔχω πιστέψει, νὰ ἔχεις πιστέψει, νὰ ἔχει πιστέψει·
νὰ ἔχουμε, -ομε πιστέψει, νὰ ἔχετε πιστέψει, νὰ ἔχουν
πιστέψει

P. P.   εἶχα πιστέψει, εἶχες πιστέψει, εἶχε πιστέψει·
εἴχαμε πιστέψει, εἴχατε πιστέψει, εἶχαν πιστέψει

F. P.   θὰ ἔχω πιστέψει, θὰ ἔχεις πιστέψει, θὰ ἔχει πιστέψει·
θὰ ἔχουμε, -ομε πιστέψει, θὰ ἔχετε πιστέψει, θὰ ἔχουν
πιστέψει

Pres. Ind. πλένω, πλένεις, πλένει·
πλένουμε, -ομε, πλένετε, πλένουν

Pres. Sub. νὰ πλένω, νὰ πλένεις, νὰ πλένει·
νὰ πλένουμε, -ομε, νὰ πλένετε, νὰ πλένουν

Pres. Imp. πλένε·
πλένετε

Pres. Part. πλένοντας

Imp. ἔπλενα, ἔπλενες, ἔπλενε·
πλέναμε, πλένατε, ἔπλεναν

Fut. I θὰ πλένω, θὰ πλένεις, θὰ πλένει·
θὰ πλένουμε, -ομε, θὰ πλένετε, θὰ πλένουν

Fut. II θὰ πλύνω, θὰ πλύνεις, θὰ πλύνει·
θὰ πλύνουμε, -ομε, θὰ πλύνετε, θὰ πλύνουν

Aor. Ind. ἔπλυνα, ἔπλυνες, ἔπλυνε·
πλύναμε, πλύνατε, ἔπλυναν

Aor. Sub. νὰ πλύνω, νὰ πλύνεις, νὰ πλύνει·
νὰ πλύνουμε, -ομε, νὰ πλύνετε, νὰ πλύνουν

Aor. Imp. πλύνε·
πλύνετε ἢ πλύντε

Aor. Inf. πλύνει

Perf. Ind. ἔχω πλύνει, ἔχεις πλύνει, ἔχει πλύνει ἢ ἔχω κτλ. πλυμένο·
ἔχουμε, -ομε πλύνει, ἔχετε πλύνει, ἔχουν πλύνει

Perf. Sub. νὰ ἔχω πλύνει, νὰ ἔχεις πλύνει, νὰ ἔχει πλύνει ἢ νὰ ἔχω κτλ. πλυμένο·
νὰ ἔχουμε, -ομε πλύνει, νὰ ἔχετε πλύνει, νὰ ἔχουν πλύνει

P. P. εἶχα πλύνει, εἶχες πλύνει, εἶχε πλύνει ἢ εἶχα κτλ. πλυμένο·
εἴχαμε πλύνει, εἴχατε πλύνει, εἶχαν πλύνει

F. P. θὰ ἔχω πλύνει, θὰ ἔχεις πλύνει, θὰ ἔχει πλύνει ἢ θὰ ἔχω κτλ. πλυμένο·
θὰ ἔχουμε, -ομε πλύνει, θὰ ἔχετε πλύνει, θὰ ἔχουν πλύνει

Pres. Ind.	πλέω, πλέεις, πλέει· πλέουμε, -ομε, πλέετε, πλέουν
Pres. Sub.	νὰ πλέω, νὰ πλέεις, νὰ πλέει· νὰ πλέουμε, -ομε, νὰ πλέετε, νὰ πλέουν
Pres. Imp.	πλέε· πλέετε
Pres. Part.	πλέοντας
Imp.	ἔπλεα, ἔπλεες, ἔπλεε· πλέαμε, πλέατε, ἔπλεαν
Fut. I	θὰ πλέω, θὰ πλέεις, θὰ πλέει· θὰ πλέουμε, -ομε, θὰ πλέετε, θὰ πλέουν
Fut. II	θὰ πλεύσω, θὰ πλεύσεις, θὰ πλεύσει· θὰ πλεύσουμε, -ομε, θὰ πλεύσετε, θὰ πλεύσουν
Aor. Ind.	ἔπλευσα, ἔπλευσες, ἔπλευσε· πλεύσαμε, πλεύσατε, ἔπλευσαν
Aor. Sub.	νὰ πλεύσω, νὰ πλεύσεις, νὰ πλεύσει· νὰ πλεύσουμε, -ομε, νὰ πλεύσετε, νὰ πλεύσουν
Aor. Imp.	πλεῦσε· πλεύσετε ἢ πλεῦστε
Aor. Inf.	πλεύσει
Perf. Ind.	ἔχω πλεύσει, ἔχεις πλεύσει, ἔχει πλεύσει· ἔχουμε, -ομε πλεύσει, ἔχετε πλεύσει, ἔχουν πλεύσει
Perf. Sub.	νὰ ἔχω πλεύσει, νὰ ἔχεις πλεύσει, νὰ ἔχει πλεύσει· νὰ ἔχουμε, -ομε πλεύσει, νὰ ἔχετε πλεύσει, νὰ ἔχουν πλεύσει
P. P.	εἶχα πλεύσει, εἶχες πλεύσει, εἶχε πλεύσει· εἴχαμε πλεύσει, εἴχατε πλεύσει, εἶχαν πλεύσει
F. P.	θὰ ἔχω πλεύσει, θὰ ἔχεις πλεύσει, θὰ ἔχει πλεύσει· θὰ ἔχουμε, -ομε πλεύσει, θὰ ἔχετε πλεύσει, θὰ ἔχουν πλεύσει

Pres. Ind.   πολιορκῶ, πολιορκεῖς, πολιορκεῖ·
πολιορκοῦμε, πολιορκεῖτε, πολιορκοῦν

Pres. Sub.   νὰ πολιορκῶ, νὰ πολιορκεῖς, νὰ πολιορικεῖ·
νὰ πολιορκοῦμε, νὰ πολιορκεῖτε, νὰ πολιορκοῦν

Pres. Imp.   ———

Pres. Part.   πολιορκώντας

Imp.   πολιορκοῦσα, πολιορκοῦσες, πολιορκοῦσε·
πολιορκούσαμε, πολιορκούσατε, πολιορκοῦσαν

Fut. I   θὰ πολιορκῶ, θὰ πολιορκεῖς, θὰ πολιορκεῖ·
θὰ πολιορκοῦμε, θὰ πολιορκεῖτε, θὰ πολιορκοῦν

Fut. II   θὰ πολιορκήσω, θὰ πολιορκήσεις, θὰ πολιορκήσει·
θὰ πολιορκήσουμε, -ομε, θὰ πολιορκήσετε, θὰ πολιορ-
κήσουν

Aor. Ind.   πολιόρκησα, πολιόρκησες, πολιόρκησε·
πολιορκήσαμε, πολιορκήσατε, πολιόρκησαν

Aor. Sub.   νὰ πολιορκήσω, νὰ πολιορκήσεις, νὰ πολιορκήσει·
νὰ πολιορκήσουμε, -ομε, νὰ πολιορκήσετε, νὰ πολιορ-
κήσουν

Aor. Imp.   πολιόρκησε·
πολιορκῆστε

Aor. Inf.   πολιορκήσει

Perf. Ind.   ἔχω πολιορκήσει, ἔχεις πολιορκήσει, ἔχει πολιορκήσει·
ἢ ἔχω κτλ. πολιορκημένο·
ἔχουμε, -ομε πολιορκήσει, ἔχετε πολιορκήσει, ἔχουν
πολιορκήσει

Perf. Sub.   νὰ ἔχω πολιορκήσει, νὰ ἔχεις πολιορκήσει, νὰ ἔχει πο-
λιορκήσει ἢ νὰ ἔχω κτλ. πολιορκημένο·
νὰ ἔχουμε, -ομε πολιορκήσει, νὰ ἔχετε πολιορκήσει, νὰ
ἔχουν πολιορκήσει

P. P.   εἶχα πολιορκήσει, εἶχες πολιορκήσει, εἶχε πολιορκήσει
ἢ εἶχα κτλ. πολιορκημένο·
εἴχαμε πολιορκήσει, εἴχατε πολιορκήσει, εἶχαν πολιορ-
κήσει

F. P.   θὰ ἔχω πολιορκήσει, θὰ ἔχεις πολιορκήσει, θὰ ἔχει πο-
λιορκήσει ἢ θὰ ἔχω κτλ. πολιορκημένο·
θὰ ἔχουμε, -ομε πολιορκήσει, θὰ ἔχετε πολιορκήσει, θὰ
ἔχουν πολιορκήσει

Pres. Ind.	πονῶ, πονᾶς, πονᾶ ἢ πονάει· πονοῦμε ἢ πονᾶμε, πονᾶτε, πονοῦν ἢ πονᾶν(ε)
Pres. Sub.	νὰ πονῶ, νὰ πονᾶς, νὰ πονᾶ ἢ πονάει· νὰ πονοῦμε ἢ πονᾶμε, νὰ πονᾶτε, νὰ πονοῦν ἢ πονᾶν(ε)
Pres. Imp.	πόνα· πονᾶτε
Pres. Part.	πονώντας
Imp.	πονοῦσα, πονοῦσες, πονοῦσε· πονούσαμε, πονούσατε, πονοῦσαν
Fut. I	θὰ πονῶ, θὰ πονᾶς, θὰ πονᾶ ἢ πονάει· θὰ πονοῦμε ἢ πονᾶμε, θὰ πονᾶτε, θὰ πονοῦν ἢ πονᾶν(ε)
Fut. II	θὰ πονέσω, θὰ πονέσεις, θὰ πονέσει· θὰ πονέσουμε, -ομε, θὰ πονέσετε, θὰ πονέσουν
Aor. Ind.	πόνεσα, πόνεσες, πόνεσε· πονέσαμε, πονέσατε, πόνεσαν
Aor. Sub.	θὰ πονέσω, θὰ πονέσεις, θὰ πονέσει· θὰ πονέσουμε, -ομε, θὰ πονέσετε, θὰ πονέσουν
Aor. Imp.	πόνεσε· πονέστε
Aor. Inf.	πονέσει
Perf. Ind.	ἔχω πονέσει, ἔχεις πονέσει, ἔχει πονέσει· ἔχουμε, -ομε πονέσει, ἔχετε πονέσει, ἔχουν πονέσει
Perf. Sub.	νὰ ἔχω πονέσει, νὰ ἔχεις πονέσει, νὰ ἔχει πονέσει· νὰ ἔχουμε, -ομε πονέσει, νὰ ἔχετε πονέσει, νὰ ἔχουν πονέσει
P. P.	εἶχα πονέσει, εἶχες πονέσει, εἶχε πονέσει· εἴχαμε πονέσει, εἴχατε πονέσει, εἶχαν πονέσει
F. P.	θὰ ἔχω πονέσει, θὰ ἔχεις πονέσει, θὰ ἔχει πονέσει· θὰ ἔχουμε, -ομε πονέσει, θὰ ἔχετε πονέσει, θὰ ἔχουν πονέσει

Pres. Ind.	πουλῶ; πουλᾶς, πουλᾶ ἢ πουλάει· πουλοῦμε ἢ πουλᾶμε, πουλᾶτε, πουλοῦν ἢ πουλᾶν(ε)
Pres. Sub.	νὰ πουλῶ, νὰ πουλᾶς, νὰ πουλᾶ ἢ πουλάει· νὰ πουλοῦμε ἢ πουλᾶμε, νὰ πουλᾶτε, νὰ πουλοῦν ἢ πουλᾶν(ε)
Pres. Imp.	πούλα· πουλᾶτε
Pres. Part.	πουλώντας
Imp.	πουλοῦσα, πουλοῦσες, πουλοῦσε· πουλούσαμε, πουλούσατε, πουλοῦσαν
Fut. I	θὰ πουλῶ, θὰ πουλᾶς, θὰ πουλᾶ ἢ πουλάει· θὰ πουλοῦμε ἢ πουλᾶμε, θὰ πουλᾶτε, θὰ πουλοῦν ἢ πουλᾶν(ε)
Fut. II	θὰ πουλήσω, θὰ πουλήσεις θὰ πουλήσει· θὰ πουλήσουμε, -ομε, θὰ πουλήσετε, θὰ πουλήσουν
Aor. Ind.	πούλησα, πούλησες, πούλησε· πουλήσαμε, πουλήσατε, πούλησαν
Aor. Sub.	νὰ πουλήσω, νὰ πουλήσεις, νὰ πουλήσει· νὰ πουλήσουμε, -ομε, νὰ πουλήσετε, νὰ πουλήσουν
Aor. Imp.	πούλησε· πουλῆστε
Aor. Inf.	πουλήσει
Perf. Ind.	ἔχω πουλήσει, ἔχεις πουλήσει, ἔχει πουλήσει ἢ ἔχω κτλ. πουλημένο· ἔχουμε, -ομε πουλήσει, ἔχετε πουλήσει, ἔχουν πουλή- σει
Perf. Sub.	νὰ ἔχω πουλήσει, νὰ ἔχεις πουλήσει, νὰ ἔχει πουλήσει ἢ νὰ ἔχω κτλ. πουλημένο· νὰ ἔχουμε, -ομε πουλήσει, νὰ ἔχετε πουλήσει, νὰ ἔ- χουν πουλήσει
P. P.	εἶχα πουλήσει, εἶχες πουλήσει, εἶχε πουλήσει ἢ εἶχα κτλ. πουλημένο· εἴχαμε πουλήσει, εἴχατε πουλήσει, εἶχαν πουλήσει
F. P.	θὰ ἔχω πουλήσει, θὰ ἔχεις πουλήσει, θὰ ἔχει πουλήσει ἢ θὰ ἔχω κτλ. πουλημένο· θὰ ἔχουμε, -ομε πουλήσει, θὰ ἔχετε πουλήσει, θὰ ἔχουν πουλήσει

Pres. Ind.   ράβω, ράβεις, ράβει·
                 ράβουμε, -ομε, ράβετε, ράβουν

Pres. Sub.   νὰ ράβω, νὰ ράβεις, νὰ ράβει
                 νὰ ράβουμε, -ομε, νὰ ράβετε, νὰ ράβουν

Pres. Imp.   ράβε·
                 ράβετε·

Pres. Part.   ράβοντας

Imp.   ἔραβα, ἔραβες, ἔραβε·
                 ράβαμε, ράβατε, ἔραβαν

Fut. I   θὰ ράβω, θὰ ράβεις, θὰ ράβει·
                 θὰ ράβουμε, -ομε, θὰ ράβετε, θὰ ράβουν

Fut. II   θὰ ράψω, θὰ ράψεις, θὰ ράψει·
                 θὰ ράψουμε, -ομε, θὰ ράψετε, θὰ ράψουν

Aor. Ind.   ἔραψα, ἔραψες, ἔραψε·
                 ράψαμε, ράψατε, ἔραψαν

Aor. Sub.   νὰ ράψω, νὰ ράψεις, νὰ ράψει·
                 νὰ ράψουμε, -ομε, νὰ ράψετε, νὰ ράψουν

Aor. Imp.   ράψε·
                 ράψτε

Aor. Inf.   ράψει

Perf. Ind.   ἔχω ράψει, ἔχεις ράψει, ἔχει ράψει ἢ ἔχω κτλ. ραμμέ-
                 νο·
                 ἔχουμε, -ομε ράψει, ἔχετε ράψει, ἔχουν ράψει

Perf. Sub.   νὰ ἔχω ράψει, νὰ ἔχεις ράψει, νὰ ἔχει ράψει ἢ νὰ ἔχω
                 κτλ. ραμμένο·
                 νὰ ἔχουμε, -ομε ράψει, νὰ ἔχετε ράψει, νὰ ἔχουν ράψει

P. P.   εἶχα ράψει, εἶχες ράψει, εἶχε ράψει ἢ εἶχα κτλ. ραμ-
                 μένο·
                 εἴχαμε ράψει, εἴχατε ράψει, εἶχαν ράψει

F. P.   θὰ ἔχω ράψει, θὰ ἔχεις ράψει, θὰ ἔχει ράψει ἢ θὰ ἔχω
                 κτλ. ραμμένο·
                 θὰ ἔχουμε, -ομε ράψει, θὰ ἔχετε ράψει, θὰ ἔχουν ράψει

Pres. Ind.	ρίχνω, ρίχνεις, ρίχνει ρίχνουμε, -ομε, ρίχνετε, ρίχνουν
Pres. Sub.	νὰ ρίχνω, νὰ ρίχνεις, νὰ ρίχνει νὰ ρίχνουμε, -ομε, νὰ ρίχνετε, νὰ ρίχνουν
Pres. Imp.	ρίχνε· ρίχνετε·
Pres. Part.	ρίχνοντας
Imp.	ἔριχνα, ἔριχνες, ἔριχνε· ρίχναμε, ρίχνατε, ἔριχναν
Fut. I	θὰ ρίχνω, θὰ ρίχνεις, θὰ ρίχνει· θὰ ρίχνουμε, -ομε, θὰ ρίχνετε, θὰ ρίχνουν
Fut. II	θὰ ρίξω, θὰ ρίξεις, θὰ ρίξει· θὰ ρίξουμε, -ομε, θὰ ρίξετε, θὰ ρίξουν
Aor. Ind.	ἔριξα, ἔριξες, ἔριξε· ρίξαμε, ρίξατε, ἔριξαν
Aor. Sub.	νὰ ρίξω, νὰ ρίξεις, νὰ ρίξει· νὰ ρίξουμε, -ομε, νὰ ρίξετε, νὰ ρίξουν
Aor. Imp.	ρίξε· ρίξτε·
Aor. Inf.	ρίξει
Perf. Ind.	ἔχω ρίξει, ἔχεις ρίξει, ἔχει ρίξει ἢ ἔχω κτλ. ριγμένο· ἔχουμε, -ομε ρίξει, ἔχετε ρίξει, ἔχουν ρίξει
Perf. Sub.	νὰ ἔχω ρίξει, νὰ ἔχεις ρίξει, νὰ ἔχει ρίξει ἢ νὰ ἔχω κτλ. ριγμένο· νὰ ἔχουμε, -ομε ρίξει, νὰ ἔχετε ρίξει, νὰ ἔχουν ρίξει
P. P.	εἶχα ρίξει, εἶχες ρίξει, εἶχε ρίξει ἢ εἶχα κτλ. ριγμένο· εἴχαμε ρίξει, εἴχατε ρίξει, εἶχαν ρίξει
F. P.	θὰ ἔχω ρίξει, θὰ ἔχεις ρίξει, θὰ ἔχει ρίξει ἢ θὰ ἔχω κτλ. ριγμένο· θὰ ἔχουμε, -ομε ρίξει, θὰ ἔχετε ρίξει, θὰ ἔχουν ρίξει

Pres. Ind.   ρωτῶ, ρωτᾶς, ρωτᾶ ἢ ρωτάει·
ρωτοῦμε ἢ ρωτᾶμε, ρωτᾶτε, ρωτοῦν ἢ ρωτᾶν(ε)

Pres. Sub.   νὰ ρωτῶ, νὰ ρωτᾶς, νὰ ρωτᾶ ἢ ρωτάει·
νὰ ρωτοῦμε ἢ ρωτᾶμε, νὰ ρωτᾶτε, νὰ ρωτοῦν ἢ ρωτᾶ-
ν(ε)

Pres. Imp.   ρώτα·
ρωτᾶτε

Pres. Part.   ρωτώντας

Imp.   ρωτοῦσα, ρωτοῦσες, ρωτοῦσε.
ρωτούσαμε, ρωτούσατε, ρωτοῦσαν

Fut. I   θὰ ρωτῶ, θὰ ρωτᾶς, θὰ ρωτᾶ ἢ ρωτάει·
θὰ ρωτοῦμε ἢ ρωτᾶμε θὰ ρωτᾶτε, θὰ ρωτοῦν ἢ ρω-
τᾶν(ε)

Fut. II   θὰ ρωτήσω, θὰ ρωτήσεις, θὰ ρωτήσει·
θὰ ρωτήσουμε, -ομε, θὰ ρωτήσετε, θὰ ρωτήσουν

Aor. Ind.   ρώτησα, ρώτησες, ρώτησε·
ρωτήσαμε, ρωτήσατε, ρώτησαν

Aor. Sub.   νὰ ρωτήσω, νὰ ρωτήσεις, νὰ ρωτήσει·
νὰ ρωτήσουμε, -ομε, νὰ ρωτήσετε, νὰ ρωτήσουν

Aor. Imp.   ρώτησε·
ρωτῆστε

Aor. Inf.   ρωτήσει

Perf. Ind.   ἔχω ρωτήσει, ἔχεις ρωτήσει, ἔχει ρωτήσει·
ἔχουμε, -ομε ρωτήσει, ἔχετε ρωτήσει, ἔχουν ρωτήσει·

Perf. Sub.   νὰ ἔχω ρωτήσει, νὰ ἔχεις ρωτήσει, νὰ ἔχει ρωτήσει·
νὰ ἔχουμε, -ομε ρωτήσει, νὰ ἔχετε ρωτήσει, νὰ ἔχουν
ρωτήσει

P. P.   εἶχα ρωτήσει, εἶχες ρωτήσει, εἶχε ρωτήσει·
εἴχαμε ρωτήσει, εἴχατε ρωτήσει, εἶχαν ρωτήσει

F. P.   θὰ ἔχω ρωτήσει, θὰ ἔχεις ρωτήσει, θὰ ἔχει ρωτήσει·
θὰ ἔχουμε, -ομε ρωτήσει, θὰ ἔχετε ρωτήσει, θὰ ἔχουν
ρωτήσει

Pres. Ind.	σαπίζω, σαπίζεις, σαπίζει· σαπίζουμε, -ομε, σαπίζετε, σαπίζουν
Pres. Sub.	νὰ σαπίζω, νὰ σαπίζεις, νὰ σαπίζει· νὰ σαπίζουμε, -ομε, νὰ σαπίζετε, νὰ σαπίζουν
Pres. Imp.	————
Pres. Part.	σαπίζοντας
Imp.	σάπιζα, σάπιζες, σάπιζε· σαπίζαμε, σαπίζατε, σάπιζαν
Fut. I	θὰ σαπίζω, θὰ σαπίζεις, θὰ σαπίζει· θὰ σαπίζουμε, -ομε, θὰ σαπίζετε, θὰ σαπίζουν
Fut. II	θὰ σαπίσω, θὰ σαπίσεις θὰ σαπίσει· θὰ σαπίσουμε, -ομε, θὰ σαπίσετε, θὰ σαπίσουν
Aor. Ind.	σάπισα, σάπισες, σάπισε· σαπίσαμε, σαπίσατε, σάπισαν
Aor. Sub.	νὰ σαπίσω, νὰ σαπίσεις, νὰ σαπίσει· νὰ σαπίσουμε, -ομε, νὰ σαπίσετε, νὰ σαπίσουν
Aor. Imp.	σάπισε· σαπίστε
Aor. Inf.	σαπίσει
Perf. Ind.	ἔχω σαπίσει, ἔχεις σαπίσει, ἔχει σαπίσει· ἔχουμε, -ομε σαπίσει, ἔχετε σαπίσει, ἔχουν σαπίσει
Perf. Sub.	νὰ ἔχω σαπίσει, νὰ ἔχεις σαπίσει, νὰ ἔχει σαπίσει· νὰ ἔχουμε, -ομε σαπίσει, νὰ ἔχετε σαπίσει, νὰ ἔχουν σαπίσει
P. P.	εἶχα σαπίσει, εἶχες σαπίσει, εἶχε σαπίσει· εἴχαμε σαπίσει, εἴχατε σαπίσει, εἶχαν σαπίσει
F. P.	θὰ ἔχω σαπίσει, θὰ ἔχεις σαπίσει, θὰ ἔχει σαπίσει· θὰ ἔχουμε, -ομε σαπίσει, θὰ ἔχετε σαπίσει, θὰ ἔχουν σαπίσει

Pres. Ind.   σατιρίζω, σατιρίζεις, σατιρίζει·
σατιρίζουμε, -ομε, σατιρίζετε, σατιρίζουν

Pres. Sub.   νὰ σατιρίζω, νὰ σατιρίζεις, νὰ σατιρίζει·
νὰ σατιρίζουμε, -ομε, νὰ σατιρίζετε, νὰ σατιρίζουν

Pres. Imp.   σατίριζε·
σατιρίζετε

Pres. Part.   σατιρίζοντας

Imp.   σατίριζα, σατίριζες, σατίριζε·
σατιρίζαμε, σατιρίζατε, σατίριζαν

Fut. I   θὰ σατιρίζω, θὰ σατιρίζεις, θὰ σατιρίζει·
θὰ σατιρίζουμε, -ομε, θὰ σατιρίζετε, θὰ σατιρίζουν

Fut. II   θὰ σατιρίσω, θὰ σατιρίσεις, θὰ σατιρίσει·
θὰ σατιρίσουμε, -ομε, θὰ σατιρίσετε, θὰ σατιρίσουν

Aor. Ind.   σατίρισα, σατίρισες, σατίρισε·
σατιρίσαμε, σατιρίσατε, σατίρισαν

Aor. Sub.   νὰ σατιρίσω, νὰ σατιρίσεις, νὰ σατιρίσει·
νὰ σατιρίσουμε, -ομε, νὰ σατιρίσετε, νὰ σατιρίσουν

Aor. Imp.   σατίρισε·
σατιρίστε

Aor. Inf.   σατιρίσει

Perf. Ind.   ἔχω σατιρίσει, ἔχεις σατιρίσει, ἔχει σατιρίσει·
ἔχουμε, -ομε σατιρίσει, ἔχετε σατιρίσει, ἔχουν σατιρίσει

Perf. Sub.   νὰ ἔχω σατιρίσει, νὰ ἔχεις σατιρίσει, νὰ ἔχει σατιρίσει·
νὰ ἔχουμε, -ομε σατιρίσει, νὰ ἔχετε σατιρίσει, νὰ ἔχουν
σατιρίσει

P. P.   εἶχα σατιρίσει, εἶχες σατιρίσει, εἶχε σατιρίσει·
εἴχαμε σατιρίσει, εἴχατε σατιρίσει, εἶχαν σατιρίσει

F. P.   θὰ ἔχω σατιρίσει, θὰ ἔχεις σατιρίσει, θὰ ἔχει σατιρίσει·
θὰ ἔχουμε, -ομε σατιρίσει, θὰ ἔχετε σατιρίσει, θὰ ἔχουν
σατιρίσει

Pres. Ind. σημειώνω, σημειώνεις, σημειώνει·
σημειώνουμε, -ομε, σημειώνετε, σημειώνουν

Pres. Sub. νὰ σημειώνω, νὰ σημειώνεις, νὰ σημειώνει·
νὰ σημειώνουμε, -ομε, νὰ σημειώνετε, νὰ σημειώνουν

Pres. Imp. σημείωνε·
σημειώνετε

Pres. Part. σημειώνοντας

Imp. σημείωνα, σημείωνες, σημείωνε·
σημειώναμε, σημειώνατε, σημείωναν

Fut. I θὰ σημειώνω, θὰ σημειώνεις, θὰ σημειώνει·
θὰ σημειώνουμε, -ομε, θὰ σημειώνετε, θὰ σημειώνουν

Fut. II θὰ σημειώσω, θὰ σημειώσεις, θὰ σημειώσει·
θὰ σημειώσουμε, -ομε, θὰ σημειώσετε, θὰ σημειώσουν

Aor. Ind. σημείωσα, σημείωσες, σημείωσε·
σημειώσαμε, σημειώσατε, σημείωσαν

Aor. Sub. νὰ σημειώσω, νὰ σημειώσεις, νὰ σημειώσει·
νὰ σημειώσουμε, -ομε, νὰ σημειώσετε, νὰ σημειώσουν

Aor. Imp. σημείωσε·
σημειώσετε ἢ σημειῶστε

Aor. Inf. σημειώσει

Perf. Ind. ἔχω σημειώσει, ἔχεις σημειώσει, ἔχει σημειώσει ἢ ἔχω
κτλ. σημειωμένο·
ἔχουμε, -ομε σημειώσει, ἔχετε σημειώσει, ἔχουν σημει-
ώσει

Perf. Sub. νὰ ἔχω σημειώσει, νὰ ἔχεις σημειώσει, νὰ ἔχει σημειώ-
σει ἢ νὰ ἔχω κτλ. σημειωμένο·
νὰ ἔχουμε, -ομε σημειώσει, νὰ ἔχετε σημειώσει, νὰ ἔ-
χουν σημειώσει

P. P. εἶχα σημειώσει, εἶχες σημειώσει, εἶχε σημειώσει ἢ εἶχα
κτλ. σημειωμένο·
εἴχαμε σημειώσει, εἴχατε σημειώσει, εἶχαν σημειώσει

F. P. θὰ ἔχω σημειώσει, θὰ ἔχεις σημειώσει, θὰ ἔχει σημειώ-
σει ἢ θὰ ἔχω κτλ. σημειωμένο·
θὰ ἔχουμε, -ομε σημειώσει, θὰ ἔχετε σημειώσει, θὰ ἔ-
χουν σημειώσει

Pres. Ind.	σκάζω, σκάζεις, σκάζει σκάζουμε, -ομε, σκάζετε, σκάζουν
Pres. Sub.	νὰ σκάζω, νὰ σκάζεις, νὰ σκάζει νὰ σκάζουμε, -ομε, νὰ σκάζετε, νὰ σκάζουν
Pres. Imp.	σκάζε· σκάζετε
Pres. Part.	σκάζοντας
Imp.	ἔσκαζα, ἔσκαζες, ἔσκαζε· σκάζαμε, σκάζατε, ἔσκαζαν
Fut. I	θὰ σκάζω, θὰ σκάζεις, θὰ σκάζει· θὰ σκάζουμε, -ομε, θὰ σκάζετε, θὰ σκάζουν
Fut. II	θὰ σκάσω, θὰ σκάσεις, θὰ σκάσει· θὰ σκάσουμε, -ομε, θὰ σκάσετε, θὰ σκάσουν
Aor. Ind.	ἔσκασα, ἔσκασες, ἔσκασε· σκάσαμε, σκάσατε, ἔσκασαν
Aor. Sub.	νὰ σκάσω, νὰ σκάσεις, νὰ σκάσει· νὰ σκάσουμε, -ομε, νὰ σκάσετε, νὰ σκάσουν
Aor. Imp.	σκάσε· σκάστε
Aor. Inf.	σκάσει
Perf. Ind.	ἔχω σκάσει, ἔχεις σκάσει, ἔχει σκάσει· ἔχουμε, -ομε σκάσει, ἔχετε σκάσει, ἔχουν σκάσει
Perf. Sub.	νὰ ἔχω σκάσει, νὰ ἔχεις σκάσει, νὰ ἔχει σκάσει· νὰ ἔχουμε, -ομε σκάσει, νὰ ἔχετε σκάσει, νὰ ἔχουν σκάσει
P. P.	εἶχα σκάσει, εἶχες σκάσει, εἶχε σκάσει· εἴχαμε σκάσει, εἴχατε σκάσει, εἶχαν σκάσει·
F. P.	θὰ ἔχω σκάσει, θὰ ἔχεις σκάσει, θὰ ἔχει σκάσει· θὰ ἔχουμε, -ομε σκάσει, θὰ ἔχετε σκάσει, θὰ ἔχουν σκάσει

Pres. Ind. σκίζω, σκίζεις, σκίζει·
σκίζουμε, -ομε, σκίζετε, σκίζουν

Pres. Sub. νὰ σκίζω, νὰ σκίζεις, νὰ σκίζει·
νὰ σκίζουμε, -ομε, νὰ σκίζετε, νὰ σκίζουν

Pres. Imp. σκίζε·
σκίζετε

Pres. Part. σκίζοντας

Imp. ἔσκιζα, ἔσκιζες, ἔσκιζε·
σκίζαμε, σκίζατε, ἔσκιζαν

Fut. I θὰ σκίζω, θὰ σκίζεις, θὰ σκίζει·
θὰ σκίζουμε, -ομε, θὰ σκίζετε, θὰ σκίζουν

Fut. II θὰ σκίσω, θὰ σκίσεις, θὰ σκίσει·
θὰ σκίσουμε, -ομε, θὰ σκίσετε, θὰ σκίσουν

Aor. Ind. ἔσκισα, ἔσκισες, ἔσκισε·
σκίσαμε, σκίσατε, ἔσκισαν

Aor. Sub. νὰ σκίσω, νὰ σκίσεις, νὰ σκίσει·
νὰ σκίσουμε, -ομε, νὰ σκίσετε, νὰ σκίσουν

Aor. Imp. σκίσε·
σκίστε

Aor. Inf. σκίσει

Perf. Ind. ἔχω σκίσει, ἔχεις σκίσει, ἔχει σκίσει ἢ ἔχω κτλ. σκισμέ-
νο·
ἔχουμε, -ομε σκίσει, ἔχετε σκίσει, ἔχουν σκίσει

Perf. Sub. νὰ ἔχω σκίσει, νὰ ἔχεις σκίσει, νὰ ἔχει σκίσει ἢ νὰ ἔχω
κτλ. σκισμένο·
νὰ ἔχουμε, -ομε σκίσει, νὰ ἔχετε σκίσει, νὰ ἔχουν σκί-
σει

P. P. εἶχα σκίσει, εἶχες σκίσει, εἶχε σκίσει ἢ εἶχα κτλ. σκι-
σμένο·
εἴχαμε σκίσει, εἴχατε σκίσει, εἶχαν σκίσει

F. P. θὰ ἔχω σκίσει, θὰ ἔχεις σκίσει, θὰ ἔχει σκίσει ἢ θὰ ἔχω
κτλ. σκισμένο·
θὰ ἔχουμε, -ομε σκίσει, θὰ ἔχετε σκίσει, θὰ ἔχουν σκί-
σει

Pres. Ind. σκηνοθετῶ, σκηνοθετεῖς, σκηνοθετεῖ·
σκηνοθετοῦμε, σκηνοθετεῖτε, σκηνοθετοῦν

Pres. Sub. νὰ σκηνοθετῶ, νὰ σκηνοθετεῖς, νὰ σκηνοθετεῖ·
νὰ σκηνοθετοῦμε, νὰ σκηνοθετεῖτε, νὰ σκηνοθετοῦν

Pres. Imp. ―――――

Pres. Part. σκηνοθετώντας

Imp. σκηνοθετοῦσα, σκηνοθετοῦσες, σκηνοθετοῦσε·
σκηνοθετούσαμε, σκηνοθετούσατε, σκηνοθετοῦσαν

Fut. I θὰ σκηνοθετῶ, θὰ σκηνοθετεῖς, θὰ σκηνοθετεῖ·
θὰ σκηνοθετοῦμε, θὰ σκηνοθετεῖτε, θὰ σκηνοθετοῦν

Fut. II θὰ σκηνοθετήσω, θὰ σκηνοθετήσεις, θὰ σκηνοθετήσει·
θὰ σκηνοθετήσουμε, -ομε, θὰ σκηνοθετήσετε, θὰ σκηνο-
θετήσουν

Aor. Ind. σκηνοθέτησα, σκηνοθέτησες, σκηνοθέτησε·
σκηνοθετήσαμε, σκηνοθετήσατε, σκηνοθέτησαν

Aor. Sub. νὰ σκηνοθετήσω, νὰ σκηνοθετήσεις, νὰ σκηνοθετήσει·
νὰ σκηνοθετήσουμε, -ομε, νὰ σκηνοθετήσετε, νὰ σκηνο-
θετήσουν

Aor. Imp. σκηνοθέτησε·
σκηνοθετῆστε

Aor. Inf. σκηνοθετήσει

Perf. Ind. ἔχω σκηνοθετήσει, ἔχεις σκηνοθετήσει, ἔχει σκηνοθετή-
σει·
ἔχουμε, -ομε σκηνοθετήσει, ἔχετε σκηνοθετήσει, ἔχουν
σκηνοθετήσει·

Perf. Sub. νὰ ἔχω σκηνοθετήσει, νὰ ἔχεις σκηνοθετήσει, νὰ ἔχει
σκηνοθετήσει·
νὰ ἔχουμε, -ομε σκηνοθετήσει, νὰ ἔχετε σκηνοθετήσει,
νὰ ἔχουν σκηνοθετήσει

P. P. εἶχα σκηνοθετήσει, εἶχες σκηνοθετήσει, εἶχε σκηνοθε-
τήσει
εἴχαμε σκηνοθετήσει, εἴχατε σκηνοθετήσει, εἶχαν σκη-
νοθετήσει

F. P. θὰ ἔχω σκηνοθετήσει, θὰ ἔχεις σκηνοθετήσει, θὰ ἔχει
σκηνοθετήσει·
θὰ ἔχουμε, -ομε σκηνοθετήσει, θὰ ἔχετε σκηνοθετήσει,
θὰ ἔχουν σκηνοθετήσει

Pres. Ind.   σκοπεύω, σκοπεύεις, σκοπεύει·
σκοπεύουμε, -ομε, σκοπεύετε, σκοπεύουν

Pres. Sub.   νὰ σκοπεύω, νὰ σκοπεύεις, νὰ σκοπεύει·
νὰ σκοπεύουμε, -ομε, νὰ σκοπεύετε, νὰ σκοπεύουν

Pres. Imp.   σκόπευε·
σκοπεύετε

Pres. Part.   σκοπεύοντας

Imp.   σκόπευα, σκόπευες, σκόπευε·
σκοπεύαμε, σκοπεύατε, σκόπευαν

Fut. I   θὰ σκοπεύω, θὰ σκοπεύεις, θὰ σκοπεύει·
θὰ σκοπεύουμε, -ομε, θὰ σκοπεύετε, θὰ σκοπεύουν

Fut. II   θὰ σκοπεύσω, θὰ σκοπεύσεις, θὰ σκοπεύσει·
θὰ σκοπεύσουμε, -ομε, θὰ σκοπεύσετε, θὰ σκοπεύσουν

Aor. Ind.   σκόπευσα, σκόπευσες, σκόπευσε·
σκοπεύσαμε, σκοπεύσατε, σκόπευσαν

Aor. Sub.   νὰ σκοπεύσω, νὰ σκοπεύσεις, νὰ σκοπεύσει·
νὰ σκοπεύσουμε, -ομε, νὰ σκοπεύσετε, νὰ σκοπεύσουν

Aor. Imp.   σκόπευσε·
σκοπεύσετε ἢ σκοπεῦστε

Aor. Inf.   σκοπεύσει

Perf. Ind.   ἔχω σκοπεύσει, ἔχεις σκοπεύσει, ἔχει σκοπεύσει·
ἔχουμε, -ομε σκοπεύσει, ἔχετε σκοπεύσει, ἔχουν σκο-
πεύσει

Perf. Sub.   νὰ ἔχω σκοπεύσει, νὰ ἔχεις σκοπεύσει, νὰ ἔχει σκοπεύ
σει·
νὰ ἔχουμε, -ομε σκοπεύσει, νὰ ἔχετε σκοπεύσει, νὰ ἔ-
χουν σκοπεύσει

P. P.   εἶχα σκοπεύσει, εἶχες σκοπεύσει, εἶχε σκοπεύσει·
εἴχαμε σκοπεύσει, εἴχατε σκοπεύσει, εἶχαν σκοπεύσει

F. P.   θὰ ἔχω σκοπεύσει, θὰ ἔχεις σκοπεύσει, θὰ ἔχει σκοπεύ-
σει·
θὰ ἔχουμε, -ομε σκοπεύσει, θὰ ἔχετε σκοπεύσει, θὰ ἔ-
χουν σκοπεύσει

Pres. Ind.	στοιβάζω, στοιβάζεις, στοιβάζει· στοιβάζουμε, -ομε, στοιβάζετε, στοιβάζουν
Pres. Sub.	νὰ στοιβάζω, νὰ στοιβάζεις, νὰ στοιβάζει· νὰ στοιβάζουμε, -ομε, νὰ στοιβάζετε, νὰ στοιβάζουν
Pres. Imp.	στοίβαζε· στοιβάζετε
Pres. Part.	στοιβάζοντας
Imp.	στοίβαζα, στοίβαζες, στοίβαζε· στοιβάζαμε, στοιβάζατε, στοίβαζαν
Fut. I	θὰ στοιβάζω, θὰ στοιβάζεις, θὰ στοιβάζει· θὰ στοιβάζουμε, -ομε, θὰ στοιβάζετε, θὰ στοιβάζουν
Fut. II	θὰ στοιβάξω, θὰ στοιβάξεις, θὰ στοιβάξει· θὰ στοιβάξουμε, -ομε, θὰ στοιβάξετε, θὰ στοιβάξουν
Aor. Ind.	στοίβαξα, στοίβαξες, στοίβαξε· στοιβάξαμε, στοιβάξατε, στοίβαξαν
Aor. Sub.	νὰ στοιβάξω, νὰ στοιβάξεις, νὰ στοιβάξει· νὰ στοιβάξουμε, -ομε, νὰ στοιβάξετε, νὰ στοιβάξουν
Aor. Imp.	στοίβαξε· στοιβάξτε
Aor. Inf.	στοιβάξει
Perf. Ind.	ἔχω στοιβάξει, ἔχεις στοιβάξει, ἔχει στοιβάξει ἢ ἔχω κτλ. στοιβαγμένο· ἔχουμε, -ομε στοιβάξει, ἔχετε στοιβάξει, ἔχουν στοιβά- ξει·
Perf. Sub.	νὰ ἔχω στοιβάξει, νὰ ἔχεις στοιβάξει, νὰ ἔχει στοιβάξει ἢ νὰ ἔχω κτλ. στοιβαγμένο· νὰ ἔχουμε, -ομε στοιβάξει, νὰ ἔχετε στοιβάξει, νὰ ἔ- χουν στοιβάξει
P. P.	εἶχα στοιβάξει, εἶχες στοιβάξει, εἶχε στοιβάξει ἢ εἶχα κτλ. στοιβαγμένο· εἴχαμε στοιβάξει, εἴχατε στοιβάξει, εἶχαν στοιβάξει
F. P.	θὰ ἔχω στοιβάξει, θὰ ἔχεις στοιβάξει, θὰ ἔχει στοιβάξει ἢ θὰ ἔχω κτλ. στοιβαγμένο· θὰ ἔχουμε, -ομε στοιβάξει, θὰ ἔχετε στοιβάξει, θὰ ἔχουν στοιβάξει

Pres. Ind.	στερεώνω, στερεώνεις, στερεώνει·
	στερεώνουμε, -ομε, στερεώνετε, στερεώνουν
Pres. Sub.	νὰ στερεώνω, νὰ στερεώνεις, νὰ στερεώνει·
	νὰ στερεώνουμε, -ομε, νὰ στερεώνετε, νὰ στερεώνουν
Pres. Imp.	στερέωνε·
	στερεώνετε
Pres. Part.	στερεώνοντας
Imp.	στερέωνα, στερέωνες, στερέωνε·
	στερεώναμε, στερεώνατε, στερέωναν
Fut. I	θὰ στερεώνω, θὰ στερεώνεις, θὰ στερεώνει·
	θὰ στερεώνουμε, -ομε, θὰ στερεώνετε, θὰ στερεώνουν
Fut. II	θὰ στερεώσω, θὰ στερεώσεις, θὰ στερεώσει·
	θὰ στερεώσουμε, -ομε, θὰ στερεώσετε, θὰ στερεώσουν
Aor. Ind.	στερέωσα, στερέωσες, στερέωσε·
	στερεώσαμε, στερεώσατε, στερέωσαν
Aor. Sub.	νὰ στερεώσω, νὰ στερεώσεις, νὰ στερεώσει·
	νὰ στερεώσουμε, -ομε, νὰ στερεώσετε, νὰ στερεώσουν
Aor. Imp.	στερέωσε·
	στερεώσετε ἤ στερεῶστε
Aor. Inf.	στερεώσει
Perf. Ind.	ἔχω στερεώσει, ἔχεις στερεώσει, ἔχει στερεώσει ἤ ἔχω
	κτλ. στερεωμένο·
	ἔχουμε, -ομε στερεώσει, ἔχετε στερεώσει, ἔχουν στερε-
	ώσει
Perf. Sub.	νὰ ἔχω στερεώσει, νὰ ἔχεις στερεώσει, νὰ ἔχει στερε-
	ώσει ἤ νὰ ἔχω κτλ. στερεωμένο·
	νὰ ἔχουμε, -ομε στερεώσει, νὰ ἔχετε στερεώσει, νὰ ἔ-
	χουν στερεώσει
P. P.	εἶχα στερεώσει, εἶχες στερεώσει, εἶχε στερεώσει ἤ εἶ-
	χα κτλ. στερεωμένο·
	εἴχαμε στερεώσει, εἴχατε στερεώσει, εἶχαν στερεώσει
F. P.	θὰ ἔχω στερεώσει, θὰ ἔχεις στερεώσει, θὰ ἔχει στερεώ-
	σει ἤ θὰ ἔχω κτλ. στερεωμένο·
	θὰ ἔχουμε, -ομε στερεώσει, θὰ ἔχετε στερεώσει, θὰ ἔ-
	χουν στερεώσει

Pres. Ind.	στρώνω, στρώνεις, στρώνει· στρώνουμε, -ομε, στρώνετε, στρώνουν
Pres. Sub.	νὰ στρώνω, νὰ στρώνεις, νὰ στρώνει· νὰ στρώνουμε, -ομε, νὰ στρώνετε, νὰ στρώνουν
Pres. Imp.	στρῶνε· στρώνιετε
Pres. Part.	στρώνοντας
Imp.	ἔστρωνα, ἔστρωνες, ἔστρωνε· στρώναμε, στρώνατε, ἔστρωναν
Fut. I	θὰ στρώνω, θὰ στρώνεις, θὰ στρώνει· θὰ στρώνουμε, -ομε, θὰ στρώνετε, θὰ στρώνουν
Fut. II	θὰ στρώσω, θὰ στρώσεις, θὰ στρώσει· θὰ στρώσουμε, -ομε, θὰ στρώσετε, θὰ στρώσουν
Aor. Ind.	ἔστρωσα, ἔστρωσες, ἔστρωσε· στρώσαμε, στρώσατε, ἔστρωσαν
Aor. Sub.	νὰ στρώσω, νὰ στρώσεις, νὰ στρώσει· νὰ στρώσουμε, -ομε, νὰ στρώσετε, νὰ στρώσουν
Aor. Imp.	στρῶσε· στρώσετε ἢ στρῶστε
Aor. Inf.	στρώσει
Perf. Ind.	ἔχω στρώσει, ἔχεις στρώσει, ἔχει στρώσει ἢ ἔχω κτλ. στρωμένο· ἔχουμε, -ομε στρώσει, ἔχετε στρώσει, ἔχουν στρώσει
Perf. Sub.	νὰ ἔχω στρώσει, νὰ ἔχεις στρώσει, νὰ ἔχει στρώσει ἢ νὰ ἔχω κτλ. στρωμένο· νὰ ἔχουμε, -ομε στρώσει, νὰ ἔχετε στρώσει, νὰ ἔχουν στρώσει
P. P.	εἶχα στρώσει, εἶχες στρώσει, εἶχε στρώσει ἢ εἶχα κτλ. στρωμένο· εἴχαμε στρώσει, εἴχατε στρώσει, εἶχαν στρώσει
F. P.	θὰ ἔχω στρώσει, θὰ ἔχεις στρώσει, θὰ ἔχει στρώσει ἢ θὰ ἔχω κτλ. στρωμένο· θὰ ἔχουμε, -ομε στρώσει, θὰ ἔχετε στρώσει, θὰ ἔχουν στρώσει

Pres. Ind.   συμβουλεύομαι, συμβουλεύεσαι, συμβουλεύεται·
συμβουλευόμαστε, συμβουλεύεστε, συμβουλεύονται

Pres. Sub.   νὰ συμβουλεύομαι, νὰ συμβουλεύεσαι, νὰ συμβουλεύεται·
νὰ συμβουλευόμαστε, νὰ συμβουλεύεστε, νὰ συμβουλεύονται

Pres. Imp.   ————

Imp.   συμβουλευόμουν, συμβουλευόσουν, συμβουλευόταν·
συμβουλευόμαστε, συμβουλευόσαστε, συμβουλεύονταν

Fut. I   θὰ συμβουλεύομαι, θὰ συμβουλεύεσαι, θὰ συμβουλεύεται·
θὰ συμβουλευόμαστε, θὰ συμβουλεύεστε, θὰ συμβουλεύονται

Fut. II   θὰ συμβουλευτῶ, θὰ συμβουλευτεῖς, θὰ συμβουλευτεῖ·
θὰ συμβουλευτοῦμε, θὰ συμβουλευτεῖτε, θὰ συμβουλευτοῦν

Aor. Ind.   συμβουλεύτηκα, συμβουλεύτηκες, συμβουλεύτηκε·
συμβουλευτήκαμε, συμβουλευτήκατε, συμβουλεύτηκαν

Aor. Sub.   νὰ συμβουλευτῶ, νὰ συμβουλευτεῖς, νὰ συμβουλευτεῖ·
νὰ συμβουλευτοῦμε, νὰ συμβουλευτεῖτε, νὰ συμβουλευτοῦν

Aor. Imp.   συμβουλέψου·
συμβουλευτεῖτε

Aor. Inf.   συμβουλευτεῖ

Perf. Ind.   ἔχω συμβουλευτεῖ, ἔχεις συμβουλευτεῖ, ἔχει συμβουλευτεῖ·
ἔχουμε, -ομε συμβουλευτεῖ, ἔχετε συμβουλευτεῖ, ἔχουν συμβουλευτεῖ

Perf. Sub.   νὰ ἔχω συμβουλευτεῖ, νὰ ἔχεις συμβουλευτεῖ, νὰ ἔχει συμβουλευτεῖ·
νὰ ἔχουμε, -ομε συμβουλευτεῖ, νὰ ἔχετε συμβουλευτεῖ, νὰ ἔχουν συμβουλευτεῖ

Perf. Part.   ————

P. P.   εἶχα συμβουλευτεῖ, εἶχες συμβουλευτεῖ, εἶχε συμβουλευτεῖ·
εἴχαμε συμβουλευτεῖ, εἴχατε συμβουλευτεῖ, εἶχαν συμβουλευτεῖ

F. P.   θὰ ἔχω συμβουλευτεῖ, θὰ ἔχεις συμβουλευτεῖ, θὰ ἔχει συμβουλευτεῖ·
θὰ ἔχουμε, -ομε συμβουλευτεῖ, θὰ ἔχετε συμβουλευτεῖ, θὰ ἔχουν συμβουλευτεῖ

Pres. Ind.	συμβουλεύω, συμβουλεύεις, συμβουλεύει· συμβουλεύουμε, -ομε, συμβουλεύετε, συμβουλεύουν
Pres. Sub.	νὰ συμβουλεύω, νὰ συμβουλεύεις, νὰ συμβουλεύει· νὰ συμβουλεύουμε, -ομε, νὰ συμβουλεύετε, νὰ συμβουλεύουν
Pres. Imp.	συμβούλευε· συμβουλεύετε
Pres. Part.	συμβουλεύοντας
Imp.	συμβούλευα, συμβούλευες, συμβούλευε· συμβουλεύαμε, συμβουλεύατε, συμβούλευαν
Fut. I	θὰ συμβουλεύω, θὰ συμβουλεύεις, θὰ συμβουλεύει· θὰ συμβουλεύουμε, -ομε, θὰ συμβουλεύετε, θὰ συμβουλεύουν
Fut. II	θὰ συμβουλέψω, θὰ συμβουλέψεις, θὰ συμβουλέψει· θὰ συμβουλέψουμε, -ομε, θὰ συμβουλέψετε, θὰ συμβουλέψουν
Aor. Ind.	συμβούλεψα, συμβούλεψες, συμβούλεψε· συμβουλέψαμε, συμβουλέψατε, συμβούλεψαν
Aor. Sub.	νὰ συμβουλέψω, νὰ συμβουλέψεις, νὰ συμβουλέψει· νὰ συμβουλέψουμε, -ομε, νὰ συμβουλέψετε, νὰ συμβουλέψουν
Aor. Imp.	συμβούλεψε· συμβουλέψτε
Aor. Inf.	συμβουλέψει
Perf. Ind.	ἔχω συμβουλέψει, ἔχεις συμβουλέψει, ἔχει συμβουλέψει· ἔχουμε, -ομε συμβουλέψει, ἔχετε συμβουλέψει, ἔχουν συμβουλέψει
Perf. Sub.	νὰ ἔχω συμβουλέψει, νὰ ἔχεις συμβουλέψει, νὰ ἔχει συμβουλέψει· νὰ ἔχουμε, -ομε συμβουλέψει, νὰ ἔχετε συμβουλέψει, νὰ ἔχουν συμβουλέψει
P. P.	εἶχα συμβουλέψει, εἶχες συμβουλέψει, εἶχε συμβουλέψει· εἴχαμε συμβουλέψει, εἴχατε συμβουλέψει, εἶχαν συμβουλέψει
F. P.	θὰ ἔχω συμβουλέψει, θὰ ἔχεις συμβουλέψει, θὰ ἔχει συμβουλέψει· θὰ ἔχουμε, -ομε συμβουλέψει, θὰ ἔχετε συμβουλέψει, θὰ ἔχουν συμβουλέψει

Pres. Ind.	συμφωνῶ, συμφωνεῖς, συμφωνεῖ·
	συμφωνοῦμε, συμφωνεῖτε, συμφωνοῦν
Pres. Sub.	νὰ συμφωνῶ, νὰ συμφωνεῖς, νὰ συμφωνεῖ·
	νὰ συμφωνοῦμε, νὰ συμφωνεῖτε, νὰ συμφωνοῦν
Pres. Imp.	συμφώνα·
	συμφωνᾶτε
Pres. Part.	συμφωνώντας
Imp.	συμφωνοῦσα, συμφωνοῦσες, συμφωνοῦσε·
	συμφωνούσαμε, συμφωνούσατε, συμφωνοῦσαν
Fut. I	θὰ συμφωνῶ, θὰ συμφωνεῖς, θὰ συμφωνεῖ·
	θὰ συμφωνοῦμε, θὰ συμφωνεῖτε, θὰ συμφωνοῦν
Fut. II	θὰ συμφωνήσω, θὰ συμφωνήσεις, θὰ συμφωνήσει·
	θὰ συμφωνήσουμε, -ομε, θὰ συμφωνήσετε, θὰ συμφω-
	νήσουν
Aor. Ind.	συμφώνησα, συμφώνησες, συμφώνησε·
	συμφωνήσαμε, συμφωνήσατε, συμφώνησαν
Aor. Sub.	νὰ συμφωνήσω, νὰ συμφωνήσεις, νὰ συμφωνήσει·
	νὰ συμφωνήσουμε, -ομε, νὰ συμφωνήσετε, νὰ συμφω-
	νήσουν
Aor. Imp.	συμφώνησε·
	συμφωνῆστε
Aor. Inf.	συμφωνήσει
Perf. Ind.	ἔχω συμφωνήσει, ἔχεις συμφωνήσει, ἔχει συμφωνήσει·
	ἔχουμε, -ομε συμφωνήσει, ἔχετε συμφωνήσει, ἔχουν
	συμφωνήσει
Perf. Sub.	νὰ ἔχω συμφωνήσει, νὰ ἔχεις συμφωνήσει, νὰ ἔχει συμ-
	φωνήσει·
	νὰ ἔχουμε, -ομε συμφωνήσει, νὰ ἔχετε συμφωνήσει, νὰ
	ἔχουν συμφωνήσει
P. P.	εἶχα συμφωνήσει, εἶχες συμφωνήσει, εἶχε συμφωνήσει·
	εἴχαμε συμφωνήσει, εἴχατε συμφωνήσει, εἶχαν συμφω-
	νήσει
F. P.	θὰ ἔχω συμφωνήσει, θὰ ἔχεις συμφωνήσει, θὰ ἔχει συμ-
	φωνήσει·
	θὰ ἔχουμε, -ομε συμφωνήσει, θὰ ἔχετε συμφωνήσει, θὰ
	ἔχουν συμφωνήσει

Passive Voice ΣΥΝΑΓΩΝΙΖΟΜΑΙ to contend along, struggle together

Pres. Ind. συναγωνίζομαι, συναγωνίζεσαι, συναγωνίζεται·
συναγωνιζόμαστε, συναγωνίζεστε, συναγωνίζονται

Pres. Sub. νὰ συναγωνίζομαι, νὰ συναγωνίζεσαι, νὰ συναγωνίζεται·
νὰ συναγωνιζόμαστε, νὰ συναγωνίζεστε, νὰ συναγωνί-
ζονται

Pres. Imp. ————

Imp. συναγωνιζόμουν, συναγωνιζόσουν, συναγωνιζόταν·
συναγωνιζόμαστε, συναγωνιζόσαστε, συναγωνίζονταν

Fut. I θὰ συναγωνίζομαι, θὰ συναγωνίζεσαι, θὰ συναγωνίζεται·
θὰ συναγωνιζόμαστε, θὰ συναγωνίζεστε, θὰ συναγωνί-
ζονται

Fut. II θὰ συναγωνιστῶ, θὰ συναγωνιστεῖς, θὰ συναγωνιστεῖ·
θὰ συναγωνιστοῦμε, θὰ συναγωνιστεῖτε, θὰ συναγωνι-
στοῦν

Aor. Ind. συναγωνίστηκα, συναγωνίστηκες, συναγωνίστηκε·
συναγωνιστήκαμε, συναγωνιστήκατε, συναγωνίστηκαν

Aor. Sub. νὰ συναγωνιστῶ, νὰ συναγωνιστεῖς, νὰ συναγωνιστεῖ·
νὰ συναγωνιστοῦμε, νὰ συναγωνιστεῖτε, νὰ συναγωνι-
στοῦν

Aor. Imp. συναγωνίσου·
συναγωνιστεῖτε

Aor. Inf. συναγωνιστεῖ

Perf. Ind. ἔχω συναγωνιστεῖ, ἔχεις συναγωνιστεῖ, ἔχει συναγωνι-
στεῖ·
ἔχουμε, -ομε συναγωνιστεῖ, ἔχετε συναγωνιστεῖ, ἔχουν
συναγωνιστεῖ

Perf. Sub. νὰ ἔχω συναγωνιστεῖ, νὰ ἔχεις συναγωνιστεῖ, νὰ ἔχει
συναγωνιστεῖ·
νὰ ἔχουμε, -ομε συναγωνιστεῖ, νὰ ἔχετε συναγωνιστεῖ,
νὰ ἔχουν συναγωνιστεῖ

Perf. Part. ————

P. P. εἶχα συναγωνιστεῖ, εἶχες συναγωνιστεῖ, εἶχε συναγω-
νιστεῖ·
εἴχαμε συναγωνιστεῖ, εἴχατε συναγωνιστεῖ, εἶχαν συνα-
γωνιστεῖ

F. P. θὰ ἔχω συναγωνιστεῖ, θὰ ἔχεις συναγωνιστεῖ, θὰ ἔχει
συναγωνιστεῖ·
θὰ ἔχουμε, -ομε, συναγωνιστεῖ, θὰ ἔχετε συναγωνιστεῖ,
θὰ ἔχουν συναγωνιστεῖ

Pres. Ind.	συναντῶ, συναντᾶς, συναντᾶ ἢ συναντάει· συναντοῦμε ἢ συναντᾶμε, συναντᾶτε, συναντοῦν ἢ συναντᾶν(ε)
Pres. Sub.	νὰ συναντῶ, νὰ συναντᾶς, νὰ συναντᾶ ἢ συναντάει· νὰ συναντοῦμε ἢ συναντᾶμε, νὰ συναντᾶτε, νὰ συναντοῦν ἢ συναντᾶν(ε)
Pres. Imp.	συνάντα· συναντᾶτε
Pres. Part.	συναντώντας
Imp.	συναντοῦσα, συναντοῦσες, συναντοῦσε· συναντούσαμε, συναντούσατε, συναντοῦσαν
Fut. I	θὰ συναντῶ, θὰ συναντᾶς, θὰ συναντᾶ ἢ συναντάει· θὰ συναντοῦμε ἢ συναντᾶμε, θὰ συναντᾶτε, θὰ συναντοῦν ἢ συναντᾶν(ε)
Fut. II	θὰ συναντήσω, θὰ συναντήσεις, θὰ συναντήσει· θὰ συναντήσουμε, -ομε, θὰ συναντήσετε, θὰ συναντήσουν
Aor. Ind.	συνάντησα, συνάντησες, συνάντησε· συναντήσαμε, συναντήσατε, συνάντησαν
Aor. Sub.	νὰ συναντήσω, νὰ συναντήσεις, νὰ συναντήσει· νὰ συναντήσουμε, -ομε, νὰ συναντήσετε, νὰ συναντήσουν
Aor. Imp.	συνάντησε· συναντῆστε
Aor. Inf.	συναντήσει
Perf. Ind.	ἔχω συναντήσει, ἔχεις συναντήσει, ἔχει συναντήσει· ἔχουμε, -ομε συναντήσει, ἔχετε συναντήσει, ἔχουν συναντήσει
Perf. Sub.	νὰ ἔχω συναντήσει, νὰ ἔχεις συναντήσει, νὰ ἔχει συναντήσει· νὰ ἔχουμε, -ομε συναντήσει, νὰ ἔχετε συναντήσει, νὰ ἔχουν συναντήσει
P. P.	εἶχα συναντήσει, εἶχες συναντήσει, εἶχε συναντήσει· εἴχαμε συναντήσει, εἴχατε συναντήσει, εἶχαν συναντήσει
F. P.	θὰ ἔχω συναντήσει, θὰ ἔχεις συναντήσει, θὰ ἔχει συναντήσει· θὰ ἔχουμε, -ομε συναντήσει, θὰ ἔχετε συναντήσει, θὰ ἔχουν συναντήσει

Pres. Ind.	συντονίζω, συντονίζεις, συντονίζει· συντονίζουμε, -ομε, συντονίζετε, συντονίζουν
Pres. Sub.	νὰ συντονίζω, νὰ συντονίζεις, νὰ συντονίζει· νὰ συντονίζουμε, -ομε, νὰ συντονίζετε, νὰ συντονίζουν
Pres. Imp.	συντόνιζε· συντονίζετε
Pres. Part.	συντονίζοντας
Imp.	συντόνιζα, συντόνιζες, συντόνιζε· συντονίζαμε, συντονίζατε, συντόνιζαν
Fut. I	θὰ συντονίζω, θὰ συντονίζεις, θὰ συντονίζει· θὰ συντονίσουμε, -ομε, θὰ συντονίσετε, θὰ συντονίσουν
Fut. II	θὰ συντονίσω, θὰ συντονίσεις, θὰ συντονίσει· θὰ συντονίσουμε, -ομε, θὰ συντονίσετε, θὰ συντονίσουν
Aor. Ind.	συντόνισα, συντόνισες, συντόνισε· συντονίσαμε, συντονίσατε, συντόνισαν
Aor. Sub.	νὰ συντονίσω, νὰ συντονίσεις, νὰ συντονίσει· νὰ συντονίσουμε, -ομε, νὰ συντονίσετε, νὰ συντονίσουν
Aor. Imp.	συντόνισε· συντονίστε
Aor. Inf.	συντονίσει
Perf. Ind.	ἔχω συντονίσει, ἔχεις συντονίσει, ἔχει συντονίσει ἢ ἔχω κτλ. συντονισμένο· ἔχουμε, -ομε συντονίσει, ἔχετε συντονίσει, ἔχουν συντονίσει
Perf. Sub.	νὰ ἔχω συντονίσει, νὰ ἔχεις συντονίσει, νὰ ἔχει συντονίσει· νὰ ἔχουμε, -ομε συντονίσει, νὰ ἔχετε συντονίσει, νὰ ἔχουν συντονίσει
P. P.	εἶχα συντονίσει, εἶχες συντονίσει, εἶχε συντονίσει ἢ εἶχα κτλ. συντονισμένο· εἴχαμε συντονίσει, εἴχατε συντονίσει, εἶχαν συντονίσει
F. P.	θὰ ἔχω συντονίσει, θὰ ἔχεις συντονίσει, θὰ ἔχει συντονίσει ἢ θὰ ἔχω κτλ. συντονισμένο· θὰ ἔχουμε, -ομε συντονίσει, θὰ ἔχετε συντονίσει, θὰ ἔχουν συντονίσει

Pres. Ind.	σφάζω, σφάζεις, σφάζει·
	σφάζουμε, -ομε, σφάζετε, σφάζουν
Pres. Sub.	νὰ σφάζω, νὰ σφάζεις, νὰ σφάζει·
	νὰ σφάζουμε, -ομε, νὰ σφάζετε, νὰ σφάζουν
Pres. Imp.	σφάζε·
	σφάζετε
Pres. Part.	σφάζοντας
Imp.	ἔσφαζα, ἔσφαζες, ἔσφαζε·
	σφάζαμε, σφάζατε, ἔσφαζαν
Fut. I	θὰ σφάζω, θὰ σφάζεις, θὰ σφάζει·
	θὰ σφάζουμε, -ομε, θὰ σφάζετε, θὰ σφάζουν
Fut. II	θὰ σφάξω, θὰ σφάξεις, θὰ σφάξει·
	θὰ σφάξουμε, -ομε, θὰ σφάξετε, θὰ σφάξουν
Aor. Ind.	ἔσφαξα, ἔσφαξες, ἔσφαξε·
	σφάξαμε, σφάξατε, ἔσφαξαν
Aor. Sub.	νὰ σφάξω, νὰ σφάξεις, νὰ σφάξει·
	νὰ σφάξουμε, -ομε, νὰ σφάξετε, νὰ σφάξουν
Aor. Imp.	σφάξε·
	σφάξτε
Aor. Inf.	σφάξει
Perf. Ind.	ἔχω σφάξει, ἔχεις σφάξει, ἔχει σφάξει ἢ ἔχω κτλ. σφαγμένο·
	ἔχουμε, -ομε σφάξει, ἔχετε σφάξει, ἔχουν σφάξει
Perf. Sub.	νὰ ἔχω σφάξει, νὰ ἔχεις σφάξει, νὰ ἔχει σφάξει ἢ νὰ ἔχω κτλ. σφαγμένο·
	νὰ ἔχουμε, -ομε σφάξει, νὰ ἔχετε σφάξει, νὰ ἔχουν σφάξει
P. P.	εἶχα σφάξει, εἶχες σφάξει, εἶχε σφάξει ἢ εἶχα κτλ. σφαγμένο·
	εἴχαμε σφάξει, εἴχατε σφάξει, εἶχαν σφάξει
F. P.	θὰ ἔχω σφάξει, θὰ ἔχεις σφάξει, θὰ ἔχει σφάξει ἢ θὰ ἔχω κτλ. σφαγμένο·
	θὰ ἔχουμε, -ομε σφάξει, θὰ ἔχετε σφάξει, θὰ ἔχουν σφάξει

Pres. Ind.	τηγανίζω, τηγανίζεις, τηγανίζει· τηγανίζουμε, -ομε, τηγανίζετε, τηγανίζουν
Pres. Sub.	νά τηγανίζω, νά τηγανίζεις, νά τηγανίζει· νά τηγανίζουμε, -ομε, νά τηγανίζετε, νά τηγανίζουν
Pres. Imp.	τηγάνιζε· τηγανίζετε·
Pres. Part.	τηγανίζοντας
Imp.	τηγάνιζα, τηγάνιζες, τηγάνιζε· τηγανίζαμε, τηγανίζατε, τηγάνιζαν
Fut. I	θά τηγανίζω, θά τηγανίζεις, θά τηγανίζει· θά τηγανίζουμε, -ομε, θά τηγανίζετε, θά τηγανίζουν
Fut. II	θά τηγανίσω, θά τηγανίσεις, θά τηγανίσει· θά τηγανίσουμε, -ομε, θά τηγανίσετε, θά τηγανίσουν
Aor. Ind.	τηγάνισα, τηγάνισες, τηγάνισε· τηγανίσαμε, τηγανίσατε, τηγάνισαν
Aor. Sub.	νά τηγανίσω, νά τηγανίσεις, νά τηγανίσει· νά τηγανίσουμε, -ομε, νά τηγανίσετε, νά τηγανίσουν
Aor. Imp.	τηγάνισε· τηγανίστε
Aor. Inf.	τηγανίσει
Perf. Ind.	ἔχω τηγανίσει, ἔχεις τηγανίσει, ἔχει τηγανίσει ἤ ἔχω κτλ. τηγανισμένο· ἔχουμε, -ομε τηγανίσει, ἔχετε τηγανίσει, ἔχουν τηγα- νίσει
Perf. Sub.	νά ἔχω τηγανίσει, νά ἔχεις τηγανίσει, νά ἔχει τηγανί- σει ἤ νά ἔχω κτλ. τηγανισμένο· νά ἔχουμε, -ομε τηγανίσει, νά ἔχετε τηγανίσει, νά ἔχουν τηγανίσει
P. P.	εἶχα τηγανίσει, εἶχες τηγανίσει, εἶχε τηγανίσει ἤ εἶχα κτλ. τηγανισμένο· εἴχαμε τηγανίσει, εἴχατε τηγανίσει, εἶχαν τηγανίσει
F. P.	θά ἔχω τηγανίσει, θά ἔχεις τηγανίσει, θά ἔχει τηγανίσει ἤ θά ἔχω κτλ. τηγανισμένο· θά ἔχουμε, -ομε τηγανίσει, θά ἔχετε τηγανίσει, θά ἔχουν τηγανίσει

Pres. Ind.   τιμῶ, τιμᾶς, τιμᾶ ἢ τιμάει·
               τιμοῦμε ἢ τιμᾶμε, τιμᾶτε, τιμοῦν ἢ τιμᾶν(ε)

Pres. Sub.   νὰ τιμῶ, νὰ τιμᾶς, νὰ τιμᾶ ἢ τιμάει·
               νὰ τιμοῦμε ἢ τιμᾶμε, νὰ τιμᾶτε, νὰ τιμοῦν ἢ τιμᾶν(ε)

Pres. Imp.   τίμα·
               τιμᾶτε

Pres. Part. τιμώντας

Imp.   τιμοῦσα, τιμοῦσες, τιμοῦσε·
               τιμούσαμε, τιμούσατε, τιμοῦσαν

Fut. I   θὰ τιμῶ, θὰ τιμᾶς θὰ τιμᾶ ἢ τιμάει
               θὰ τιμοῦμε ἢ τιμᾶμε, θὰ τιμᾶτε, θὰ τιμοῦν ἢ τιμᾶν(ε)

Fut. II   θὰ τιμήσω, θὰ τιμήσεις, θὰ τιμήσει
               θὰ τιμήσουμε, -ομε, θὰ τιμήσετε, θὰ τιμήσουν

Aor. Ind.   τίμησα, τίμησες, τίμησε·
               τιμήσαμε, τιμήσατε, τίμησαν

Aor. Sub.   νὰ τιμήσω, νὰ τιμήσεις, νὰ τιμήσει·
               νὰ τιμήσουμε, -ομε, νὰ τιμήσετε, νὰ τιμήσουν

Aor. Imp.   τίμησε·
               τιμῆστε·

Aor. Inf.   τιμήσει

Perf. Ind.   ἔχω τιμήσει, ἔχεις τιμήσει, ἔχει τιμήσει ἢ ἔχω κτλ. τι-
               μημένο·
               ἔχουμε, -ομε τιμήσει, ἔχετε τιμήσει, ἔχουν τιμήσει

Perf. Sub.   νὰ ἔχω τιμήσει, νὰ ἔχεις τιμήσει, νὰ ἔχει τιμήσει ἢ νὰ
               ἔχω κτλ. τιμημένο·
               νὰ ἔχουμε, -ομε τιμήσει, νὰ ἔχετε τιμήσει, νὰ ἔχουν τι-
               μήσει

P. P.   εἶχα τιμήσει, εἶχες τιμήσει, εἶχε τιμήσει ἢ εἶχα κτλ. τι-
               μημένο·
               εἴχαμε τιμήσει, εἴχατε τιμήσει, εἶχαν τιμήσει

F. P.   θὰ ἔχω τιμήσει, θὰ ἔχεις τιμήσει, θὰ ἔχει τιμήσει ἢ θὰ
               ἔχω κτλ. τιμημένο·
               θὰ ἔχουμε -ομε τιμήσει, θὰ ἔχετε τιμήσει, θὰ ἔχουν τι-
               μήσει

Pres. Ind.   τραβῶ, τραβᾶς, τραβᾶ ἢ τραβάει·
τραβοῦμε ἢ τραβᾶμε, τραβᾶτε, τραβοῦν ἢ τραβᾶν(ε)

Pres. Sub.   νὰ τραβῶ, νὰ τραβᾶς, νὰ τραβᾶ ἢ τραβάει·
νὰ τραβοῦμε ἢ τραβᾶμε, νὰ τραβᾶτε, νὰ τραβοῦν ἢ τρα-
βᾶν(ε)

Pres. Imp.   τράβα·
τραβᾶτε

Pres. Part.   τραβώντας

Imp.   τραβοῦσα, τραβοῦσες, τραβοῦσε·
τραβούσαμε, τραβούσατε, τραβοῦσαν

Fut. I   θὰ τραβῶ, θὰ τραβᾶς, θὰ τραβᾶ ἢ τραβάει·
θὰ τραβοῦμε ἢ τραβᾶμε, θὰ τραβᾶτε, θὰ τραβοῦν ἢ τρα-
βᾶν(ε)

Fut. II   θὰ τραβήξω, θὰ τραβήξεις, θὰ τραβήξει·
θὰ τραβήξουμε, -ομε, θὰ τραβήξετε θὰ τραβήξουν

Aor. Ind.   τράβηξα, τράβηξες, τράβηξε·
τραβήξαμε, τραβήξατε, τράβηξαν

Aor. Sub.   νὰ τραβήξω, νὰ τραβήξεις, νὰ τραβήξει·
νὰ τραβήξουμε, -ομε, νὰ τραβήξετε, νὰ τραβήξουν

Aor. Imp.   τράβηξε·
τραβῆξτε

Aor. Inf.   τραβήξει

Perf. Ind.   ἔχω τραβήξει, ἔχεις τραβήξει, ἔχει τραβήξει ἢ ἔχω κτλ.
τραβηγμένο·
ἔχουμε, -ομε τραβήξει, ἔχετε τραβήξει, ἔχουν τραβήξει

Perf. Sub.   νὰ ἔχω τραβήξει, νὰ ἔχεις τραβήξει, νὰ ἔχει τραβήξει
ἢ νὰ ἔχω κτλ. τραβηγμένο·
νὰ ἔχουμε, -ομε τραβήξει, νὰ ἔχετε τραβήξει, νὰ ἔχουν
τραβήξει

P. P.   εἶχα τραβήξει, εἶχες τραβήξει, εἶχε τραβήξει ἢ εἶχα
κτλ. τραβηγμένο·
εἴχαμε τραβήξει εἴχατε τραβήξει, εἶχαν τραβήξει

F. P.   θὰ ἔχω τραβήξει, θὰ ἔχεις τραβήξει, θὰ ἔχει τραβήξει
ἢ θὰ ἔχω κτλ. τραβηγμένο·
θὰ ἔχουμε, -ομε τραβήξει, θὰ ἔχετε τραβήξει, θὰ ἔχουν
τραβήξει

Pres. Ind.	τραγουδῶ, τραγουδᾶς, τραγουδᾶ ἢ τραγουδάει· τραγουδοῦμε ἢ τραγουδᾶμε, τραγουδᾶτε, τραγουδοῦν ἢ τραγουδᾶν(ε)
Pres. Sub.	νὰ τραγουδῶ, νὰ τραγουδᾶς, νὰ τραγουδᾶ ἢ τραγουδάει· νὰ τραγουδοῦμε ἢ τραγουδᾶμε, νὰ τραγουδᾶτε, νὰ τραγουδοῦν ἢ τραγουδᾶν(ε)
Pres. Imp.	τραγούδα· τραγουδᾶτε
Pres. Part.	τραγουδώντας
Imp.	τραγουδοῦσα, τραγουδοῦσες, τραγουδοῦσε· τραγουδούσαμε, τραγουδούσατε, τραγουδοῦσαν
Fut. I	θὰ τραγουδῶ, θὰ τραγουδᾶς, θὰ τραγουδᾶ ἢ τραγουδάει· θὰ τραγουδοῦμε ἢ τραγουδᾶμε, θὰ τραγουδᾶτε, θὰ τραγουδοῦν ἢ τραγουδᾶν(ε)
Fut. II	θὰ τραγουδήσω, θὰ τραγουδήσεις, θὰ τραγουδήσει· θὰ τραγουδήσουμε, -ομε, θὰ τραγουδήσετε, θὰ τραγουδήσουν
Aor. Ind.	τραγούδησα, τραγούδησες, τραγούδησε· τραγουδήσαμε, τραγουδήσατε, τραγούδησαν
Aor. Sub.	νὰ τραγουδήσω, νὰ τραγουδήσεις, νὰ τραγουδήσει· νὰ τραγουδήσουμε, -ομε, νὰ τραγουδήσετε, νὰ τραγουδήσουν
Aor. Imp.	τραγούδησε· τραγουδῆστε
Aor. Inf.	τραγουδήσει
Perf. Ind.	ἔχω τραγουδήσει, ἔχεις τραγουδήσει, ἔχει τραγουδήσει· ἔχουμε, -ομε τραγουδήσει, ἔχετε τραγουδήσει, ἔχουν τραγουδήσει·
Perf. Sub.	νὰ ἔχω τραγουδήσει, νὰ ἔχεις τραγουδήσει, νὰ ἔχει τραγουδήσει· νὰ ἔχουμε, -ομε τραγουδήσει, νὰ ἔχετε τραγουδήσει, νὰ ἔχουν τραγουδήσει
P. P.	εἶχα τραγουδήσει, εἶχες τραγουδήσει, εἶχε τραγουδήσει· εἴχαμε τραγουδήσει, εἴχατε τραγουδήσει, εἶχαν τραγουδήσει
F. P.	θὰ ἔχω τραγουδήσει, θὰ ἔχεις τραγουδήσει, θὰ ἔχει τραγουδήσει· θὰ ἔχουμε, -ομε τραγουδήσει, θὰ ἔχετε τραγουδήσει, θὰ ἔχουν τραγουδήσει

Pres. Ind.	τρέχω, τρέχεις, τρέχει·
	τρέχουμε, -ομε, τρέχετε, τρέχουν
Pres. Sub.	νὰ τρέχω, νὰ τρέχεις, νὰ τρέχει·
	νὰ τρέχουμε, -ομε, νὰ τρέχετε, νὰ τρέχουν
Pres. Imp.	τρέχε·
	τρέχετε
Pres. Part.	τρέχοντας
Imp.	ἔτρεχα, ἔτρεχες, ἔτρεχε·
	τρέχαμε, τρέχατε, ἔτρεχαν
Fut. I	θὰ τρέχω, θὰ τρέχεις, θὰ τρέχει·
	θὰ τρέχουμε, -ομε, θὰ τρέχετε, θὰ τρέχουν
Fut. II	θὰ τρέξω, θὰ τρέξεις, θὰ τρέξει·
	θὰ τρέξουμε, -ομε, θὰ τρέξετε, θὰ τρέξουν
Aor. Ind.	ἔτρεξα, ἔτρεξες, ἔτρεξε·
	τρέξαμε, τρέξατε, ἔτρεξαν
Aor. Sub.	νὰ τρέξω, νὰ τρέξεις, νὰ τρέξει·
	νὰ τρέξουμε, -ομε, νὰ τρέξετε, νὰ τρέξουν
Aor. Imp.	τρέξε·
	τρέξτε
Aor. Inf.	τρέξει
Perf. Ind.	ἔχω τρέξει, ἔχεις τρέξει, ἔχει τρέξει·
	ἔχουμε, -ομε τρέξει, ἔχετε τρέξει, ἔχουν τρέξει
Perf. Sub.	νὰ ἔχω τρέξει, νὰ ἔχεις τρέξει, νὰ ἔχει τρέξει·
	νὰ ἔχουμε, -ομε τρέξει, νὰ ἔχετε τρέξει, νὰ ἔχουν τρέξει
P. P.	εἶχα τρέξει, εἶχες τρέξει, εἶχε τρέξει·
	εἴχαμε τρέξει, εἴχατε τρέξει, εἶχαν τρέξει
F. P.	θὰ ἔχω τρέξει, θὰ ἔχεις τρέξει, θὰ ἔχει τρέξει·
	θὰ ἔχουμε, -ομε τρέξει, θὰ ἔχετε τρέξει, θὰ ἔχουν τρέξει

Pres. Ind.	τρίβω, τρίβεις, τρίβει· τρίβουμε, -ομε, τρίβετε, τρίβουν
Pres. Sub.	νὰ τρίβω, νὰ τρίβεις, νὰ τρίβει· νὰ τρίβουμε, -ομε, νὰ τρίβετε, νὰ τρίβουν
Pres. Imp.	τρίβε· τρίβετε
Pres. Part.	τρίβοντας
Imp.	ἔτριβα, ἔτριβες, ἔτριβε· τρίβαμε, τρίβατε, ἔτριβαν
Fut. I	θὰ τρίβω, θὰ τρίβεις, θὰ τρίβει· θὰ τρίβουμε, -ομε, θὰ τρίβετε, θὰ τρίβουν
Fut. II	θὰ τρίψω, θὰ τρίψεις, θὰ τρίψει· θὰ τρίψουμε, -ομε, θὰ τρίψετε, θὰ τρίψουν
Aor. Ind.	ἔτριψα, ἔτριψες, ἔτριψε· τρίψαμε, τρίψατε, ἔτριψαν
Aor. Sub.	νὰ τρίψω, νὰ τρίψεις, νὰ τρίψει· νὰ τρίψουμε, -ομε, νὰ τρίψετε, νὰ τρίψουν
Aor. Imp.	τρίψε· τρίψτε
Aor. Inf.	τρίψει
Perf. Ind.	ἔχω τρίψει, ἔχεις τρίψει, ἔχει τρίψει ἢ ἔχω κτλ. τριμμέ- νο· ἔχουμε, -ομε τρίψει, ἔχετε τρίψει, ἔχουν τρίψει
Perf. Sub.	νὰ ἔχω τρίψει, νὰ ἔχεις τρίψει, νὰ ἔχει τρίψει ἢ νὰ ἔ- χω κτλ. τριμμένο· νὰ ἔχουμε, -ομε τρίψει, νὰ ἔχετε τρίψει, νὰ ἔχουν τρί- ψει
P. P.	εἶχα τρίψει, εἶχες τρίψει, εἶχε τρίψει ἢ εἶχα κτλ. τριμ- μένο· εἴχαμε τρίψει, εἴχατε τρίψει, εἶχαν τρίψει
F. P.	θὰ ἔχω τρίψει, θὰ ἔχεις τρίψει, θὰ ἔχει τρίψει ἢ θὰ ἔ- χω κτλ. τριμμένο· θὰ ἔχουμε, -ομε τρίψει, θὰ ἔχετε τρίψει, θὰ ἔχουν τρί- ψει

Pres. Ind.	τρώ(γ)ω, τρῶς, τρώ(γ)ει· τρῶμε, τρῶτε, τρῶν(ε) ἢ τρώγουν
Pres. Sub.	νὰ τρώ(γ)ω, νὰ τρῶς, νὰ τρώ(γ)ει· νὰ τρῶμε, νὰ τρῶτε, νὰ τρῶν(ε) ἢ τρώγουν
Pres. Imp.	τρῶγε· τρώγετε ἢ τρῶτε
Pres. Part.	τρώ(γ)οντας
Imp.	ἔτρωγα, ἔτρωγες, ἔτρωγε· τρώγαμε, τρώγατε, ἔτρωγαν
Fut. I	θὰ τρώ(γ)ω, θὰ τρῶς, θὰ τρώ(γ)ει· θὰ τρῶμε, θὰ τρῶτε, θὰ τρῶν(ε) ἢ τρώγουν
Fut. II	θὰ φά(γ)ω, θὰ φᾶς, θὰ φά(γ)ει· θὰ φᾶμε, θὰ φᾶτε, θὰ φᾶν(ε)
Aor. Ind.	ἔφαγα, ἔφαγες, ἔφαγε· φάγαμε, φάγατε, ἔφαγαν
Aor. Sub.	νὰ φά(γ)ω, νὰ φᾶς, νὰ φά(γ)ει· νὰ φᾶμε, νὰ φᾶτε, νὰ φᾶν(ε)
Aor. Imp.	φά(γ)ε φᾶτε
Aor. Inf.	φά(γ)ει
Perf. Ind.	ἔχω φά(γ)ει, ἔχεις φά(γ)ει, ἔχει φά(γ)ει ἢ ἔχω κτλ. φαγωμένο· ἔχουμε, -ομε φά(γ)ει, ἔχετε φά(γ)ει, ἔχουν φά(γ)ει
Perf. Sub.	νὰ ἔχω φά(γ)ει, νὰ ἔχεις φά(γ)ει, νὰ ἔχει φά(γ)ει ἢ νὰ ἔχω κτλ. φαγωμένο· νὰ ἔχουμε, -ομε φά(γ)ει, νὰ ἔχετε φά(γ)ει, νὰ ἔχουν φά(γ)ει
P. P.	εἶχα φά(γ)ει, εἶχες φά(γ)ει, εἶχε φά(γ)ει ἢ εἶχα κτλ. φαγωμένο· εἴχαμε φά(γ)ει, εἴχατε φά(γ)ει, εἶχαν φά(γ)ει
F. P.	θὰ ἔχω φά(γ)ει, θὰ ἔχεις φά(γ)ει, θὰ ἔχει φά(γ)ει ἢ θὰ ἔχω κτλ. φαγωμένο· θὰ ἔχουμε, -ομε, φά(γ)ει, θὰ ἔχετε φά(γ)ει, θὰ ἔχουν φά(γ)ει

Pres. Ind. τσιμπῶ, τσιμπᾶς, τσιμπᾷ ἢ τσιμπάει·
τσιμπούμε ἢ τσιμπᾶμε, τσιμπᾶτε, τσιμπούν ἢ τσιμπᾶν(ε)

Pres. Sub. νὰ τσιμπῶ, νὰ τσιμπᾶς, νὰ τσιμπᾷ ἢ τσιμπάει·
νὰ τσιμπούμε ἢ τσιμπᾶμε, νὰ τσιμπᾶτε, νὰ τσιμπούν ἢ
τσιμπᾶν(ε)

Pres. Imp. τσίμπα·
τσιμπᾶτε

Pres. Part. τσιμπώντας

Imp. τσιμπούσα, τσιμπούσες, τσιμπούσε·
τσιμπούσαμε, τσιμπούσατε, τσιμπούσαν

Fut. I θὰ τσιμπῶ, θὰ τσιμπᾶς, θὰ τσιμπᾷ ἢ τσιμπάει·
θὰ τσιμπούμε ἢ τσιμπᾶμε, θὰ τσιμπᾶτε, θὰ τσιμπούν ἢ
τσιμπᾶν(ε)

Fut. II θὰ τσιμπήσω, θὰ τσιμπήσεις, θὰ τσιμπήσει·
θὰ τσιμπήσουμε, -ομε, θὰ τσιμπήσετε, θὰ τσιμπήσουν

Aor. Ind. τσίμπησα, τσίμπησες, τσίμπησε·
τσιμπήσαμε, τσιμπήσατε, τσίμπησαν

Aor. Sub. νὰ τσιμπήσω, νὰ τσιμπήσεις, νὰ τσιμπήσει·
νὰ τσιμπήσουμε, -ομε, νὰ τσιμπήσετε, νὰ τσιμπήσουν

Aor. Imp. τσίμπησε·
τσιμπῆστε

Aor. Inf. τσιμπήσει

Perf. Ind. ἔχω τσιμπήσει, ἔχεις τσιμπήσει, ἔχει τσιμπήσει ἢ ἔχω
κτλ. τσιμπημένο·
ἔχουμε, -ομε τσιμπήσει, ἔχετε τσιμπήσει, ἔχουν τσιμπή-
σει

Perf. Sub. νὰ ἔχω τσιμπήσει, νὰ ἔχεις τσιμπήσει, νὰ ἔχει τσιμπή-
σει ἢ νὰ ἔχω κτλ. τσιμπημένο·
νὰ ἔχουμε, -ομε τσιμπήσει, νὰ ἔχετε τσιμπήσει, νὰ ἔχουν
τσιμπήσει

P. P. εἶχα τσιμπήσει, εἶχες τσιμπήσει, εἶχε τσιμπήσει ἢ εἶχα
κτλ. τσιμπημένο·
εἴχαμε τσιμπήσει, εἴχατε τσιμπήσει, εἶχαν τσιμπήσει

F. P. θὰ ἔχω τσιμπήσει, θὰ ἔχεις τσιμπήσει, θὰ ἔχει τσιμπήσει
ἢ θὰ ἔχω κτλ. τσιμπημένο·
θὰ ἔχουμε, -ομε τσιμπήσει, θὰ ἔχετε τσιμπήσει, θὰ ἔχουν
τσιμπήσει

Pres. Ind. ὑπερβάλλω, ὑπερβάλλεις, ὑπερβάλλει·
ὑπερβάλλουμε, -ομε, ὑπερβάλλετε, ὑπερβάλλουν

Pres. Sub. νὰ ὑπερβάλλω, νὰ ὑπερβάλλεις, νὰ ὑπερβάλλει·
νὰ ὑπερβάλλουμε, -ομε, νὰ ὑπερβάλλετε, νὰ ὑπερβάλλουν

Pres. Imp. ————

Pres. Part. ὑπερβάλλοντας

Imp. ὑπέρβαλλα, ὑπέρβαλλες, ὑπέρβαλλε·
ὑπερβάλλαμε, ὑπερβάλλατε, ὑπέρβαλλαν

Fut. I θὰ ὑπερβάλλω, θὰ ὑπερβάλλεις, θὰ ὑπερβάλλει·
θὰ ὑπερβάλλουμε, -ομε, θὰ ὑπερβάλλετε, θὰ ὑπερβάλλουν

Fut. II θὰ ὑπερβάλω, θὰ ὑπερβάλεις, θὰ ὑπερβάλει·
θὰ ὑπερβάλουμε, -ομε, θὰ ὑπερβάλετε, θὰ ὑπερβάλουν

Aor. Ind. ὑπέρβαλα, ὑπέρβαλες, ὑπέρβαλε·
ὑπερβάλαμε, ὑπερβάλατε, ὑπέρβαλαν

Aor. Sub. νὰ ὑπερβάλω, νὰ ὑπερβάλεις, νὰ ὑπερβάλει·
νὰ ὑπερβάλουμε, -ομε, νὰ ὑπερβάλετε, νὰ ὑπερβάλουν

Aor. Imp. ὑπέρβαλε·
ὑπερβάλετε

Aor. Inf. ὑπερβάλει

Perf. Ind. ἔχω ὑπερβάλει, ἔχεις ὑπερβάλει, ἔχει ὑπερβάλει·
ἔχουμε, -ομε ὑπερβάλει, ἔχετε ὑπερβάλει, ἔχουν ὑπερβάλει

Perf. Sub. νὰ ἔχω ὑπερβάλει, νὰ ἔχεις ὑπερβάλει, νὰ ἔχει ὑπερβάλει·
νὰ ἔχουμε, -ομε, ὑπερβάλει, νὰ ἔχετε ὑπερβάλει, νὰ ἔχουν ὑπερβάλει

P. P. εἶχα ὑπερβάλει, εἶχες ὑπερβάλει, εἶχε ὑπερβάλει·
εἴχαμε ὑπερβάλει, εἴχατε ὑπερβάλει, εἶχαν ὑπερβάλει

F. P. θὰ ἔχω ὑπερβάλει, θὰ ἔχεις ὑπερβάλει, θὰ ἔχει ὑπερβάλει·
θὰ ἔχουμε, -ομε, ὑπερβάλει, θὰ ἔχετε ὑπερβάλει, θὰ ἔχουν ὑπερβάλει

Pres. Ind.	ὑπερασπίζω, ὑπερασπίζεις, ὑπερασπίζει· ὑπερασπίζουμε, -ομε ὑπερασπίζετε, ὑπερασπίζουν
Pres. Sub.	νὰ ὑπερασπίζω, νὰ ὑπερασπίζεις, νὰ ὑπερασπίζει· νὰ ὑπερασπίζουμε, -ομε, νὰ ὑπερασπίζετε, νὰ ὑπερασπίζουν
Pres. Imp.	ὑπεράσπιζε· ὑπερασπίζετε
Pres. Part.	ὑπερασπίζοντας
Imp.	ὑπεράσπιζα, ὑπεράσπιζες, ὑπεράσπιζε· ὑπερασπίζαμε, ὑπερασπίζατε, ὑπεράσπιζαν
Fut. I	θὰ ὑπερασπίζω, θὰ ὑπερασπίζεις, θὰ ὑπερασπίζει· θὰ ὑπερασπίζουμε, -ομε, θὰ ὑπερασπίζετε, θὰ ὑπερασπίζουν
Fut. II	θὰ ὑπερασπίσω, θὰ ὑπερασπίσεις, θὰ ὑπερασπίσει· θὰ ὑπερασπίσουμε, -ομε, θὰ ὑπερασπίσετε, θὰ ὑπερασπίσουν
Aor. Ind.	ὑπεράσπισα, ὑπεράσπισες, ὑπεράσπισε· ὑπερασπίσαμε, ὑπερασπίσατε, ὑπεράσπισαν
Aor. Sub.	νὰ ὑπερασπίσω, νὰ ὑπερασπίσεις, νὰ ὑπερασπίσει· νὰ ὑπερασπίσουμε. -ομε, νὰ ὑπερασπίσετε, νὰ ὑπερασπίσουν
Aor. Imp.	ὑπεράσπισε· ὑπερασπίστε
Aor. Inf.	ὑπερασπίσει
Perf. Ind.	ἔχω ὑπερασπίσει, ἔχεις ὑπερασπίσει, ἔχει ὑπερασπίσει· ἔχουμε, -ομε ὑπερασπίσει, ἔχετε ὑπερασπίσει, ἔχουν ὑπερασπίσει
Perf. Sub.	νὰ ἔχω ὑπερασπίσει, νὰ ἔχεις ὑπερασπίσει, νὰ ἔχει ὑπερασπίσει· νὰ ἔχουμε, -ομε ὑπερασπίσει, νὰ ἔχετε ὑπερασπίσει, νὰ ἔχουν ὑπερασπίσει
P. P.	εἶχα ὑπερασπίσει, εἶχες ὑπερασπίσει, εἶχε ὑπερασπίσει· εἴχαμε ὑπερασπίσει, εἴχατε ὑπερασπίσει, εἶχαν ὑπερασπίσει
F. P.	θὰ ἔχω ὑπερασπίσει, θὰ ἔχεις ὑπερασπίσει, θὰ ἔχει ὑπερασπίσει· θὰ ἔχουμε, -ομε ὑπερασπίσει, θὰ ἔχετε ὑπερασπίσει, θὰ ἔχουν ὑπερασπίσει

Pres. Ind.	φαντάζομαι, φαντάζεσαι, φαντάζεται· φανταζόμαστε, φαντάζεστε, φαντάζονται
Pres. Sub.	νὰ φαντάζομαι, νὰ φαντάζεσαι, νὰ φαντάζεται· νὰ φανταζόμαστε, νὰ φαντάζεστε, νὰ φαντάζονται
Pres. Imp.	———
Imp.	φανταζόμουν, φανταζόσουν, φανταζόταν· φανταζόμαστε, φανταζόσαστε, φαντάζονταν
Fut. I	θὰ φαντάζομαι, θὰ φαντάζεσαι, θὰ φαντάζεται· θὰ φανταζόμαστε, θὰ φαντάζεστε, θὰ φαντάζονται
Fut. II	θὰ φανταστῶ, θὰ φανταστεῖς, θὰ φανταστεῖ· θὰ φανταστοῦμε, θὰ φανταστεῖτε, θὰ φανταστοῦν
Aor. Ind.	φαντάστηκα, φαντάστηκες, φαντάστηκε· φανταστήκαμε, φανταστήκατε, φαντάστηκαν
Aor. Sub.	νὰ φανταστῶ, νὰ φανταστεῖς, νὰ φανταστεῖ· νὰ φανταστοῦμε, νὰ φανταστεῖτε, νὰ φανταστοῦν
Aor. Imp.	φαντάσου· φανταστεῖτε
Aor. Inf.	φανταστεῖ
Perf. Ind.	ἔχω φανταστεῖ, ἔχεις φανταστεῖ, ἔχει φανταστεῖ· ἔχουμε, -ομε, φανταστεῖ, ἔχετε φανταστεῖ, ἔχουν φανταστεῖ
Perf. Sub.	νὰ ἔχω φανταστεῖ, νὰ ἔχεις φανταστεῖ, νὰ ἔχει φαντα-στεῖ· νὰ ἔχουμε, -ομε φανταστεῖ, νὰ ἔχετε φανταστεῖ, νὰ ἔ-χουν φανταστεῖ
Perf. Part.	φαντασμένος
P. P.	εἶχα φανταστεῖ, εἶχες φανταστεῖ, εἶχε φανταστεῖ· εἴχαμε φανταστεῖ, εἴχατε φανταστεῖ, εἶχαν φανταστεῖ
F. P.	θὰ ἔχω φανταστεῖ, θὰ ἔχεις φανταστεῖ, θὰ ἔχει φαντα-στεῖ· θὰ ἔχουμε, -ομε φανταστεῖ, θὰ ἔχετε φανταστεῖ, θὰ ἔ-χουν φανταστεῖ

Pres. Ind.	φέρνω, φέρνεις, φέρνει· φέρνουμε, -ομε, φέρνετε, φέρνουν
Pres. Sub.	νὰ φέρνω, νὰ φέρνεις, νὰ φέρνει· νὰ φέρνουμε, -ομε, νὰ φέρνετε, νὰ φέρνουν
Pres. Imp.	φέρνε· φέρνετε
Pres. Part.	φέρνοντας
Imp.	ἔφερνα, ἔφερνες, ἔφερνε· φέρναμε, φέρνατε, ἔφερναν
Fut. I	θὰ φέρνω, θὰ φέρνεις, θὰ φέρνει· θὰ φέρνουμε, -ομε, θὰ φέρνετε, θὰ φέρνουν
Fut. II	θὰ φέρω, θὰ φέρεις, θὰ φέρει· θὰ φέρουμε, -ομε, θὰ φέρετε, θὰ φέρουν
Aor. Ind.	ἔφερα, ἔφερες, ἔφερε· φέραμε, φέρατε, ἔφεραν
Aor. Sub.	νὰ φέρω, νὰ φέρεις, νὰ φέρει· νὰ φέρουμε, -ομε, νὰ φέρετε, νὰ φέρουν
Aor. Imp.	φέρε· φέρετε ἢ φέρτε
Aor. Inf.	φέρει
Perf. Ind.	ἔχω φέρει, ἔχεις φέρει, ἔχει φέρει ἢ ἔχω κτλ. φερμένο ἔχουμε, -ομε, φέρει, ἔχετε φέρει, ἔχουν φέρει
Perf. Sub.	νὰ ἔχω φέρει, νὰ ἔχεις φέρει, νὰ ἔχει φέρει ἢ νὰ ἔχω κτλ. φερμένο· νὰ ἔχουμε, -ομε φέρει, νὰ ἔχετε φέρει, νὰ ἔχουν φέρει
P. P.	εἶχα φέρει, εἶχες φέρει, εἶχε φέρει ἢ εἶχα κτλ. φερμέ- νο· εἴχαμε φέρει, εἴχατε φέρει εἶχαν φέρει
F. P.	θὰ ἔχω φέρει, θὰ ἔχεις φέρει, θὰ ἔχει φέρει ἢ θὰ ἔχω κτλ. φερμένο· θὰ ἔχουμε, -ομε φέρει, θὰ ἔχετε φέρει, θὰ ἔχουν φέρει

Pres. Ind.	φοβοῦμαι ἤ φοβᾶμαι, φοβᾶσαι, φοβᾶται· φοβούμαστε, φοβάστε φοβοῦνται
Pres. Sub.	νὰ φοβοῦμαι ἤ φοβᾶμαι, νὰ φοβᾶσαι, νὰ φοβᾶται· νὰ φοβούμαστε, νὰ φοβάστε, νὰ φοβοῦνται
Pres. Imp.	———
Imp.	φοβόμουν, φοβόσουν, φοβόταν· φοβόμαστε, φοβόσαστε, φοβόνταν ἤ φοβοῦνταν
Fut. I	θὰ φοβοῦμαι ἤ φοβᾶμαι, θὰ φοβᾶσαι, θὰ φοβᾶται· θὰ φοβούμαστε, θὰ φοβάστε, θὰ φοβοῦνται
Fut. II	θὰ φοβηθῶ, θὰ φοβηθεῖς, θὰ φοβηθεῖ· θὰ φοβηθοῦμε, θὰ φοβηθεῖτε, θὰ φοβηθοῦν
Aor. Ind.	φοβήθηκα, φοβήθηκες, φοβήθηκε· φοβηθήκαμε, φοβηθήκατε, φοβήθηκαν
Aor. Sub.	νὰ φοβηθῶ, νὰ φοβηθεῖς, νὰ φοβηθεῖ· νὰ φοβηθοῦμε, νὰ φοβηθεῖτε, νὰ φοβηθοῦν
Aor. Imp.	φοβήσου φοβηθεῖτε
Aor. Inf.	φοβηθεῖ
Perf. Ind.	ἔχω φοβηθεῖ, ἔχεις φοβηθεῖ, ἔχει φοβηθεῖ ἤ εἶμαι κτλ. φοβισμένος· ἔχουμε, -ομε φοβηθεῖ, ἔχετε φοβηθεῖ, ἔχουν φοβηθεῖ ἤ εἴμαστε κτλ. φοβισμένοι
Perf. Sub.	νὰ ἔχω φοβηθεῖ, νὰ ἔχεις φοβηθεῖ, νὰ ἔχει φοβηθεῖ ἤ νὰ εἶμαι κτλ. φοβισμένος· νὰ ἔχουμε, -ομε φοβηθεῖ, νὰ ἔχετε φοβηθεῖ, νὰ ἔχουν φοβηθεῖ ἤ νὰ εἴμαστε κτλ. φοβισμένοι
Perf. Part.	φοβισμένος
P. P.	εἶχα φοβηθεῖ, εἶχες φοβηθεῖ, εἶχε φοβηθεῖ ἤ ἤμουν κτλ. φοβισμένος· εἴχαμε φοβηθεῖ, εἴχατε φοβηθεῖ, εἶχαν φοβηθεῖ ἤ ἤμαστε κτλ. φοβισμένοι
F. P.	θὰ ἔχω φοβηθεῖ, θὰ ἔχεις φοβηθεῖ, θὰ ἔχει φοβηθεῖ ἤ θὰ εἶμαι κτλ. φοβισμένος· θὰ ἔχουμε, -ομε, φοβηθεῖ, θὰ ἔχετε φοβηθεῖ, θὰ ἔχουν φοβηθεῖ ἤ θὰ εἴμαστε κτλ. φοβισμένοι

Pres. Ind.	φροντίζω, φροντίζεις, φροντίζει· φροντίζουμε, -ομε, φροντίζετε, φροντίζουν
Pres. Sub.	νὰ φροντίζω, νὰ φροντίζεις, νὰ φροντίζει· νὰ φροντίζουμε, -ομε, νὰ φροντίζετε, νὰ φροντίζουν
Pres. Imp.	φρόντιζε· φροντίζετε
Pres. Part.	φροντίζοντας
Imp.	φρόντιζα, φρόντιζες, φρόντιζε· φροντίζαμε, φροντίζατε, φρόντιζαν
Fut. I	θὰ φροντίζω, θὰ φροντίζεις, θὰ φροντίζει· θὰ φροντίζουμε, -ομε, θὰ φροντίζετε, θὰ φροντίζουν
Fut. II	θὰ φροντίσω, θὰ φροντίσεις, θὰ φροντίσει· θὰ φροντίσουμε, -ομε, θὰ φροντίσετε, θὰ φροντίσουν
Aor. Ind.	φρόντισα, φρόντισες, φρόντισε· φροντίσαμε, φροντίσατε, φρόντισαν
Aor. Sub.	νὰ φροντίσω, νὰ φροντίσεις, νὰ φροντίσει· νὰ φροντίσουμε, -ομε, νὰ φροντίσετε, νὰ φροντίσουν
Aor. Imp.	φρόντισε· φροντίστε
Aor. Inf.	φροντίσει
Perf. Ind.	ἔχω φροντίσει, ἔχεις φροντίσει, ἔχει φροντίσει ἢ ἔχω κτλ. φροντισμένο· ἔχουμε, -ομε φροντίσει, ἔχετε φροντίσει, ἔχουν φροντίσει
Perf. Sub.	νὰ ἔχω φροντίσει, νὰ ἔχεις φροντίσει, νὰ ἔχει φροντίσει ἢ νὰ ἔχω κτλ. φροντισμένο· νὰ ἔχουμε, -ομε φροντίσει, νὰ ἔχετε φροντίσει, νὰ ἔχουν φροντίσει
P. P.	εἶχα φροντίσει, εἶχες φροντίσει, εἶχε φροντίσει ἢ εἶχα κτλ. φροντισμένο· εἴχαμε φροντίσει, εἴχατε φροντίσει, εἶχαν φροντίσει
F. P.	θὰ ἔχω φροντίσει, θὰ ἔχεις φροντίσει, θὰ ἔχει φροντίσει ἢ θὰ ἔχω κτλ. φροντισμένο· θὰ ἔχουμε, -ομε φροντίσει, θὰ ἔχετε φροντίσει, θὰ ἔχουν φροντίσει

Pres. Ind. φουντώνω, φουντώνεις, φουντώνει·
φουντώνουμε, -ομε, φουντώνετε, φουντώνουν

Pres. Sub. νὰ φουντώνω, νὰ φουντώνεις, νὰ φουντώνει·
νὰ φουντώνουμε, -ομε, νὰ φουντώνετε, νὰ φουνιώνουν

Pres. Imp. φούντωνε·
φουντώνετε

Pres. Part. φουντώνοντας

Imp. φούντωνα, φούντωνες, φούντωνε·
φουντώναμε, φουντώνατε, φούντωναν

Fut. I θὰ φουντώνω, θὰ φουντώνεις, θὰ φουντώνει·
θὰ φουντώνουμε, -ομε, θὰ φουντώνετε, θὰ φουντώνουν

Fut. II θὰ φουντώσω, θὰ φουντώσεις, θὰ φουντώσει·
θὰ φουντώσουμε, -ομε, θὰ φουντώσετε, θὰ φουντώσουν

Aor. Ind. φούντωσα, φούντωσες, φούντωσε·
φουντώσαμε, φουντώσατε, φούντωσαν

Aor. Sub. νὰ φουντώσω, νὰ φουντώσεις, νὰ φουντώσει·
νὰ φουντώσουμε, -ομε, νὰ φουντώσετε, νὰ φουντώσουν

Aor. Imp. φούντωσε·
φουντώσετε ἤ φουντῶστε

Aor. Inf. φουντώσει

Perf. Ind. ἔχω φουντώσει, ἔχεις φουντώσει, ἔχει φουντώσει·
ἔχουμε, -ομε φουντώσει, ἔχετε φουντώσει, ἔχουν φουν-
τώσει

Perf. Sub. νὰ ἔχω φουντώσει, νὰ ἔχεις φουντώσει, νὰ ἔχει φουν-
τώσει·
νὰ ἔχουμε, -ομε φουντώσει, νὰ ἔχετε φουντώσει, νὰ ἔ-
χουν φουντώσει

P. P. εἶχα φουντώσει, εἶχες φουντώσει, εἶχε φουντώσει
εἴχαμε φουντώσει, εἴχατε φουντώσει, εἶχαν φουντώσει

F. P. θὰ ἔχω φουντώσει, θὰ ἔχεις φουντώσει, θὰ ἔχει φουν-
τώσει·
θὰ ἔχουμε, ομε φουντώσει, θὰ ἔχετε φουντώσει, θὰ ἔ-
χουν φουντώσει

Active Voice	ΦΤΑΝΩ	to arrive, reach

Pres. Ind. φτάνω, φτάνεις, φτάνει·
φτάνουμε, -ομε, φτάνετε, φτάνουν

Pres. Sub. νὰ φτάνω, νὰ φτάνεις, νὰ φτάνει·
νὰ φτάνουμε, -ομε, νὰ φτάνετε, νὰ φτάνουν

Pres. Imp φτάνε·
φτάνετε

Pres. Part. φτάνοντας

Imp. ἔφτανα, ἔφτανες, ἔφτανε·
φτάναμε, φτάνατε, ἔφταναν

Fut. I θὰ φτάνω, θὰ φτάνεις, θὰ φτάνει·
θὰ φτάνουμε, -ομε, θὰ φτάνετε, θὰ φτάνουν

Fut. II θὰ φτάσω, θὰ φτάσεις, θὰ φτάσει·
θὰ φτάσουμε, -ομε, θὰ φτάσετε, θὰ φτάσουν

Aor. Ind. ἔφτασα, ἔφτασες, ἔφτασε·
φτάσαμε, φτάσατε, ἔφτασαν

Aor. Sub. νὰ φτάσω, νὰ φτάσεις, νὰ φτάσει·
νὰ φτάσουμε, -ομε, νὰ φτάσετε, νὰ φτάσουν

Aor. Imp. φτάσε·
φτάστε ἢ φτάσετε

Aor. Inf. φτάσει

Perf. Ind. ἔχω φτάσει, ἔχεις φτάσει, ἔχει φτάσει·
ἔχουμε, -ομε φτάσει, ἔχετε φτάσει, ἔχουν φτάσει

Perf. Sub. νὰ ἔχω φτάσει, νὰ ἔχεις φτάσει, νὰ ἔχει φτάσει·
νὰ ἔχουμε, -ομε φτάσει, νὰ ἔχετε φτάσει νὰ ἔχουν φτά-
σει

P. P. εἶχα φτάσει, εἶχες φτάσει, εἶχε φτάσει·
εἴχαμε φτάσει, εἴχατε φτάσει, εἶχαν φτάσει

F. P. θὰ ἔχω φτάσει, θὰ ἔχεις φτάσει, θὰ ἔχει φτάσει·
θὰ ἔχουμε, -ομε φτάσει, θὰ ἔχετε φτάσει, θὰ ἔχουν φτά-
σει

Pres. Ind. φυλακίζω, φυλακίζεις, φυλακίζει·
φυλακίζουμε, -ομε, φυλακίζετε, φυλακίζουν

Pres. Sub. νὰ φυλακίζω, νὰ φυλακίζεις, νὰ φυλακίζει·
νὰ φυλακίζουμε, -ομε, νὰ φυλακίζετε, νὰ φυλακίζουν

Pres. Imp. φυλάκιζε·
φυλακίζετε

Pres. Part. φυλακίζοντας

Imp. φυλάκιζα, φυλάκιζες, φυλάκιζε·
φυλακίζαμε, φυλακίζατε, φυλάκιζαν

Fut. I θὰ φυλακίζω, θὰ φυλακίζεις, θὰ φυλακίζει·
θὰ φυλακίζουμε, -ομε, θὰ φυλακίζετε, θὰ φυλακίζουν

Fut. II θὰ φυλακίσω, θὰ φυλακίσεις, θὰ φυλακίσει·
θὰ φυλακίσουμε, -ομε, θὰ φυλακίσετε, θὰ φυλακίσουν

Aor. Ind. φυλάκισα, φυλάκισες φυλάκισε·
φυλακίσαμε, φυλακίσατε, φυλάκισαν

Aor. Sub. νὰ φυλακίσω, νὰ φυλακίσεις, νὰ φυλακίσει·
νὰ φυλακίσουμε, -ομε, νὰ φυλακίσετε, νὰ φυλακίσουν

Aor. Imp. φυλάκισε·
φυλακίστε

Aor. Inf. φυλακίσει

Perf. Ind. ἔχω φυλακίσει, ἔχεις φυλακίσει, ἔχει φυλακίσει ἢ ἔχω
κτλ. φυλακισμένο·
ἔχουμε, -ομε φυλακίσει, ἔχετε φυλακίσει, ἔχουν φυλα-
κίσει

Perf. Sub. νὰ ἔχω φυλακίσει, νὰ ἔχεις φυλακίσει, νὰ ἔχει φυλα-
κίσει ἢ νὰ ἔχω κτλ. φυλακισμένο·
νὰ ἔχουμε, -ομε φυλακίσει, νὰ ἔχετε φυλακίσει, νὰ ἔ-
χουν φυλακίσει

P. P. εἶχα φυλακίσει, εἶχες φυλακίσει, εἶχε φυλακίσει ἢ εἶχα
κτλ. φυλακισμένο·
εἴχαμε φυλακίσει, εἴχατε φυλακίσει, εἶχαν φυλακίσει

F. P. θὰ ἔχω φυλακίσει, θὰ ἔχεις φυλακίσει, θὰ ἔχει φυλα-
κίσει ἢ θὰ ἔχω κτλ. φυλακισμένο·
θὰ ἔχουμε, -ομε φυλακίσει, θὰ ἔχετε φυλακίσει, θὰ ἔ-
χουν φυλακίσει

Pres. Ind.	χαιρετίζω, χαιρετίζεις, χαιρετίζει· χαιρετίζουμε, -ομε, χαιρετίζετε, χαιρετίζουν
Pres. Sub.	νὰ χαιρετίζω, νὰ χαιρετίζεις, νὰ χαιρετίζει· νὰ χαιρετίζουμε, -ομε, νὰ χαιρετίζετε, νὰ χαιρετίζουν
Pres. Imp.	χαιρέτιζε· χαιρετίζετε
Pres. Part.	χαιρετίζοντας
Imp.	χαιρέτιζα, χαιρέτιζες, χαιρέτιζε· χαιρετίζαμε, χαιρετίζατε, χαιρέτιζαν
Fut. I	θὰ χαιρετίζω, θὰ χαιρετίζεις, θὰ χαιρετίζει· θὰ χαιρετίζουμε, -ομε, θὰ χαιρετίζετε, θὰ χαιριετίζουν
Fut. II	θὰ χαιρετίσω, θὰ χαιρετίσεις, θὰ χαιρετίσει· θὰ χαιρετίσουμε, -ομε, θὰ χαιρετίσετε, θὰ χαιρετίσουν
Aor. Ind.	χαιρέτισα, χαιρέτισες, χαιρέτισε· χαιρετίσαμε, χαιρετίσατε, χαιρέτισαν
Aor. Sub.	νὰ χαιρετίσω, νὰ χαιρετίσεις, νὰ χαιρετίσει· νὰ χαιρετίσουμε, -ομε, νὰ χαιρετίσετε, νὰ χαιρετίσουν
Aor. Imp.	χαιρέτισε· χαιρετίστε
Aor. Inf.	χαιρετίσει
Perf. Ind.	ἔχω χαιρετίσει, ἔχεις χαιρετίσει, ἔχει χαιρετίσει· ἔχουμε, -ομε χαιρετίσει, ἔχετε χαιρετίσει, ἔχουν χαιρετίσει
Perf. Sub.	νὰ ἔχω χαιρετίσει, νὰ ἔχεις χαιρετίσει, νὰ ἔχει χαιρετίσει· νὰ ἔχουμε, -ομε χαιρετίσει, νὰ ἔχετε χαιρετίσει, νὰ ἔχουν χαιρετίσει
P. P.	εἶχα χαιρετίσει, εἶχες χαιρετίσει, εἶχε χαιρετίσει· εἴχαμε χαιρετίσει, εἴχατε χαιρετίσει, εἶχαν χαιρετίσει
F. P.	θὰ ἔχω χαιρετίσει, θὰ ἔχεις χαιρετίσει, θὰ ἔχει χαιρετίσει· θὰ ἔχουμε, -ομε χαιρετίσει,, θὰ ἔχετε χαιρετίσει, θὰ ἔχουν χαιρετίσει

Pres. Ind.	χαίρομαι, χαίρεσαι, χαίρεται· χαιρόμαστε, χαίρεστε, χαίρονται
Pres. Sub.	νὰ χαίρομαι, νὰ χαίρεσαι, νὰ χαίρεται· νὰ χαιρόμαστε, νὰ χαίρεστε, νὰ χαίρονται
Pres. Imp.	——— χαίρεστε
Imp.	χαιρόμουν, χαιρόσουν, χαιρόταν· χαιρόμαστε, χαιρόσαστε, χαίρονταν
Fut. I	θὰ χαίρομαι, θὰ χαίρεσαι, θὰ χαίρεται· θὰ χαιρόμαστε, θὰ χαίρεστε, θὰ χαίρονται
Fut. II	θὰ χαρῶ, θὰ χαρεῖς, θὰ χαρεῖ· θὰ χαροῦμε, θὰ χαρεῖτε, θὰ χαροῦν
Aor. Ind.	χάρηκα, χάρηκες, χάρηκε· χαρήκαμε, χαρήκατε, χάρηκαν
Aor. Sub.	νὰ χαρῶ, νὰ χαρεῖς, νὰ χαρεῖ· νὰ χαροῦμε, νὰ χαρεῖτε, νὰ χαροῦν
Aor. Imp.	——— χαρεῖτε
Aor. Inf.	χαρεῖ
Perf. Ind.	ἔχω χαρεῖ, ἔχεις χαρεῖ, ἔχει χαρεῖ· ἔχουμε, -ομε χαρεῖ, ἔχετε χαρεῖ, ἔχουν χαρεῖ
Perf. Sub.	νὰ ἔχω χαρεῖ, νὰ ἔχεις χαρεῖ, νὰ ἔχει χαρεῖ· νὰ ἔχουμε, -ομε χαρεῖ, νὰ ἔχετε χαρεῖ, νὰ ἔχουν χαρεῖ
Perf. Part.	———
P. P.	εἶχα χαρεῖ, εἶχες χαρεῖ, εἶχε χαρεῖ· εἴχαμε χαρεῖ, εἴχατε χαρεῖ, εἶχαν χαρεῖ
F. P.	θὰ ἔχω χαρεῖ, θὰ ἔχεις χαρεῖ, θὰ ἔχει χαρεῖ· θὰ ἔχουμε, -ομε χαρεῖ, θὰ ἔχετε χαρεῖ, θὰ ἔχουν χαρεῖ

Pres. Ind. χαλῶ, χαλᾶς, χαλᾶ ἢ χαλάει·
χαλοῦμε ἢ χαλᾶμε, χαλᾶτε, χαλοῦν ἢ χαλᾶν(ε)

Pres. Sub. νὰ χαλῶ, νὰ χαλᾶς, νὰ χαλᾶ ἢ χαλάει·
νὰ χαλοῦμε ἢ χαλᾶμε, νὰ χαλᾶτε, νὰ χαλοῦν ἢ χαλᾶν(ε)

Pres. Imp. χάλα·
χαλᾶτε

Pres. Part. χαλώντας

Imp. χαλοῦσα, χαλοῦσες, χαλοῦσε·
χαλούσαμε, χαλούσατε, χαλοῦσαν

Fut. I θὰ χαλῶ, θὰ χαλᾶς, θὰ χαλᾶ ἢ χαλάει·
θὰ χαλοῦμε ἢ χαλᾶμε, θὰ χαλᾶτε, θὰ χαλοῦν ἢ χαλᾶν(ε)

Fut. II θὰ χαλάσω, θὰ χαλάσεις, θὰ χαλάσει·
θὰ χαλάσουμε, -ομε, θὰ χαλάσετε, θὰ χαλάσουν

Aor. Ind. χάλασα, χάλασες, χάλασε·
χαλάσαμε, χαλάσατε, χάλασαν

Aor. Sub. νὰ χαλάσω, νὰ χαλάσεις, νὰ χαλάσει·
νὰ χαλάσουμε, -ομε, νὰ χαλάσετε, νὰ χαλάσουν

Aor. Imp. χάλασε·
χαλάστε

Aor. Inf. χαλάσει

Perf. Ind. ἔχω χαλάσει, ἔχεις χαλάσει, ἔχει χαλάσει·
ἔχουμε, -ομε χαλάσει, ἔχετε χαλάσει, ἔχουν χαλάσει

Perf. Sub. νὰ ἔχω χαλάσει, νὰ ἔχεις χαλάσει, νὰ ἔχει χαλάσει·
νὰ ἔχουμε, -ομε χαλάσει, νὰ ἔχετε χαλάσει, νὰ ἔχουν
χαλάσει

P. P. εἶχα χαλάσει, εἶχες χαλάσει, εἶχε χαλάσει·
εἴχαμε χαλάσει, εἴχατε χαλάσει, εἶχαν χαλάσει

F. P. θὰ ἔχω χαλάσει, θὰ ἔχεις χαλάσει, θὰ ἔχει χαλάσει·
θὰ ἔχουμε, -ομε χαλάσει, θὰ ἔχετε χαλάσει, θὰ ἔχουν
χαλάσει

Pres. Ind.	χαρίζω, χαρίζεις, χαρίζει· χαρίζουμε, -ομε, χαρίζετε, χαρίζουν
Pres. Sub.	νὰ χαρίζω, νὰ χαρίζεις, νὰ χαρίζει· νὰ χαρίζουμε, -ομε, νὰ χαρίζετε, νὰ χαρίζουν
Pres. Imp.	χάριζε· χαρίζετε χαρίζοντας
Imp.	χάριζα, χάριζες, χάριζε· χαρίζαμε, χαρίζατε, χάριζαν
Fut. I	θὰ χαρίζω, θὰ χαρίζεις, θὰ χαρίζει· θὰ χαρίζουμε, -ομε, θὰ χαρίζετε, θὰ χαρίζουν
Fut. II	θὰ χαρίσω, θὰ χαρίσεις, θὰ χαρίσει· θὰ χαρίσουμε, -ομε, θὰ χαρίσετε, θὰ χαρίσουν
Aor. Ind.	χάρισα, χάρισες, χάρισε· χαρίσαμε, χαρίσατε, χάρισαν·
Aor. Sub.	νὰ χαρίσω, νὰ χαρίσεις, νὰ χαρίσει· νὰ χαρίσουμε, -ομε, νὰ χαρίσετε, νὰ χαρίσουν
Aor. Imp.	χάρισε· χαρίστε
Aor. Inf.	χαρίσει
Perf. Ind.	ἔχω χαρίσει, ἔχεις χαρίσει, ἔχει χαρίσει ἢ ἔχω κτλ. χα- ρισμένο· ἔχουμε, -ομε χαρίσει, ἔχετε χαρίσει, ἔχουν χαρίσει
Perf. Sub.	νὰ ἔχω χαρίσει, νὰ ἔχεις χαρίσει, νὰ ἔχει χαρίσει ἢ νὰ ἔχω κτλ. χαρισμένο· νὰ ἔχουμε, -ομε χαρίσει, νὰ ἔχετε χαρίσει, νὰ ἔχουν χαρίσει
P. P.	εἶχα χαρίσει, εἶχες χαρίσει, εἶχε χαρίσει ἢ εἶχα κτλ. χαρισμένο· εἴχαμε χαρίσει, εἴχατε χαρίσει, εἶχαν χαρίσει
F. P.	θὰ ἔχω χαρίσει, θὰ ἔχεις χαρίσει, θὰ ἔχει χαρίσει ἢ θὰ ἔχω κτλ. χαρισμένο· θὰ ἔχουμε, -ομε χαρίσει, θὰ ἔχετε χαρίσει, θὰ ἔχουν χαρίσει

Pres. Ind.	χορεύω, χορεύεις, χορεύει·
	χορεύουμε, -ομε, χορεύετε, χορεύουν
Pres. Sub.	νὰ χορεύω, νὰ χορεύεις, νὰ χορεύει·
	νὰ χορεύουμε, -ομε, νὰ χορεύετε, νὰ χορεύουν
Pres. Imp.	χόρευε·
	χορεύετε
Pres. Part.	χορεύοντας
Imp.	χόρευα, χόρευες, χόρευε·
	χορεύαμε, χορεύατε, χόρευαν
Fut. I	θὰ χορεύω, θὰ χορεύεις, θὰ χορεύει·
	θὰ χορεύουμε, -ομε, θὰ χορεύετε, θὰ χορεύουν
Fut. II	θὰ χορέψω, θὰ χορέψεις, θὰ χορέψει·
	θὰ χορέψουμε, -ομε, θὰ χορέψετε, θὰ χορέψουν
Aor. Ind.	χόρεψα, χόρεψες, χόρεψε·
	χορέψαμε, χορέψατε, χόρεψαν
Aor. Sub.	νὰ χορέψω, νὰ χορέψεις, νὰ χορέψει·
	νὰ χορέψουμε, -ομε, νὰ χορέψετε, νὰ χορέψουν
Aor. Imp.	χόρεψε·
	χορέψτε
Aor. Inf.	χορέψει
Perf. Ind.	ἔχω χορέψει, ἔχεις χορέψει, ἔχει χορέψει·
	ἔχουμε, -ομε χορέψει, ἔχετε χορέψει, ἔχουν χορέψει
Perf. Sub.	νὰ ἔχω χορέψει, νὰ ἔχεις χορέψει, νὰ ἔχει χορέψει·
	νὰ ἔχουμε, -ομε χορέψει, νὰ ἔχετε χορέψει, νὰ ἔχουν
	χορέψει
P. P.	εἶχα χορέψει, εἶχες χορέψει, εἶχε χορέψει·
	εἴχαμε χορέψει, εἴχατε χορέψει, εἶχαν χορέψει
F. P.	θὰ ἔχω χορέψει, θὰ ἔχεις χορέψει, θὰ ἔχει χορέψει·
	θὰ ἔχουμε, -ομε χορέψει, θὰ ἔχετε χορέψει, θὰ ἔχουν
	χορέψει

Active Voice	**ΧΟΡΤΑΙΝΩ**	to satisfy the hunger of, be satiated

Pres. Ind. χορταίνω, χορταίνεις, χορταίνει·
χορταίνουμε, -ομε, χορταίνετε, χορταίνουν

Pres. Sub. νὰ χορταίνω, νὰ χορταίνεις, νὰ χορταίνει·
νὰ χορταίνουμε, -ομε, νὰ χορταίνετε, νὰ χορταίνουν

Pres. Imp. χόρταινε·
χορταίνετε

Pres. Part. χορταίνοντας

Imp. χόρταινα, χόρταινες, χόρταινε·
χορταίναμε, χορταίνατε, χόρταιναν

Fut. I θὰ χορταίνω, θὰ χορταίνεις, θὰ χορταίνει·
θὰ χορταίνουμε, -ομε, θὰ χορταίνετε, θὰ χορταίνουν

Fut. II θὰ χορτάσω, θὰ χορτάσεις, θὰ χορτάσει·
θὰ χορτάσουμε, -ομε, θὰ χορτάσετε, θὰ χορτάσουν

Aor. Ind. χόρτασα, χόρτασες, χόρτασε·
χορτάσαμε, χορτάσατε, χόρτασαν

Aor. Sub. νὰ χορτάσω, νὰ χορτάσεις, νὰ χορτάσει·
νὰ χορτάσουμε, -ομε, νὰ χορτάσετε, νὰ χορτάσουν

Aor. Imp. χόρτασε·
χορτάστε

Aor. Inf. χορτάσει

Perf. Ind. ἔχω χορτάσει, ἔχεις χορτάσει, ἔχει χορτάσει·
ἔχουμε, -ομε χορτάσει, ἔχετε χορτάσει, ἔχουν χορτάσει

Perf. Sub. νὰ ἔχω χορτάσει, νὰ ἔχεις χορτάσει, νὰ ἔχει χορτάσει·
νὰ ἔχουμε, -ομε χορτάσει, νὰ ἔχετε χορτάσει, νὰ ἔχουν
χορτάσει

P. P. εἶχα χορτάσει, εἶχες χορτάσει, εἶχε χορτάσει·
εἴχαμε χορτάσει, εἴχατε χορτάσει, εἶχαν χορτάσει

F. P. θὰ ἔχω χορτάσει, θὰ ἔχεις χορτάσει, θὰ ἔχει χορτάσει·
θὰ ἔχουμε, -ομε χορτάσει, θὰ ἔχετε χορτάσει, νὰ ἔχουν
χορτάσει

233

Pres. Ind. χρωστῶ, χρωστᾶς, χρωστᾶ ἢ χρωστάει·
χρωστοῦμε ἢ χρωστᾶμε, χρωστᾶτε, χρωστοῦν ἢ χρω-
στᾶν(ε)

Pres. Sub. νὰ χρωστῶ, νὰ χρωστᾶς, νὰ χρωστᾶ ἢ χρωστάει·
νὰ χρωστοῦμε ἢ χρωστᾶμε, νὰ χρωστᾶτε, νὰ χρωστοῦν
ἢ χρωστᾶν(ε)

Pres. Imp. χρώστα·
χρωστᾶτε

Pres. Part. χρωστώντας

Imp. χρωστοῦσα, χρωστοῦσες, χρωστοῦσε·
χρωστούσαμε, χρωστούσατε, χρωστοῦσαν

Fut. I θὰ χρωστῶ, θὰ χρωστᾶς, θὰ χρωστᾶ ἢ χρωστάει·
θὰ χρωστοῦμε ἢ χρωστᾶμε, θὰ χρωστᾶτε, θὰ χρωστοῦν
ἢ χρωστᾶν(ε)

Fut. II ———

Aor. Ind. ———

Aor. Sub. ———

Aor. Imp. ———

Aor. Inf ———

Perf. Ind. ———

Perf. Sub. ———

P. P. ———

F. P. ———

Active Voice	ΧΩΡΩ	to contain, have room for

Pres. Ind.	χωρῶ, χωρᾶς, χωρᾶ ἤ χωράει· χωροῦμε ἤ χωρᾶμε, χωρᾶτε, χωροῦν ἤ χωρᾶν(ε)
Pres. Sub.	νὰ χωρῶ, νὰ χωρᾶς, νὰ χωρᾶ ἤ χωράει· νὰ χωροῦμε ἤ χωρᾶμε, νὰ χωρᾶτε, νὰ χωροῦν ἤ χωρᾶν(ε)
Pres. Imp.	χώρα· χωρᾶτε
Pres. Part.	χωρώντας
Imp.	χωροῦσα, χωροῦσες, χωροῦσε χωρούσαμε, χωρούσατε, χωροῦσαν
Fut. I	θὰ χωρῶ, θὰ χωρᾶς, θὰ χωρᾶ ἤ χωράει· θὰ χωροῦμε ἤ χωρᾶμε, θὰ χωρᾶτε, θὰ χωροῦν ἤ χωρᾶν(ε)
Fut. II	θὰ χωρέσω, θὰ χωρέσεις, θὰ χωρέσει· θὰ χωρέσουμε, -ομε, θὰ χωρέσετε, θὰ χωρέσουν
Aor. Ind.	χώρεσα, χώρεσες, χώρεσε· χωρέσαμε, χωρέσατε, χώρεσαν
Aor. Sub.	νὰ χωρέσω, νὰ χωρέσεις, νὰ χωρέσει· νὰ χωρέσουμε, -ομε, νὰ χωρέσετε, νὰ χωρέσουν
Aor. Imp.	χώρεσε· χωρέσετε ἤ χωρέστε
Aor. Inf.	χωρέσει
Perf. Ind.	ἔχω χωρέσει, ἔχεις χωρέσει, ἔχει χωρέσει· ἔχουμε, -ομε χωρέσει, ἔχετε χωρέσει, ἔχουν χωρέσει
Perf. Sub.	νὰ ἔχω χωρέσει, νὰ ἔχεις χωρέσει, νὰ ἔχει χωρέσει· νὰ ἔχουμε, -ομε χωρέσει, νὰ ἔχετε χωρέσει, νὰ ἔχουν χωρέσει
P. P.	εἶχα χωρέσει, εἶχες χωρέσει, εἶχε χωρέσει· εἴχαμε χωρέσει, εἴχατε χωρέσει, εἶχαν χωρέσει
F. P.	θὰ ἔχω χωρέσει, θὰ ἔχεις χωρέσει, θὰ ἔχει χωρέσει· θὰ ἔχουμε, -ομε χωρέσει, θὰ ἔχετε χωρέσει, θὰ ἔχουν χωρέσει

Pres. Ind.	ωριμάζω, ωριμάζεις, ωριμάζει· ωριμάζουμε, -ομε, ωριμάζετε, ωριμάζουν
Pres. Sub.	νὰ ωριμάζω, νὰ ωριμάζεις, νὰ ωριμάζει· νὰ ωριμάζουμε, -ομε, νὰ ωριμάζετε, νὰ ωριμάζουν
Pres. Imp.	ωρίμαζε· ωριμάζετε
Pres. Part.	ωριμάζοντας
Imp.	ωρίμαζα, ωρίμαζες, ωρίμαζε· ωριμάζαμε, ωριμάζατε, ωρίμαζαν
Fut. I	θὰ ωριμάζω, θὰ ωριμάζεις, θὰ ωριμάζει· θὰ ωριμάζουμε, -ομε, θὰ ωριμάζετε, θὰ ωριμάζουν
Fut. II	θὰ ωριμάσω, θὰ ωριμάσεις, θὰ ωριμάσει· θὰ ωριμάσουμε, -ομε, θὰ ωριμάσετε, θὰ ωριμάσουν
Aor. Ind.	ωρίμασα, ωρίμασες, ωρίμασε· ωριμάσαμε, ωριμάσατε, ωρίμασαν
Aor. Sub.	νὰ ωριμάσω, νὰ ωριμάσεις, νὰ ωριμάσει· νὰ ωριμάσουμε, -ομε, νὰ ωριμάσετε, νὰ ωριμάσουν
Aor. Imp.	ωρίμασε· ωριμάστε
Aor. Inf.	ωριμάσει
Perf. Ind.	ἔχω ωριμάσει, ἔχεις ωριμάσει, ἔχει ωριμάσει· ἔχουμε, -ομε ωριμάσει, ἔχετε ωριμάσει, ἔχουν ωριμάσει
Perf. Sub.	νὰ ἔχω ωριμάσει, νὰ ἔχεις ωριμάσει, νὰ ἔχει ωριμάσει· νὰ ἔχουμε, -ομε ωριμάσει, νὰ ἔχετε ωριμάσει, νὰ ἔχουν ωριμάσει
P. P.	εἶχα ωριμάσει, εἶχες ωριμάσει, εἶχε ωριμάσει· εἴχαμε ωριμάσει, εἴχατε ωριμάσει, εἶχαν ωριμάσει
F. P.	θὰ ἔχω ωριμάσει, θὰ ἔχεις ωριμάσει, θὰ ἔχει ωριμάσει· θὰ ἔχουμε, -ομε ωριμάσει, θὰ ἔχετε ωριμάσει, θὰ ἔχουν ωριμάσει

BIBLIOGRAPHY

For the Greek verb in general, see Andreas Koutsoudas, *Verb Morphology of Modern Greek* (Bloomington: Indiana University, 1962), and Irene P. Warburton, *On the Verb in Modern Greek* (Bloomington: Indiana University, 1970), bibliography on pp. 165–169.

For a modern Greek Grammar in English see J. T. Pring, *A Grammar of Modern Greek* (London: University of London Press, 1950), supplemented by D. Georgacas, "Remarks and Corrections on Pring's *A Grammar of Modern Greek*," *Orbis*, VII, No. 2 (1958), pp. 536–58.

The standard grammar of modern Greek is M. Triantaphyllides' *Modern Greek Grammar (Demotic)* (Thessaloniki: Aristoteleio University of Thessaloniki, Institute of Modern Greek Studies: 1978).

ENGLISH-GREEK VERB INDEX

A

abandon   ἐγκαταλείπω
abandoned, be   ɯⴖoɯɿɜɣɒ˙ɒϰʎɜ
able, be   μπορῶ
absent, be   λείπω
accept   δέχομαι, παίρνω
accuse   κατηγορῶ
acquainted with, be   ξέρω
adjust   κανονίζω
admire   θαυμάζω
admired, be   θαυμάζομαι
admit   ὁμολογῶ
advise   συμβουλεύω
afraid of, be   φοβοῦμαι ἤ φοβᾶμαι
agree   συμφωνῶ
aim   σκοπεύω
alive, be   ζῶ
amuse oneself   γλεντῶ
announce   κηρύττω
answer   ἀπαντῶ
appreciate   ἐκτιμῶ
arrange   κανονίζω
arrive   φθάνω
ascend   ἀνεβαίνω
ashamed, be   ντρέπομαι
ask   ρωτῶ

B

balance (an account)   ἰσοσκελίζω
bashful, be   ντρέπομαι
bathe   λούζω
be   εἶμαι

bear witness to   μαρτυρῶ
beat   δέρνω
beaten, be   δέρνομαι
believe   πιστεύω
bend   λυγίζω
besiege   πολιορκῶ
betray   μαρτυρῶ
bewitch   μαγεύω
bind   δένω
bite   δαγκάνω
bitten, be   δαγκάνομαι
blacken   μαυρίζω
blame   κατηγορῶ
borrow   δανείζομαι
bring   φέρνω
build   κατασκευάζω
burst   σκάζω
button   κουμπώνω
buy   ἀγοράζω

C

calculate   λογαριάζω
call   ὀνομάζω
can   μπορῶ
cash   εἰσπράττω
catch   πιάνω
celebrate   γιορτάζω
celebrated, be   γιορτάζομαι
change one's residence   μετακομίζω
check   ἐλέγχω
checked, be   ἐλέγχομαι
clean   καθαρίζω
collect   μαζεύω
come   ἔρχομαι

come back	γυρίζω	descend	κατεβαίνω
come out	βγαίνω	desert	ἐγκαταλείπω
confess	ὁμολογῶ	deserted, be	ἐγκαταλείπομαι
confine	περιορίζω	destroy	χαλῶ
conquer	κυριεύω	die	πεθαίνω
construct	κατασκευάζω	dim	θαμπώνω
consult	συμβουλεύομαι	distress	λυπῶ
consume	ξοδεύω	distress, be in	δυστυχῶ
contain	χωρῶ	distribute	μοιράζω
contend along	συναγωνίζομαι	divide	μοιράζω
contented, be	εὐχαριστιέμαι	do	κάνω
control	ἐλέγχω	draw	ζωγραφίζω, τραβῶ
controlled, be	ἐλέγχομαι	dress	ντύνω
coordinate	συντονίζω	drink	πίνω
count	λογαριάζω, μετρῶ	drive	ὁδηγῶ
cross	περνῶ	dwell	κατοικῶ
cry	κλαίω		
curse	καταριέμαι		
cut	κόβω		

E

D

		eat	τρώ(γ)ω
		educate	μορφώνω
damage	βλάπτω	elate	μεθῶ (figur.)
damaged, be	βλάπτομαι	elated, be	μεθῶ
dance	χορεύω	endanger	κινδυνεύω
danger, be in	κινδυνεύω	enter	μπαίνω
dazzle	θαμπώνω	esteem	ἐκτιμῶ
dazzled, be	θαμπώνομαι	estimate	ἐκτιμῶ
deceive	γελῶ	exaggerate	ὑπερβάλλω
deceived, be	γελιέμαι	exceed	ὑπερβάλλω
decrease	ἐλαττώνω	exist	ζῶ
decreased, be	ἐλαττώνομαι	express	ἐκφράζω
defame	δυσφημῶ	expressed, be	ἐκφράζομαι
defamed, be	δυσφημοῦμαι	express oneself	ἐκφράζομαι
defeat	νικῶ		
defend	ὑπερασπίζω		
define	ὁρίζω		
delay	καθυστερῶ	F
diminish	ἐλαττώνω		
diminished, be	ἐλαττώνομαι	fall down	πέφτω
deposit	καταθέτω	fascinate	μαγεύω
		fasten	στερεώνω

fear φοβοῦμαι ἤ φοβᾶμαι
feel dizzy ζαλίζομαι
feel pain πονῶ
film κινηματογραφῶ
find βρίσκω
float πλέω
fly πετῶ
forget ξεχνῶ
free ἐλευθερώνω
freed, be ἐλευθερώνομαι
freeze παγώνω
frozen, be παγώνω
fry τηγανίζω
function λειτουργῶ

G

gather μαζεύω
get dressed ντύνομαι
get drunk μεθῶ
get out βγαίνω
give δίνω
give a bath λούζω
give as a present δωρίζω
glad, be χαίρομαι
go πηγαίνω
go around γυρίζω
go downhill κατηφορίζω
go out βγαίνω
grasp πιάνω
greet χαιρετίζω
grow μεγαλώνω
grow larger, tufty φουντώνω
guide ὁδηγῶ

H

harm βλάπτω
harmed, be βλάπτομαι
harvest θερίζω
harvested, be θερίζομαι

have ἔχω
have effect on ἰσχύω
have room for χωρῶ
hear ἀκούω
help βοηθῶ
helped, be βοηθιέμαι
herald κηρύττω
hold κρατῶ
honor τιμῶ
hope ἐλπίζω
hungry, be πεινῶ
hurt πονῶ

I

imagine φαντάζομαι
imprison φυλακίζω
intend σκοπεύω

J

judge κρίνω

K

kick κλωτσῶ
know ξέρω

L

lack λείπω
late, be καθυστερῶ
laugh γελῶ
lead ὁδηγῶ
learn μαθαίνω
lend δανείζω
lie down ξαπλώνω
like ἀγαπῶ
limit ὁρίζω
listen ἀκούω
live ζῶ, κατοικῶ
lock κλειδώνω

look βλέπω
look after φροντίζω
love ἀγαπῶ
loved, be ἀγαπιέμαι

M

make κάνω, κατασκευάζω
make a present χαρίζω
make dizzy ζαλίζω
make drunk μεθῶ
make firm στερεώνω
make late καθυστερῶ
make taller (bigger, greater) μεγαλώνω
mark σημειώνω
marvel θαυμάζω
mature ὡριμάζω
measure μετρῶ
meet συναντῶ
mind φροντίζω
mirror oneself καθρεφτίζομαι
missing, be λείπω
mock εἰρωνεύομαι

N

nail καρφώνω
name ὀνομάζω
neglect ἀδιαφορῶ
note σημειώνω

O

obey ἀκούω
open ἀνοίγω
owe χρωστῶ

P

paint βάφω, ζωγραφίζω
painted, be βάφομαι

pass περνῶ
pile up στοιβάζω
pince τσιμπῶ
place βάζω
play παίζω
please εὐχαριστῶ
pleased, be εὐχαριστιέμαι
point out δείχνω
pointed out, be δείχνομαι
poison δηλητηριάζω
poisoned, be δηλητηριάζομαι
postpone ἀναβάλλω
postponed, be ἀναβάλλομαι
proclaim κηρύττω
pull τραβῶ
put βάζω

Q

quarrel μαλώνω
quiet, become or make ἡσυχάζω

R

reach φτάνω
read διαβάζω
read, be διαβάζομαι
recall θυμοῦμαι ἤ θυμᾶμαι
receive δέχομαι, παίρνω
recognize ἀναγνωρίζω
recognized, be ἀναγνωρίζομαι
reduce ἐλαττώνω
reduced, be ἐλαττώνομαι
regulate κανονίζω
remain μένω
remember θυμοῦμαι ἤ θυμᾶμαι
reprimand μαλώνω
rescue γλυτώνω
restrict περιορίζω
ripen ὡριμάζω

rot	σαπίζω	spend	δαπανῶ, ξοδεύω
rouse	ξυπνῶ	spent, be	δαπανιέμαι
rub	τρίβω	spoil	σαπίζω, χαλῶ
run	τρέχω	spread	στρώνω
		spread out	ξαπλώνω

S

stage σκηνοθετῶ
stay μένω

sadden	λυπῶ	steal	κλέβω
sail	πλέω	stretch	ξαπλώνω
satiated, be	χορταίνω	study	διαβάζω
satirize	σατιρίζω	struggle together	συναγωνίζομαι
satisfy	ἱκανοποιῶ	struggle with	παλεύω
satisfy the hunger of	χορταίνω	succeed	πετυχαίνω
save	γλυτώνω	suffer	παθαίνω
say	λέ(γ)ω	sustain	παθαίνω
scare	ξαφνιάζω	sweat	ἱδρώνω
scrape	ξύνω		
scratch	ξύνω		

T

see	βλέπω		
seen, be	βλέπομαι	take	παίρνω
seize	κυριεύω, πιάνω	take a bath	λούζομαι
sell	πουλῶ	take by surprise	ξαφνιάζω
set free	ἐλευθερώνω	talk	κουβεντιάζω, μιλῶ
set free, be	ἐλευθερώνομαι	tame	δαμάζω
set foot	πατῶ	tamed, be	δαμάζομαι
sew	ράβω	tan	μαυρίζω
share	μοιράζομαι	tear	σκίζω
sharpen	ξύνω	tell	λέ(γ)ω
shed tears	δακρύζω	testify	καταθέτω
show	δείχνω	thank	εὐχαριστῶ
shown, be	δείχνομαι	think	πιστεύω, φαντάζομαι
sing	τραγουδῶ	throw	ρίχνω
slander	δυσφημῶ	throw away	πετῶ
slandered, be	δυσφημοῦμαι	tie	δένω
slaughter	σφάζω	tied, be	δένομαι
sleep	κοιμοῦμαι ἤ κοιμᾶμαι	transmit	μεταδίδω
smoke	καπνίζω	transport	μετακομίζω
solve	λύνω	tread on	πατῶ
speak	μιλῶ	tune	κουρδίζω
speak ironically	εἰρωνεύομαι	tune together	συντονίζω
specialize	εἰδικεύομαι	turn	γυρίζω

U

unfortunate, be   δυστυχῶ
unhappy, be   δυστυχῶ
uninterested, be   ἀδιαφορῶ
untie   λύνω

V

valid, be   ἰσχύω
vex   σκάζω

W

wake up   ξυπνῶ
want   θέλω
wash   πλένω
weep   κλαίω
win   νικῶ
wind up   κουρδίζω
wish   εὔχομαι, θέλω
wonder   θαυμάζω
work   δουλεύω
wrestle   παλεύω
write   γράφω
written, be   γράφομαι